イレズミと法

大阪タトゥー裁判から考える

小山剛・新井誠 編

尚学社

はしがき

日本では，イレズミをめぐる伝統や文化がある一方で，暴力団との関係などの一定のコンテクストで否定的に理解されることも多く，イレズミをめぐり様々な法的問題が生じてきた。そうしたなかで，イレズミ施術を医師法上の「医行為」にあたるとする法解釈が示され，彫師に医師免許を求める動きが見られた。このあおりを受け，2015年9月，医師の免許を持たずにイレズミ施術を行ったある彫師が，医師法違反で罪に問われ，罰金の略式命令を受けた。しかし彼は，略式の手続を望まず，本裁判へと進む。本書の副題にもなっている「大阪タトゥー裁判」である。この裁判で，大阪地裁は彼を有罪としたが，控訴審である大阪高裁は，無罪判決を言い渡した。これを不服とした検察側が上告をしていたが，2020年9月16日，最高裁は，職権による理由をつけながら上告棄却決定をし，彼の無罪が確定した。

彫師の職業としての伝統からしても，医師免許をイレズミ施術に要求することはあまりに唐突である。もっとも，イレズミをめぐるこうした問題を検証する文献はこれまで少なかったことも事実であり，これに関する法的課題や情報提供をする必要性を感じた。そこで同裁判をきっかけとして，多面的かつ同時並行的に本問題を検討しようと企画されたのが本書である。

本書は，日本におけるこれまでのイレズミをめぐる法的諸問題を全般的に取り上げた総説に引き続き，次の4つのパートで構成される。**第1章**では，「イレズミの文化と歴史」とするタイトルのもと，日本におけるイレズミ自体の歴史と現在の状況（山本芳美）とともに，イレズミの刑事規制の歴史（宮川基）が詳述される。**第2章**では，「タトゥー施術規制の法問題」とするタイトルのもと，イレズミ施術規制の全般的な憲法論（曽我部真裕），医事法学からみた議論（小谷昌子），職業と資格から見た憲法論（小山剛）が，それぞれ示される。**第3章**では「比較法の中のタトゥー施術規制」とするタイトルのもと，韓国（閔炳老），アメリカ（小谷順子），フランス（磯部哲），ドイツ（栗島智明）の状況が，それぞれ紹介される。そして最後に「弁護団寄稿」とするタイトルのもと，大阪タトゥー裁判の1審・控訴審の主任弁護人を務めた亀石倫子弁護士，上告審の主任弁護人を務めた川上博之弁護士による寄稿を掲載する。なお，上記の諸教授のなかには，同裁判において弁護側からの要請に基づき意見書を裁判所に提出した方もおられることから，本書の論稿でもその内容が反映されたものがある。

本書については，最高裁決定が示される前の段階での出版を検討していたものの，結果的には最高裁の無罪決定後の出版となった。そのため，最高裁決定を受けたうえでのお考えなどを示した貴重なご論稿を上記裁判の弁護人に寄せていただくことができたことは大変ありがたく，お礼を申し上げたい。また，そのような状況であったことから，本書での執筆をご快諾いただいた諸先生には出版をお待たせしてしまったことをお詫びしつつ，ご執筆について改めて感謝申し上げる。

最後に，出版事情の芳しくないなか，このような出版企画を快諾いただき，丁寧な編集作業をしていただいた尚学社の苧野圭太氏に深く感謝する次第である。

2020年10月23日

小山　剛

新井　誠

目　次

細目次

第2章　タトゥー施術規制の法問題

イレズミと法

――大阪タトゥー裁判から考える――

総説――イレズミをめぐる法的諸問題

新井 誠

はじめに

日本社会では，「イレズミ（入れ墨，刺青，タトゥーなど）」[1)] に関する法的，事実的制約が，これまで多く見られてきた。イレズミをめぐる人々の認識は，かつてに比べて大きく変化し，そのファッション性への注目が高くなっているものの，イレズミへの抵抗感が人々の間に残っており，今でも，嫌悪感から生じる差別問題がしばしば起きる。

他方で近年，外国からの訪日客が増加し，イレズミをする外国人の扱いを受入れ側の日本が考える事態が生じている。日本国内とは異なる意味合いをイレズミにイメージする諸外国の人々にとっては，イレズミを理由とした公衆浴場の入浴拒否などを受け入れることは難しいであろう。この文化ギャップが埋まらないまま，インバウンドを進めるため，イレズミをする外国人対策が考えられることになった。しかし，奇妙なのは，イレズミをする外国人と日本人との間での別異取扱いが見られることである。外国人を除けば問題は解決するという考え方が背景にあるようであるが，イレズミのマイナスイメージが，今でも根深く日本社会に浸透しているように感じられる瞬間でもある。

そうしたなかで近年，イレズミをめぐるいくつかの法的問題が生じたことは記憶に新しい。ひとつは，地方公務員に対するイレズミ調査である。もうひとつは，イレズミを入れる施術者（彫師）に医師免許を求める法運用を原因とする，当該施術者による「無免許」施術の容疑に関する摘発である。特に後者が起きた原因としては，イレズミ施術に関する明確な資格・技能制度が官民問わず十分に整備されていないことが挙げられるのかもしれない。だが，その背景には，そもそも，イレズミ自体に関する反社会的イメージが先行し，イレズミの施術に固有に要請される技術的技能を確保した者が取れる資格・技能制度の導入などが検討されてこなかったことに問題がある。そうした固有の制度が存在しないところへ，本来的にはイレズミ施術の実施が期待されているとは到底いえない医師免許の必要性が持ち出され，従来のイレズミの施術が「違法」化されようとした。そこには，イレズミ施術を事実上封印しようとする事情が見え隠れする。しかし，そうした解決法が本当に求められているのだろうか。

以上のような現況を背景に，イレズミをめぐる法的規制について多面的に改めて考えるべく企画されたのが本書である。本稿では，イレズミをめぐる法的・事実的制約の状況を概観し，それらがいかなる点で憲法論となりうるのかを示唆することで本書の総説としたい。

I　イレズミをめぐる多様な制約

「イレズミ規制」と一口にいっても，そこにはいくつかの別次元における法的・事実的制約が見られる。以下では，それらを区別してそれぞれ概観する。

1　イレズミ自体の法的規制

イレズミを自らの身体へ入れた者への法的規制は，現在の法律には見当たらない。戦前は警察犯処罰令（明治41年9月29日内務省令第16号）が存在し，同令には「身体刺文犯」（自分又は他人の体にイレズミを施すことに関する罪）の規定が存在し，これを破ると拘留又は科料とされた。この規定は，戦後，同令から軽犯罪法への改正・移行の手続きにおいて軽犯罪法附則2項により廃止されている。

その理由としては，「明治期になってイレズミが取締を受けた理由は，明治政府が外国人による評判を気にしたためとされている」が，（日本国憲法下では）「規制に実質的な根拠がないことが意識されたためか」[2] との指摘がされる。加えて，戦後の第2回国会の参議院司法委員会（昭和23年4月26日）における審議で公述人として登場した東京高検検事（当時）の植松正は，「軽犯罪法に盛られた種々の事項は，文化の進展によつて自然に道徳が向上して行くならば，敢て制裁規定を以て臨む必要はないと考えられるものも随分多い」なかで，「刺文をしてはならんというような規定が従来警察犯処罰令にあつたのが，今度省かれることになりました」が，「これはさまで制裁規定によつて維持しないでも，自然従来の経過に鑑みまして，文化の進展と共にその道徳が維持されるようになる」ことになり，「尚今日においても或る程度の規定を設けて道徳の裏付けをしなければならないと思われるものが，ここに新たに条文の整理を経て，軽犯罪法の形で提案されておると考えられます」[3)] と述べている[4)]。このように新たな軽犯罪法に残すまでもない規制であるとの見解が示された。

2　未成年者に対する施術の禁止

現在の日本では，成人が本人の自由意思でイレズミを入れることは禁止されていない。もっとも，個別事情を踏まえた法的規制は残る。

⑴　暴力団による少年へのイレズミの強要の禁止

まずは，暴力団員による不当な行為の防止等に関する法律における規定である。少年（満20歳未満）に対するイレズミの強要等の禁止に関して同24条は，「指定暴力団員は，少年に対して入れ墨を施し，少年に対して入れ墨を受けることを強要し，若しくは勧誘し，又は資金の提供，施術のあっせんその他の行為により少年が入れ墨を受けることを補助してはならない」と規定する。加えて，同25条は，少年に対するイレズミの強要の要求等の禁止，同26条は，少年に対するイレズミの強要等に対する措置につき，それぞれ定めている。

この法律は，平成3年法律第77号として定められ，1992（平成4）年3月1日に施行された。その1条によれば「この法律は，暴力団員の行う暴力的要求行為等について必要な規制を行い，及び暴力団の対立抗争等による市民生活に対する危険を防止するために必要な措置を講ずるとともに，暴力団員の活動による被害の予防等に資するための民間の公益的団体の活動を促進する措置等を講ずることにより，市民生活の安全と平穏の確保を図り，もって国民の自由と権利を保護することを目的」としている。同法で少年へのイレズミ強制等の禁止が定められたのは平成5年法律第41号による改正であり，1993（平成5）年5月12

日に公布，同年8月1日に施行された。

同法改正の施行にあたり警察庁次長から各都道府県（方面）公安委員長等宛に示された通達では，少年に対するイレズミ強要等の禁止等の規定が設けられた理由は，「是非弁別能力の未熟な少年が無思慮に入れ墨を入れ，暴力団とのかかわりを絶つことができなくなることを防止するため」[5]であるとされる。こうした行為の強要等が禁止されるのは，少年がイレズミを入れること自体の規制を防ぐというよりも，精神的に未熟な少年が，結果的に暴力団とのかかわりを絶つことができなくなることに重きが置かれた規制という様相を見せている[6]。とはいえ，イレズミと暴力団との関係性がどこまで事実なのかが必ずしもわからないまま，その存在が前提とされていることに注意を向けたい[7]。

(2) 青少年へのイレズミ施術の禁止

他方，各道府県の青少年保護条例には，青少年（小学校就学時から満18歳未満あたり）に対するイレズミ施術を何人にも禁止する規定が見られる。こうした規定は道府県により，あるところとないところがあり，規定の仕方も違ってくる[8]。

例としては，2013年（平成25）年2月1日に施行された埼玉県の場合を挙げることができる。「平成24年12月埼玉県青少年健全育成条例の改正の概要」[9]によれば，「青少年が，将来自らが受ける不利益について深く考えることなく安易に入れ墨を入れた後，就業上の問題や施設入場を断られるなど，様々な生活上の弊害が生じてから自らの行為を後悔する事例が把握されており，青少年を守る必要が生じています。そこで埼玉県では，青少年の健全な成長を阻害するおそれのある行為から青少年を守るため，青少年に対し入れ墨を施す行為を禁止することとし，埼玉県青少年健全育成条例の一部を改正しました。」と示されている。また，茨城県の場合，茨城県青少年の健全育成等に関する条例36条で「何人も，青少年に対し，入れ墨等を施し，若しくはこれを受けさせ，又はこれらの行為の周旋をしてはならない。」と規定し，違反者には，50万円以下の罰金を科す。このことをめぐって「茨城県青少年の健全育成等に関する条例」のウェブサイト内の「青少年の入れ墨禁止」は，「近年，入れ墨がファッション化し，青少年の入れ墨に対する関心が高まっておりますが，入れ墨は，一旦入れると容易に消すことができなかったり，消すためには多額の費用がかかるなどして，後悔するおそれがあります。また，施術の状況によっては，器具から感染症にかかり，健康を害するおそれもあります」[10]と説明している。

茨城県の説明は，①近年におけるイレズミをめぐる「ファッション化」の状況を踏まえた青少年の関心の高まりを示しつつも，②規制の理由については，必ずしも青少年に固有に生じる問題ではない可能性がある点に気をつけたい。また，埼玉県の説明は，就学上の理由や公共の場での入場拒否が理由となっているものの，これも青少年に固有のことではない。もし青少年に関する固有の理由を見出すならば，これらの背後には，精神的未熟さを理由とするパターナリズムを理由とした規制が必要との認識があるからであろう。他方，「就業上の理由」や「公共の場での入場拒否」について本来的に責められるべきはそうした差別的扱いのほうではないか，といった見方もできる。しかし，現実の社会では，イレズミを理由とした就学・就業の拒否や公共の場での入場拒否といった事例とそれをめぐる紛争が見られることになる。

3　イレズミがあることを理由とした様々な拒否

以上はイレズミを入れるか否かという行為の問題であるのに対して，ここでは，現にイレズミがある人々に関する世間の扱いが問題となる。社会においては，イレズミがある人々に関する様々な制約が見られるのが現実である。

(1)　就学とイレズミ

就学に関しては，イレズミを理由とした私立専門学校での就学拒否をめぐる事例がある。この事例では，授業料等を支払い，入学をしたイレズミのある生徒（成年者）が，学校から即時退学を求められながら，同年8月末までにイレズミの消去を条件とした在籍を求めた誓約書を出したものの，期日までに消去をしなかったため，休学の後，除籍処分となった。これについて当該生徒が，債務不履行や不法行為に該当するとして損害賠償を求めた事件で，大阪地裁[11]は，学校の対応は，正当な指導の範囲を超えた，就学拒否（事実上の退学勧告）となり違法であるとし，支払われた授業料等の半額（55万9,000円）と慰謝料20万円の支払いを学校に命じた。これに対して学校側が控訴した控訴審で大阪高裁[12]は，原判決を変更し，慰謝料50万円のみの請求を認めている。

以上の事件で地裁と高裁との差異が生じた理由として，イレズミに関する社会的評価の違いがあったと考えられる。地裁判決は，学校側に「刺青の消去を請求することのできる権利はない」とするのと同時に，「刺青一般について，畏怖感，嫌悪感を抱く者が多数存在することが社会的事実として認められるが，他方で，一種のファッションとしてこれを受け入れる者が存在することも社会的事実であるのであり」，「刺青が反社会的シンボルであり，嫌刺青権が社会規範として確立されているとまでは認められない」としている。これに対して高裁判決は，「認定実技審査において，刺青を含めた身だしなみが問題とされることは事前に説明されているにもかかわらず被控訴人に本件刺青をしたまま審査を受けさせた場合，控訴人学校の教育方針や見識が疑われる可能性もあり，同審査受験の時点ではもっと強い指導が認められる余地がある」などとし，また，「刺青は反社会的集団のシンボルであり，容認できないという考え方を一概に批判はできない」と示している。

このように地裁判決が，ファッション性などを理由としてイレズミの「反社会的シンボル」性を認定しないのに対し，高裁がイレズミの「反社会的集団のシンボル」性（あるいはそう考えること自体を認めること）を読み取る点に注意したい。つまり高裁は，イレズミ自体の「反社会」性よりも「反社会的集団」との関係性に着目していることが，より如実に見られる。イレズミの反社会性の実証は難しいことに加え，それと反社会的集団との関係性に関する一方的な烙印を押すことが，特に反社会的集団と無関係な人々からした場合，差別的に感じられるはずであるが，その点に関する弁明はない。

(2) 就業とイレズミ

イレズミをめぐるトラブルは，就業の場でも見られる。近時の事例では，都内ホテルに入る高級すし店において板前の補佐として働いていた従業員の男性が，体にタトゥーがあるとの情報を店が受け，解雇された事例がある。これについて男性は，解雇を違法として損害賠償等の支払いを求める労働審判を東京地裁に求めた[13)]。

この他，すでに一定の判決が出されたものとして，大阪市による公務員に対するイレズミ調査について，それを拒否した公務員に対して戒告処分を出した市側の対応をめぐる訴訟が注目された。これは，調査を拒否した公務員が，市を相手どり損害賠償請求と処分の取消しを求めた事例であった。その地裁判決（交通局事件）[14)] は，原告である公務員の訴えを一部認め，損害賠償請求を退けながら，戒告処分を違法であるとした。しかし，控訴審である高裁判決（同）[15)] は，損害賠償請求を退けたことに加えて，戒告処分も違法ではないとした。では，このような差が生じたのはどのような部分であろうか。

これに関して，地裁・高裁の両判決は，本件調査が憲法13条のプライヴァシー権等の憲法上の権利に対する不当な侵害にはならないとすることで共通するものの，イレズミの評価に関するニュアンスが異なる。地裁判決（交通局事件）は，「入れ墨をしていることは，反社会的組織に所属していたことを直ちに意味するものではなく，近時はファッションの1つとして入れ墨を施す者もいることからすると，必ずしも個人の経歴を示す情報となるものではなく，これを秘匿したいと考えるか否かも個人によって異なる」とする。これに対して高裁判決（同）は，次のことを述べている。

> 「入れ墨を施す理由は，人によって様々であり，中には文化的・民俗的背景を有する場合もあるものの，他方，装飾（ファッション）の一種との意識で入れられることもあって，必ずしも人格に深く関わるものではない。また，自己の入れ墨を秘匿したいと考えるか否かも個々人によって異なる」。「このように，そもそも入れ墨をしているという属性とその者の人格との関係について一概に捉えることは困難なのであるから，社会生活において，入れ墨をしているという事実を一般的に知られることにより，特定の個人又はその関係者が社会的に不当な差別を受けるおそれがあるといえるかについても一概に論じることもまた困難である」。「加えて，反社会的組織の構成員に入れ墨をしている者が多くいることは公知の事実であるところ，他人に入れ墨を見せられることで不安感や威圧感を持つことは直ちに不当な偏見によるものであるということはできず，入れ墨をしている者に対して，その入れ墨を他人に見せることを状況に応じて制約することは社会的にはおおむね容認されているものといえる。そのほか，本件全証拠によっても，入れ墨をしていることを理由とする社会的に不当な差別が広く行われていることを示すものはない」。「これらのことからすれば，入れ墨をしているという属性は，人種，民族又は犯罪歴といった属性と同列に考えることは相当でない」。

これらは一見すると地裁と類似のことを言っているように見えるが，大きな違いがある。地裁は，イレズミの現代的背景を踏まえて「反社会的組織」の象徴としての機能を一度切り離し，個人の経歴に関わる情報ではないと導く。これに対して高裁判決は，ファッション性から生じるイレズミの人格的利益性をまず否定する。そして「反社会的組織」の構成員が今でもイレズミを入れることが見られることを引き合いに出し，そこからのみ生じる威圧感の制圧を図ろうとする。ここで重視されているのは，イレズミの性質ではなく，反社会的組織の人々による威圧感の制圧である。

もうひとつ，決定的に異なるのが，大阪市個人情報保護条例6条2項にいう「差別情報等」の収集の禁止に関する理解として，イレズミをどのように考えているのかという点である。これについて地裁判決（交通局事件）は，「反社会的集団の構成員には入れ墨をしている者が多くいることから，入れ墨をしている人に対して抵抗感を感じる人が多くいることが認められることは前述のとおりであるが，本件新聞報道後に寄せられた市民の意見には，その者が反社会的集団に所属しているのか否か，入れ墨をしている部位，当該入れ墨が化粧の一種としてのいわゆるアートメイクの範疇に留まるものなのかなどを区別することなく，入れ墨をしている者は失職させるべきとの意見も寄せられていることに照らすと，入れ墨に対する抵抗感から過剰に反応して不当な差別がされる可能性があることは否定し難い」とし，「本件調査により収集しようとした本件入れ墨情報のうち特定個人が入れ墨をしているとの情報は，同項にいう『その他社会的差別の原因となるおそれがあると認められる事項に関する個人情報』（差別情報）に当たると解するのが相当である」とする。

他方，高裁判決は，以上のようにイレズミに関するスティグマを肯定的に捉えながら，「人種，民族又は犯罪歴を理由とする不当な差別の解消は，現に行政が積極的に取り組まなければならない課題といえるのに対し，現時点の我が国においては，入れ墨があることを理由とする不当な差別は，人種，民族又は犯罪歴を理由とする不当な差別と同列のものとして，行政がその解消に積極的に取り組まなければならないといえる状況にはないということもできる」とし，「本件入れ墨情報は，人種，民族又は犯罪歴に関する個人情報と同じ範疇に属するものと考えることはできないというべきであり，個人情報保護条例6条2項の『その他社会的差別の原因となるおそれがあると認められる事項に関する個人情報』には該当しないというべきである。」とする。

この高裁の理解は，イレズミに対するスティグマから差別意識が生じるとしても，そうした差別は，行政が積極的に解消に取り組むべき差別ではないといった説明として見て取れる。反社会的組織としての暴力団撲滅という法目的があり，それが一定の正当な理由であったとしても，特定の意味合いとの結びつきがあり，そこで恐怖心を憶えるから，差別的扱いはやむを得ないという考え方に運ぶには，それ相応の理由が必要であるはずである。しかし，この高裁判決は，その点を飛び越した理由づけになっている。

⑶　海水浴場におけるイレズミ

公共の場におけるイレズミの露出にも，いくつかの問題が生じている。まずは海水浴場におけるイレズミをめぐる，地方公共団体による条例化の動きを見ておきたい。兵庫県神戸市の「須磨海岸を守り育てる条例」(平成20年3月31日条例第37号)23条1項では，須磨海岸における禁止行為を挙げている。その8号は「次に掲げる行為を行うことによって，他の者に不安を覚えさせ，他の者を畏怖させ，他の者を困惑させ，又は他の者に嫌悪を覚えさせることにより，当該他の者の海岸の利用を妨げること。」とし，「ア　入れ墨その他これに類する外観を有するものを公然と公衆の目に触れさせること。」，「イ　粗野又は乱暴な言動をし，又は威勢を示すこと。」との規定を置く。また同3項は，「市長は，前2項の規定に違反した者に対して，当該違反に係る行為の中止その他の必要な措置を講ずべきこと又は緑地等からの退去を命ずることができる。」と規定する。他方で，本条例は，23条1項8号に関する罰則規定を設けていない[16]。

この他にも，神奈川県逗子市の「安全で快適な逗子海水浴場の確保に関する条例」(平成26年3月3日逗子市条例第6号) などがある[17]。逗子市の条例の場合，4条において事業者の責務について規定し，同2項で「事業者は，法令に別の定めのあるもののほか，逗子海岸において，次に掲げる行為をしてはならない。ただし，市長が特別の理由があると認めた場合は，この限りでない。」とし，1号「入れ墨その他これに類する外観を有するものを公然と公衆の目に触れさせること。」，2号「その他市長が規則で定める行為」と定めている。加えて逗子市の条例では，利用者の責務として，5条2項に「利用者は，法令に別の定めのあるもののほか，逗子海岸において，次に掲げる行為をしてはならない。ただし，市長が特別の理由があると認めた場合は，この限りでない。」と定め，同3号に「入れ墨その他これに類する外観を有するものを公然と公衆の目に触れさせることによって，他の者に不安を覚えさせ，他の者を畏怖させ，他の者を困惑させ，又は他の者に嫌悪を覚えさせることにより，当該他の者の逗子海岸の利用を妨げること。」との規定を置く[18]。もっとも逗子市の条例でも，指導，勧告，中止命令を市長が行えるものの，罰則規定は置いていない (同6条)。

海水浴場における諸規制は，若者が騒いで他の利用者や近所に対する迷惑を生じることなどが大きな理由となっているなかで，イレズミの露出規制が入れられた経緯がある。この点，「イレズミをした若者が海岸で騒ぐ」といったステレオタイプから迷惑行為全般を規制したいという目論見は分からなくはないが，海岸におけるイレズミの露出が，そうした行為全般を防ぐための直接的効果を持つのかどうかという問題が生じる。他方で，須磨海岸の条例も逗子市の条例も，単なる露出ではなく，「他の者に不安を覚えさせ」ること，「他の者を畏怖させ」ること，「他の者を困惑させ」ること，「他の者に嫌悪を覚えさせること」といった条件が付記される。しかし，これらの条件は，イレズミのある本人がどうするかというよりも，他者がどのように思うのかという条件設定であり，小さなイレズミであっても他者の嫌悪感情ひとつで規制対象になる状況に陥る。他方で，客観的指標を設けようとした場合，たとえば体全体にわたるのかどうか，「和彫り」か「洋彫り」か，当該イレズミが反社会的集団をイメージさせるか否かといったものなど，多岐にわたる。しかし，その区分がどれだけ明確にできるのかという議論が当然登場するのに加え，当該者が反社会集団構成員ではない場合でも規制対象になる可能性は十分考えられる。

このように考えていくと，イレズミ自体が，そもそもいかなる具体的利益を害しているのかという点を真剣に考えなければならない事態が生じることになる。イレズミ規制には，わいせつ物（ポルノ）規制と同様，社会道徳といった社会的法益保護があるのだとすれば，伝統的に制限を受けてよいカテゴリー承認をするか，あるいは制限をする場合に一定の定義づけをするなどして，何らかの保護の対象を確保する必要がある。他方で，これらの条例では，具体的な刑罰規定が設けられていないことから，規制が強力ではないといった理解もされる可能性はある。とはいえ，一定の事実を理由とした別異取扱いを公共団体の条例で行う以上，命令が強いか弱いかとは別に，そこでは一定の差別的取扱いにならないかどうかの審査がなされるべきである。

(4) 公衆浴場におけるイレズミ

イレズミのある者を拒否する他の事例としてつとに挙げられるのが，公衆浴場の利用である。ただ，公衆浴場は法令によりいくつかの区分がされており，その下で形成される組合の方針等により，浴場の入浴を可とする者の対応が異なることに注意したい。とりわけ，公衆浴場法に基づいて，「都道府県知事（保健所を設置する市又は特別区にあつては，市長又は区長。以下同じ。）の許可を受けて，業として公衆浴場を経営する」（同法1条2項）浴場業者については，生活衛生関係営業の運営の適正化及び振興に関する法律に基づいて，「生活衛生同業組合」

を形成しており，その組合が「全国公衆浴場業生活衛生同業組合連合会（全浴連）」である。この組合に加入するのは「一般公衆浴場」であるが，同組合では，入浴に関するイレズミ規制をしていない[19]。

公衆浴場法に基づく浴場の場合，入浴拒否に関しては，同4条「営業者は伝染性の疾病にかかつている者と認められる者に対しては，その入浴を拒まなければならない。但し，省令の定めるところにより，療養のために利用される公衆浴場で，都道府県知事の許可を受けたものについては，この限りでない。」，5条「入浴者は，公衆浴場において，浴そう内を著しく不潔にし，その他公衆衛生に害を及ぼす虞のある行為をしてはならない。2　営業者又は公衆浴場の管理者は，前項の行為をする者に対して，その行為を制止しなければならない。」との規定がある。もっとも，浴場施設は，生活必需の場所である。そこで一般的には，ここに示される「伝染性の疾病」や「公衆衛生」上の「害悪」を他人に生じさせることが生じる場合のみを規制対象とするのであり，その他の規制をやみくもに設けることは求められておらず，同組合は，その見地からイレズミがある者の入浴拒否を一般化していない。

他方で，一般浴場とは異なるスーパー銭湯などの施設の場合，一定の健康増進やレジャー施設としての性質もあるなかで，利用者のなかにイレズミに対する拒否反応が見られるといった事情があり，各事業者が独自に「イレズミのある者お断り」とすることが多い。その背景には，日本ではイレズミのある者が，特に暴力団関係者に多く見られるとされ，そうした関係者である可能性を見極めるひとつの基準としての「イレズミ」があったようにも感じられるが，このことは，すでに述べてきたことでもある。

もっとも，政府も，イレズミのみを理由とした入浴拒否は，一般公衆浴場でもそれ以外でも推進できるものではないことを示している[20]。最近では，イレズミ自体のファッション性などの見地から，日本におけるイレズミをめぐる「意味の秩序」の変容があるなかで，対応を変えていかざるを得ない状況にある。また，暴力団関係者に関する入浴拒否については，イレズミをメルクマールにするのではなく，暴力団関係者であることを理由とした入浴契約拒否などが暴排条項[21]などの導入により可能となっている状況も，見過ごせない。

近年では，外国人のインバウンドの増加に伴い，タトゥーを入れた外国人の入浴をどのように扱うのかがひとつの課題となっている。これを受けて，観光庁では「入れ墨（タトゥー）がある外国人旅行者の入浴に関する対応について」[22]と題するウェブサイトを立ち上げて，対応するとしている。そこでは，「入れ墨がある方の入浴については，外国人と日本人で入れ墨に対する考え方に文化的な違いがあり，すべての方を満足させる一律の基準を設けることは困難であると考えています。しかしながら，外国人旅行者が急増する中，入れ墨がある外国人旅行者と入浴施設の相互の摩擦を避けられるよう促していく必要があります。」と述べられている。そして，そこでは，①「シール等で入れ墨部分を覆うなど，一定の対応を求める方法」，②「入浴する時間帯を工夫する方法」，③「貸切風呂等を案内する方法」が挙げられている。

こうした施策は，一見，文化的多様性を確保する手法のようにも思われるが，難点もある。まず，仮に外国人に配慮をしたとしても，①イレズミがあることを隠す発想自体が，多様性を認めない方法ではないのか（結果的に，当該外国人は，なぜタトゥーを隠すシールを貼らなければならないのかと考えるに至り，不信感を覚えたりするのではないか），②こうした手当は外国との間での摩擦を失くすことを主眼とするために，日本で日常生活をするイレズミのある市民との関係での不合理な別異取扱いになっていないのか，といった疑問が生じるからである。

この②に関する対応として政府は，上記の観光庁のウェブサイトの文章につき，「訪日外国人旅行者が急増する中，入れ墨に対する考え方に文化及び慣習上の相違がある日本人と外国人との間で無用な誤解に基づく摩擦が現実に生じており，そのような摩擦を避けるため作成したもの」であり，「一方，日本人の間では，こうした日本人と外国人との間で生じている摩擦と同様なものが顕在化しているとまでは直ちに認められないことから，現時点において，御指摘の『日本人で入れ墨の入っている人』について外国人と同様の対応をすることはしていない。」との答弁書を平成28年6月2日付で示している[23]。このように，イレズミをめぐっては，日本国内における「日本人」と「外国人」とのダブル・スタンダードが生じていることを見落としてはならないし，そのことが差別的な取扱いにならないのかどうかを慎重に検討する必要が生じよう。

4　イレズミ施術行為と医師免許

イレズミをめぐる以上のような法的，事実的扱いを見る限り，現代日本では，イレズミ自体に一定のスティグマが押され意味づけされる一方で，外的要因などからそのスティグマ自体をどうにか外し，一定の承認を受けたいとする願いも強く見られるようになってきている。もっとも，イレズミを入れること自体がアウトローなことではないかとの認識が少なからずあり，施術に関する国家的承認が積極的に行われてきてはいない。そして，そうであることから，イレズミに固有の資格・技能制度が確立されたうえで施術がなされてきたとはいえない状況であった。これを受けて近年，イレズミ施術について医師資格を求める法運用が，突如，見られるようになり，医師資格がないことを理由に，彫師が摘発される事態が生じるに至った。しかし，この運用が本当に求められているのかどうかをめぐっては議論の余地がある（この関連裁判について後述する）。

Ⅱ　イレズミをめぐる憲法問題

以上のような様々な法的問題が生じることになるが，これらは憲法問題に関する観点からはどのような分析が可能となろうか[24)]。

1　イレズミのある当事者の憲法上の権利の視点から

これについてイレズミのある当事者の視点から見たい。まず，イレズミを入れることについては，自らの身体侵襲に関わることであるから，憲法13条に定める自由や権利としての自己決定権が議論されるべきである。自己決定権は，その判例上の明確な位置づけが不十分だが，少なくとも学界では一定の承認がされている。もっとも，自らの身体を傷つける自由があるのかどうかをめぐっては，パターナリズムや人間の尊厳を理由とした制限の正当化が図られる可能性はある。では，全てのイレズミの禁止がそうした正当化の対象になるのかといえば，そうでもない。他方，イレズミを入れること自体を各自の決定の問題としつつ，それを入れるための施術者の適正化を図るための一定の資格制度の導入が検討されたとしても，それは過度な手法でない適正なものである限り，正当化される可能性はある。

次に，イレズミ自体を一定の芸術性，表現性があるものとみなすことにより，憲法13条のみならず憲法21条1項で保障される表現の自由の観点から検討できる余地がある。この場合，イレズミを施術するのは施術者であり，その視点からすれば表現者は施術者であると考えることもできようが，自らの身体を使った（精神的，肉体的）表現と捉えるならば，施術を受けた者も，その自由を主張することが考えられる。もっとも，その場合でも全くその制限が正当化されないのかといえば，そうではない。とりわけイレズミの施術が，一定の肉体的損傷を受けるものであれば，そのことに伴う衛生上の危険を防ぐといった理由は制約の正当化理由として成立しよう。そして，その付随的制約として表現に対する制約が生じる。そうなると，こうした理由以外によるイレズミ規制は，どこまで正当化されうるのかという問題が生じる。

他方，イレズミを入れていることにより，他者との間で差別的扱いを受けてよいのかという問題も生じる。これは憲法14条1項に定める平等原則との関係で議論が可能である。もっとも，イレズミがある場合とない場合とで，いかなる意味で別異取扱いが合理化されるのかという点については，相当程度慎重に考えるべきである。先述した公衆浴場におけるイレズミがある人の入浴拒否については，他者の感情を傷つける可能性が別異取扱いの正当化事由として持ち出されることがあるが，他者の主観的感情によって差別を許容するとなれば，それはあらゆる差別的取扱いを許容する可能性が生じ，妥当ではない。また，イレズミを入れた外国人には多様性の視点から入浴を認めるとして，他方で日本人にはそれを認めないとすれば，その取扱いの違いは，先述のように問題が生じよう。この別異取扱いは，結果的には多様性を確保したことにはならないからである。

2　イレズミ施術者の憲法上の権利の視点から

一方，イレズミ施術者の憲法上の権利の視点から考えてみる。ここでも同様に，憲法13条の自己決定権や憲法21条1項の表現の自由による施術行為の憲法上の保障が議論される。とりわけイレズミのデザイン構想などは，イレズミ施術者（彫師）による芸術的センスによるところが大きい。そのことを考えた場合，絵画の作者などと同様，表現行為の主体となる可能性が高く，その意味での表現あるいは芸術の自由保障の対象となるのではないか。他方で，イレズミをされる側の自由の場合と同様，施術行為により，一定の人々の身体への侵襲行為があるとなれば，そうした侵襲に一定の制限をかけることは可能である。たとえば，他人の持つ「家」や「物」といった財産に，他者が勝手に絵画をすることは，画家にも原則許されないことを考えればよい。また，景観保護の対象地域では，所有者の同意があっても家の壁に一定の絵画などを描くことが制限される場面も観念しうる。そうした場合も，表現の自由保障の重要性を十分踏まえつつ，対抗する利益の重要性をも踏まえた制限の正当化が考えられる。

他方で，イレズミ施術者にとっては，特に憲法22条1項で保障される職業選択の自由保障の問題が生じる。イレズミ施術者は，多くの場合，それを生業として行っている。こうした専門的業務の実施には，一般的には一定の許可制や資格制などの職業制度が導入されることが多く，それが憲法上の職業選択や遂行にとっての合理的制約となるか否かが問題とされる。そこでイレズミ施術者にとっても，制度設計の問題が憲法学上議論される。もっとも，現在，イレズミ施術に関して固有の制度設計はないのが実情であり，そのことが医師免許の要請という新たな法運用を生み出した。では，職業に関する資格として，いかなる場合でも厳しい要件を設けてよいかというと，そうではなく，当該職業で必要とされる職業能力との間での必要性等に関する比例原則を充足することが重要となる。

Ⅲ　タトゥー医師法事件裁判

以上のようなイレズミをめぐる問題のひとつとして，近年，話題となったのが，先述のイレズミ施術行為と医師免許に関する一連の刑事裁判（タトゥー医師法裁判）である。本書が成り立つ契機となっている同裁判での具体的な憲法的及び法的課題については，本書の別稿が詳しく論じている。ここではその裁判の概要と若干の問題意識のみ示しておきたい。

1　事件の概要

イレズミの施術の資格は，これまで制度化されておらず，基本的には（そうした資格を有しない）イレズミの彫師が行ってきた。ところが，2001年に，エステサロンにおけるアートメイク規制を行う趣旨で示された行政通達（各都道府県衛生主管部〔局〕長殿宛「厚生労働省医政局医事課長通知」〔平成13年11月8日医政医発第105号〕）が示されたことで，医師免許を持たない彫師によるイレズミ施術もまた医師法17条違反とする法解釈と法運用が見られた。

これを受けて，これまで正式裁判に至る場合がほとんどなかったにもかかわらず[25]，医師免許のないイレズミ施術者が「針を取り付けた施術用具を用いて」

数名の被施術者の「上腕部等の皮膚に色素を注入する医行為を行い，もって医業をなした」ことから医師法17条に違反するとして逮捕され，同31条1項1号を理由に起訴された事件が起こった。当該彫師は，医師法17条の本件への適用の合憲性について真正面から争い，無罪を訴える主張を裁判で展開した。

2 大阪地裁平成29年9月27日判決

これについて大阪地裁[26]は，次の点から被告人を有罪とした。

(1) 「医行為」の該当性

第1に，同地裁は，本件施術に「医行為」としての性質があるか否かに関する法解釈を展開する。この問題は，医師免許が必要な「医行為」の範囲をどのように捉えるべきかという論点とともに，本件行為に適用が可能かどうかという点にある。これについて裁判所は，「医師が行うのでなければ保健衛生上の危害を生ずるおそれのある行為」を医行為と定義した。本件イレズミ施術は，「急性炎症性反応，慢性円板状エリテマトーデス，乾癬，扁平苔癬，皮膚サルコイド反応や肉芽腫等が発生する危険性」，金属やそれ以外のアレルギー反応が生じる可能性，「施術者自身や他の被施術者に感染する危険性」，「施術室や施術器具・廃棄物等に接触する者に対しても感染が拡散する危険性」等があり，「保健衛生上の危害を生ずるおそれのある行為」に当たるとした。なお，「入れ墨の施術の際には施術用具や施術場所の衛生管理に努めていたから，本件行為によって保健衛生上の危害が生じる危険性はなかった」としても「医師法17条が防止しようとする保健衛生上の危害は抽象的危険で足りる」としている。

(2) 実質的違法性

第2に，本件行為の憲法上の権利・自由との関連での実質的違法性の不存在を施術者側は訴えていたものの，裁判所は，憲法上の権利との関連を認めつつも，「保健衛生上の危害の防止に優越する利益であるとまでは認められない」し，「長年にわたり，入れ墨の施術が医師免許を有しない者によって行われてきたが，医師法違反を理由に摘発された事例が多くないことなどは弁護人の指摘するとおりであるとしても，本件行為が，実質的違法性を阻却するほどの社会的な正当性を有しているとは評価できない」としている。

(3) 医師法17条を本件に適用することの憲法適合性

他方で本判決は，医師法17条を本件に適用することに関する以下の憲法の諸規定への適合性も判断している。

まず本判決は,「医師が行うのでなければ保健衛生上危害を生ずるおそれのある行為に限られる」とする医行為解釈については「同条の趣旨から合理的に導かれ,通常の判断能力を有する一般人にとっても判断可能である」として憲法31条に適合的であるとする。

次に本判決は,判例(最大判昭和50・4・30民集29巻4号572頁)を参照しながら,「職業の免許制は,職業選択の自由そのものに制約を課する強力な制限であるから,その合憲性を肯定するためには,原則として,重要な公共の利益のために必要かつ合理的な措置であることを要する。また,それが自由な職業活動が社会公共に対してもたらす弊害を防止するための消極的・警察的措置である場合には,職業の自由に対するより緩やかな制限によってはその目的を十分に達成することができないと認められることを要する」として,「入れ墨の施術は,医師の有する医学的知識及び技能をもって行わなければ保健衛生上の危害を生ずるおそれのある行為なのであるから,これを医師免許を得た者にのみ行わせることは,上記の重要な公共の利益を保護するために必要かつ合理的な措置」だとし,さらに「このような消極的・警察的目的を達成するためには,営業の内容及び態様に関する規制では十分でなく,医師免許の取得を求めること以外のより緩やかな手段によっては,上記目的を十分に達成できない」と判示し,憲法22条1項に適合的であるとする。

さらに本判決は,「入れ墨の中には,被施術者が自己の身体に入れ墨を施すことを通じて,その思想・感情等を表現していると評価できるものもあり,その範囲では表現の自由として保障され得る」ので,「医師法17条は,憲法21条1項で保障される被施術者の表現の自由を制約する」としつつも,「国民の保健衛生上の危害を防止するという目的は重要であり,その目的を達成するために,医行為である入れ墨の施術をしようとする者に対し医師免許を求めることが,必要かつ合理的な規制である」として,憲法21条1項に適合的であるとする。

最後に本判決は,「人が自己の身体に入れ墨を施すこと」は被施術者が憲法13条で保障される自由に含まれ,かつ,医師法17条が同被施術者の自由を制約するものの,その「自由も絶対無制約に保障されるものではなく,公共の福祉のため必要かつ合理的な制限を受けることはいうまでもな」く,イレズミ施術に医師免許を求めることは重要な立法目的達成のための必要かつ合理的な手段であるとして，憲法13条に適合的であるとする。

3　大阪高裁平成30年11月14日判決

以上の地裁判決について被告人側は，それを不服として，ただちに控訴をしている。そして，改めて無罪を主張した控訴審において大阪高裁は，原判決を破棄し，被告人無罪の判決を言い渡した。高裁判決[27]では，次のような点について判断がなされており，地裁判決との違いが見られる。

(1)　医師法17条の「医業」の要件と解釈

まず本判決は，「医業の内容である医行為については，保健衛生上の危険性要件のみならず，当該行為の前提ないし枠組みとなる要件として……医療及び保健指導に属する行為であること（医療関連性があること）」とし，「医療及び保健指導の目的の下に行われる行為で，その目的に副うと認められるものであることが必要である」とする。そして，「医師は医療及び保健指導を掌るものである以上，保健衛生上危害を生ずるおそれのある行為であっても，医療及び保健指導と関連性を有しない行為は，そもそも医師法による規制，処罰の対象の外に位置づけられる」とした（この部分は，「保健衛生上の危険性」のみを要件とした原判決と異なる）。

また本判決は，「現代社会において，保健衛生上の危害が生ずるおそれのある行為は，医療及び保健指導に属する行為に限られるものではな」いとの理解の下，「保健衛生上の危険性要件の他に，大きな枠組みとして医療関連性という要件も必要であるとする解釈の方が，処罰範囲の明確性に資する」とし，「保健衛生上の危害が生ずるおそれのある行為が，医療及び保健指導とは無関係な場面で行われる行為であるときは，必要に応じて，個別に刑法によって処罰し，場合によっては，異なる観点からの法的な規制を及ぼすことも考えられる」としている。

(2)　イレズミ施術とアートメイクの比較

本判決は，「美容整形外科手術等は，従来の学説がいう広義の医行為，すなわち，『医療目的の下に行われる行為で，その目的に副うと認められるもの』に含まれ，その上で，美容整形外科手術等に伴う保健衛生上の危険性の程度からすれば，狭義の医行為にも該当」し，「医業の内容である医行為について医療関連性の要件が必要であるとの解釈をとっても，美容整形外科手術等は，医行為に該当する」とする。また，「アートメイクの概念は，必ずしも一様ではないが，美容目的やあざ・しみ・やけど等を目立ちづらくする目的で，色素を付着させた針で眉，アイライン，唇に色素を注入する施術が主要なものであり，その多くの事例は，上記の美容整形の概念に包摂し得るものと考えられ，アートメイクは，美容整形の範疇としての医行為という判断が可能であるというべきである」とし，「医療関連性が全く認められない入れ墨（タトゥー）の施術とアートメイクを同一に論じることはできない」とした。

(3) 「医行為」の該当性

本判決は，「医師法17条で禁止される医行為とは，医療及び保健指導に属する行為（医療関連性がある行為），すなわち，医療及び保健指導の目的の下に行われる行為で，その目的に副うと認められるものの中で，医師が行うのでなければ，言い換えれば，医学上の知識と技能を有しない者がみだりにこれを行うときは，保健衛生上危害を生ずるおそれのある行為であると解する」とし，「この解釈に基づき，本件行為（タトゥー施術）が医師法17条で禁止される医行為に該当するかについて検討する」とする。

この点について本判決は，「本件行為に伴って……保健衛生上の危害を生ずるおそれがあることは否定できず，これに応じて，本件行為の施術者には，施術によって生じるおそれがある感染症やアレルギー反応等，血液や体液の管理，衛生管理等を中心とする一定の医学的知識及び技能が必要とされることも事実であるから，本件行為は保健衛生上の危険性要件を満たす」としながらも，「本件行為は，そもそも医行為における医療関連性の要件を欠いている」としている。その理由として本判決は次のように述べている。

「入れ墨（タトゥー）は，地域の風習や歴史的ないし風俗的な土壌の下で，古来行われてきており，我が国においても，それなりに歴史的な背景を有するものであり，1840年代頃には彫り師という職業が社会的に確立したといわれている。我が国では，ある時期以降，反社会的勢力の構成員が入れ墨を入れるというイメージが社会に定着したことなどに由来すると思われるが，世間一般に入れ墨に対する否定的な見方が少なからず存在することは否定できない。他方で，外国での流行等の影響もあって，昨今では，若者を中心にファッション感覚から，あるいは，個々人の様々な心情の象徴として，タトゥーの名の下に入れ墨の施術を受ける者が以前より増加している状況もうかがわれる。そのような中で，入れ墨（タトゥー）を自己の身体に施すことを希望する人々の需要に応えるものとして，タトゥー施術業がそれ相応に存在している」。「入れ墨（タトゥー）は，皮膚の真皮に色素を注入するという身体に侵襲を伴うものであるが，その歴史や現代社会における位置づけに照らすと，装飾的ないし象徴的な要素や美術的な意義があり，また，社会的な風俗という実態があって，それが医療を目的とする行為ではない」し，「医療と何らかの関連を有する行為であるとはおよそ考えられてこなかったことは，いずれも明らか」である。「彫り師やタトゥー施術業は，医師とは全く独立して存在してきたし，現在においても存在しており，また，社会通念に照らし，入れ墨（タトゥー）の施術が医師によって行われるものというのは，常識的にも考え難い」。

以上の結果，本判決は，「入れ墨（タトゥー）の施術において求められる本質的な内容は，その施術の技術や，美的センス，デザインの素養等の習得であり，医学的知識及び技能を基本とする医療従事者の担う業務とは根本的に異なり」，「医師免許を取得した者が，入れ墨（タトゥー）の施術に内在する美的要素をも修養し，入れ墨（タトゥー）の施術を業として行うという事態は，現実的に想定し難いし，医師をしてこのような行為を独占的に行わせることが相当とも考えられ」ておらず，「入れ墨（タトゥー）の施術は，医療及び保健指導に属する行為とは到底いえず，医療関連性は認められない」ことから，本件施術は，医師法17条が禁止する「医行為」には該当しないとする。

(4) 職業選択の自由（憲法22条1項）との関係

本判決は，「タトゥー施術業は，反社会的職業ではなく，正当な職業活動であって，憲法上，職業選択の自由の保障を受けるものと解されるから，タトゥー施術業を営むために医師免許を取得しなければならないということは，職業選択の自由を制約する」とし，原判決のいう「職業の免許制は，職業選択の自由そのものに制約を課する強力な制限であるから，その合憲性を肯定するためには，原則として，重要な公共の利益のために必要かつ合理的な措置であることを要する。また，それが自由な職業活動が社会公共に対してもたらす弊害を防止するための消極的・警察的措置である場合には，職業の自由に対するより緩やかな制限によってはその目的を十分に達成することができないと認められることを要する。」との考えを引き継ぐ。

そこで本判決は，「生命・健康に対して一定程度以上の危険性のある行為について，高度な専門的知識・技能を有する者に委ねることを担保し，医療及び保健指導に伴う生命・健康に対する危険を防止することを目的」とするのが医師法17条であると解釈する。これについて本判決は，同目的を達成するための規制の手段の正当性につき，「タトゥー施術業が，医業に含まれ，医師免許を必要とする職業であるとしたならば，入れ墨（タトゥー）の彫り師にとっては禁止的ともいえる制約になることは明らか」であり，「我が国でも，彫り師に対して一定の教育・研修を行い，場合によっては届出制や登録制等，医師免許よりは簡易な資格制度等を設けるとか，タトゥー施術業における設備，器具等の衛生管理や被施術者に対する施術前後の説明を含む手順等に関する基準ないし指針を策定することなどにより，保健衛生上の危害の発生を防止することは可能である」との説示を行ったうえで，その結果，「医師に入れ墨（タトゥー）の施術を独占させ，医師でない者のタトゥー施術業を医師法で禁止することは，非現実的な対処方法というべきであり，そのような医師法の解釈は合理性，妥当性を有しない」としている。

4　最高裁令和2年9月16日決定

高裁判決を受けて検察側が上告したものの，最高裁は，「刑訴法405条の上告理由に当たらない」として上告棄却「決定」をし[28]，被告人の無罪が確定した。その際，本決定は，職権で原判断が正当である理由を以下のように示した。

まず，医師法17条については，「医師の職分である医療及び保健指導を，医師ではない無資格者が行うことによって生ずる保健衛生上の危険を防止しようとする規定である」とし，「医行為とは，医療及び保健指導に属する行為のうち，医師が行うのでなければ保健衛生上危害を生ずるおそれのある行為をいうと解するのが相当である」とする。

次に，「ある行為が医行為に当たるか否かを判断する際には，当該行為の方法や作用を検討する必要があるが，方法や作用が同じ行為でも，その目的，行為者と相手方との関係，当該行為が行われる際の具体的な状況等によって，医療及び保健指導に属する行為か否かや，保健衛生上危害を生ずるおそれがあるか否かが異なり得る。また，医師法17条は，医師に医行為を独占させるという方法によって保健衛生上の危険を防止しようとする規定であるから，医師が独占して行うことの可否や当否等を判断するため，当該行為の実情や社会における受け止め方等をも考慮する必要がある」。「そうすると，ある行為が医行為に当たるか否かについては，当該行為の方法や作用のみならず，その目的，行為者と相手方との関係，当該行為が行われる際の具体的な状況，実情や社会における受け止め方等をも考慮した上で，社会通念に照らして判断するのが相当である」としている。

以上を受けて当事者の行為を評価すると，「被告人の行為は，彫り師である被告人が相手方の依頼に基づいて行ったタトゥー施術行為であるところ，タトゥー施術行為は，装飾的ないし象徴的な要素や美術的な意義がある社会的な風俗として受け止められてきたものであって，医療及び保健指導に属する行為とは考えられてこなかったものである。また，タトゥー施術行為は，医学とは異質の美術等に関する知識及び技能を要する行為であって，医師免許取得過程等でこれらの知識及び技能を習得することは予定されておらず，歴史的にも，長年にわたり医師免許を有しない彫り師が行ってきた実情があり，医師が独占して行う事態は想定し難い。このような事情の下では，被告人の行為は，社会通念に照らして，医療及び保健指導に属する行為であるとは認め難く，医行為には当たらないというべきである。タトゥー施術行為に伴う保健衛生上の危険については，医師に独占的に行わせること以外の方法により防止するほかない」としている。

なお本決定には，草野裁判長の補足意見が付され，このなかでもタトゥー施術者の伝統的な地位や職能を重視した見解が示されている。とりわけ本補足意見が，世間におけるタトゥー施術の一定の需要があるなかで，「医療関連性を要件としない解釈をとれば，我が国においてタトゥー施術行為を業として行う者は消失する可能性が高い」とし，「医療関連性を要件としない解釈はタトゥー施術行為に対する需要が満たされることのない社会を強制的に作出しもって国民が享受し得る福利の最大化を妨げる」と述べたうえで，「タトゥー施術行為に伴う保健衛生上の危険を防止するため合理的な法規制を加えることが相当であるとするならば，新たな立法によってこれを行うべきである」とする点は，多数意見が述べていることをさらに鮮明に色づけるものとして注目される。

5　若干の分析

以上のように，これら地裁判決と，高裁判決・最高裁決定とは，その論点や結論に大きな違いが見られる。とりわけ後者の両判断は，イレズミ施術をめぐる従来の職業秩序を適切に踏まえたことで大いに注目された。その違いを含む多角的分析は本書の別稿に譲るが[29]，ここでは次のふたつのみを述べておく。

第1は，イレズミ施術に関しては，医療行為者に求められる健康衛生上の技術や配慮などが求められるのは理解できるものの，長年の運用では医師免許を求めることがなかった法運用があるなかで，それを要求するのはいかにも唐突である。この運用をすることで，実際に医師免許を持つ者が，イレズミ施術を行う方向に向かうのかどうか。この点，そのようには向かわないであろうことが高度に推察される。そうなると，表面的には健康衛生上の理由が示されつつ，実際には，日本にとっての固定の意味合いを持つイレズミ自体を排除する法運用になりはしないかという疑問が生じることになる。

第2は，イレズミ施術に関する新たなライセンスの設置の意義である。イレズミ施術に医師免許を求めるのは，他の健康衛生に関わる行為のライセンス制度に比べても過剰なものとなろう[30]。それは，伝統的に培われてきた「職業の自由」に対する過度な制約になる可能性も否定できない。もっとも，人の肌を直接的に傷つける行為である以上，何らかの専門的ライセンスの設置を模索することも考えられる。これにより，人々がより安心してイレズミを入れることができるようになるかもしれない。こうした制度の新たな設置は，従来見られたアンダーグラウンドなイメージからの脱却を目指すうえでは，一定の必要なステップのひとつになる可能性がある[31]。

おわりに

本稿では，イレズミをめぐる法的諸問題について概観してきた。本稿で注目してきたのは結局のところ，イレズミにまつわる規制は，いかなる理由によって行われているのかという点である。また，そこに一定の合理的理由があったとしても，実際に見られる制限の手法や程度が本当にそれに見合ったものとなっているのかということに対する懐疑である。イレズミに関する一定の規制をするのであればいかなる方法，程度が必要なのか，また，現在の規制がその範囲で行われているのだろうか，といった疑問は，本書で繰り返し問われることになる。以上のことを踏み込んで知っていただくために，本書の各論文，あるいは諸外国の制度状況を紹介する各論稿をお読みいただきたい。

1) これらの名称の違いについては，山本芳美『イレズミと日本人』(平凡社，2016年) 24頁を参照。本稿でも総称を指す言葉として「イレズミ」を用いることとした。

2) 辰井聡子「医行為概念の検討――タトゥーを彫る行為は医行為か」立教法学97号 (2018年) 256頁。

3) 第2回国会参議院司法委員会会議録16号 (昭和23年4月26日) (https://kokkai.ndl.go.jp/minutes/api/v1/detailPDF/img/100214390X01619480426)〔2020年9月1日閲覧〕。

4) 植松正『軽犯罪法講義』(立花書房，1948年) 23頁にも，「文化の進展に委ねるべきものは削除された」とし，「刺文の禁止」を挙げている。

5)「暴力団員による不当な行為の防止等に関する法律の一部を改正する法律の施行について（依命通達）(抄)」平成5年7月7日 警察庁乙刑発第7号 (https://www.npa.go.jp/pdc/notification/keiji/sosikihanzaitaisakukikaku/kibun19930707.pdf)〔2020年9月1日閲覧〕

6) この点，たとえば，日本弁護士連合会民事介入暴力対策委員会編『注解　暴力団対策法』(民事法研究会，1997年) 156頁にも「入れ墨は指詰めとは異なり，社会的には許容された行為である。」とされ，平成5年の法改正において「少年が無思慮に入れ墨をしてしまい，以後暴力団との関係が断ちがたくなるなど将来に禍根を残すことを防止することとした」とする。

7) イレズミと暴力団員（ヤクザ）との関係性が強調されるようになった背景としては，映画などのフィクションの影響も強いことを指摘する，山本・前掲注1) 100頁以下等も参照。

8) このことについて，米沢広一「子どもの年齢と法(1)」法学雑誌（大阪市立大学法学部) 60巻3＝4号 (2014年) 1389頁。その記述では，東京都や大阪府ではこうした規定がないと示されている。また，県によっては，青少年の年齢を知っていたか否かについては不問とする罰則規定を置いているところと，そうでないところがあるとの情報が示されている。

9) https://www.pref.saitama.lg.jp/a0307/jourei/joureikaisei-2412.html〔2020年9月1日閲覧〕

10) https://www.pref.ibaraki.jp/bugai/josei/seishonen/topics-02.html〔2020年9月1日閲覧〕

11) 大阪地判平成25・3・27 LLI/DB判例秘書 (判例番号：L06850182)。以下，裁判例の引用では頁数などの表示は省略し，鍵カッコ（「　」）で示す。判例評釈として，坂田仰「入れ墨を理由とする修学拒否と損害賠償責任――専門教育に関わる指導の限界」学校事務64巻12号 (2013年) 160頁。

12) 大阪高判平成25・9・6 LLI/DB判例秘書 (判例番号：L06820523)。

13)「タトゥー情報ですし店解雇 賠償求め労働審判申し立て―東京地裁」時事ドットコム（社会) 2020年9月1日 (https://www.jiji.com/jc/article?k=2020090100587&g=soc)〔2020年10月2日閲覧〕。

14) 交通局運転手の事例として，大阪地判平成26・12・17判例時報2264号103頁。地裁評釈として，山下竜一「大阪市入れ墨調査事件」法学セミナー724号 (2015年) 117頁，大林啓吾「入れ墨調査訴訟大阪地裁判決――入れ墨調査とプライバシーの関係」季報情報公開・個人情報保護57号 (2015年) 24頁 (このほか，市民病院看護師の事例として，大阪地判平成27・2・16裁判所ウェブサイト。地裁評釈として，労働判例ジャーナル43号〔2015年〕51頁，前田定孝「議会が求めた職員の入れ墨調査を市が実施するについて，調査の必要性および職務命令への服従の必要性を認めつつ，その調査の目的に適合しないとした事例」速報判例解説 vol. 23 新・判例解説Watch〔2018年〕69頁)。

15) 交通局運転手の事例として，大阪高判平成27・10・15 (平成27年（行コ）第4号，第62号) 判例時報2292号30頁。高裁評釈として，野呂充「入れ墨の有無に関する調査を拒否した市の職員に対する戒告処分と調査の適法性」平成27年度重要判例解説 (2016年) 43頁，松本和彦「市職員に対する入れ墨調査の適法性」判例時報2327号 (2017年) 154頁。最決平成28・11・9 LEX/DB文献番号25544439により上告棄却，不受理。このほか，市民病院看護師の事例として，大阪高判平成27・10・15 (平成27年（行コ）第54号) 裁判所ウェブサイト。高裁評釈として，野呂・前掲43頁。最決平成28・11・9 LEX/DB文献番号25544440により上告棄却，不受理。

16) この他，同条例の禁止行為で罰則がないものは，「(6)　たき火をし，又は火気を使用する調理器具を使用すること。」，「(7)　もり，やすその他これらに類する漁具を携行すること。」，「(9)　喫煙すること。ただし，次に掲げる場所については，この限りでない。ア　海岸を管理する権限を有する者が設置し，又は設置を許可した灰皿その他これに類する設備が設けられた場所，イ　第6条第1項の許可又は第7条の承認を受けて設置した施設又は工作物の室内」である。

17) 逗子市の条例の改正をめぐっては，事業者組合に営業時間の短縮や音楽規制に関する不満があり，当初，条例差止の訴訟が提起された。その後，事業者組合が訴えを取り下げた。

18) その他，禁止行為として同条同項に1号「たき火をし，又は火気を使用する調理器具を使用すること。(ただし，規則で定める場所は除く。)」，2号「飲酒すること。(ただし，事業者が海岸法〔昭和31年法律第101号〕第7条第1項の許可を受けて占用している場所を除く。)」を置く。

19) 以下につき，神庭亮介「銭湯は基本，タトゥーOKって知ってた？」BuzzFeed News（2018年7月13日）(https://www.buzzfeed.com/jp/ryosukekamba/tattoo-bath)［2020年9月1日閲覧］。

20) 平成29年2月13日提出の質問第69号「入れ墨がある人の公衆浴場での入浴に関する質問主意書」（提出者：初鹿明博）に対して，政府は，内閣総理大臣名で「御質問は，入れ墨がある者（以下「対象者」という。）が入れ墨があることのみをもって，公衆浴場法（昭和23年法律第139号）第4条に規定する伝染性の疾病にかかっている者と認められる者（以下「り患者」という。）に該当するか否か，又は入れ墨があることのみをもって，対象者による公衆浴場における入浴が同法第5条第1項に規定する浴槽内を著しく不潔にし，その他公衆衛生に害を及ぼすおそれのある行為に該当するか否かというものであると考えるところ，入れ墨があることのみをもって，対象者がり患者に該当し，又は当該入浴が当該行為に該当すると解することは困難である。」との答弁書を送付している（内閣衆質193第69号〔平成29年2月21日〕)。

21) 暴排条項をめぐる筆者自身の分析として，新井誠「暴力団排除条項とその運用をめぐる憲法的課題」辻村みよ子先生古稀記念論集『憲法の普遍性と歴史性』（日本評論社，2019年）535頁。

22) https://www.mlit.go.jp/kankocho/topics05_000183.html［2020年9月1日閲覧］

23) 内閣衆質190第298号（平成28年6月2日）。

24) 以下では本件にかかる憲法問題を簡潔に述べるが，詳しくは，小山剛「職業と資格――彫師に医師免許は必要か」判例時報2360号（2018年）141頁，曽我部真裕「医師法17条による医業独占規制と憲法」初宿正典先生古稀祝賀『比較憲法学の現状と展望』（成文堂，2018年）749頁などを参照。

25) 関東弁護士連合会編『自己決定権と現代社会――イレズミ規制のあり方をめぐって』（2014年）153頁は，「医師でない者が他人にイレズミを業として行ったとして，医師法違反を理由に逮捕された事案として報道されたものは，平成22年7月10日の事案（兵庫県の事案）と，同年9月24日（広島県の事案）の2件」であるものの，両事件ともに不起訴処分とする報道が見られたとしている。

26) 大阪地判平成29・9・27判例時報2384号129頁。地裁評釈として，佐々木雅寿「入れ墨の施術行為と憲法22条1項」法学教室449号（2018年）121頁，濱口晶子「彫り師のタトゥー施術行為と職業選択の自由」法学セミナー763号（2018年）120頁，高田倫子「入れ墨の施術者に医師免許を求めることが合憲とされた事例」速報判例解説 vol. 23 新・判例解説Watch（2018年）19頁，城下裕二「入れ墨の施術行為に医師法17条違反の罪の成立を認めた事例」速報判例解説 vol. 23 新・判例解説Watch（2018年）175頁など参照。本稿筆者によるものとして，新井誠「タトゥー施術規制をめぐる憲法問題――大阪地裁平成29年9月27日判決を契機として」広島法学42巻3号（2018年）21頁。

27) 大阪高判平成30・11・14判例時報2399号88頁。高裁評釈（等）として，笹田栄司「『医業独占』（医師法17条）とタトゥー施術業」法学教室462号（2019年）152頁，堀口悟郎「タトゥー医師法事件控訴審判決」法学セミナー771号（2019年）128頁，榎透「入れ墨の施術者に医師免許を求めることと憲法22条1項」速報判例解説 vol. 23 新・判例解説 Watch（2018年）37頁，佐藤雄一郎「タトゥー事件大阪高裁判決に対する医事法学からの検討」季刊刑事弁護99号（2019年）93頁，松宮孝明「タトゥー事件大阪高裁判決に対する刑事法学からの検討」季刊刑事弁護99号（2019年）87頁，天田悠「医師法17条にいう『医業』の内容をなす医行為の意義――タトゥー事件控訴審判決」刑事法ジャーナル60号176頁，前田雅英「入れ墨の施術と医師法17条にいう『医業』の内容となる医行為」捜査研究68巻8号（2019年）16頁，曽我部真裕「タトゥー施術行為に医師法17条を適用して処罰することは，職業選択の自由を侵害するおそれがあり，憲法上の疑義があるとされた事例」判例時報2415号（2019年）132頁以下132頁，山﨑皓介「医師法17条に基づくタトゥー施術規制と職業選択の自由」北大法学論集70巻6号（2020年）175頁，尾形健「タトゥー施術業医師法違反事件控訴審判決〈憲法8〉」令和元年度重要判例解説（2020年）22頁，神馬幸一「入れ墨（タトゥー）の施術と医師法17条にいう『医業』の内容となる医行為〈刑法6〉」同154頁，浅田和茂「入れ墨（タトゥー）施術が医師法17条違反の罪に当たらないとされた事例」速報判例解説 vol. 26 新・判例解説 Watch（2020年）183頁，武藤眞朗「医師にのみ許容される行為――タトゥー施術事件控訴審判決を契機として」東洋法学63巻3号（2020年）145頁，松本和彦「法律の解釈と憲法の解釈の交差――タトゥー施術無免許医業罪事件」関西大学法科大学院ジャーナル15号（2020年）15頁など参照。本稿筆者によるものとして，新井誠「タトゥー施術規制をめぐる憲法問題（続）―― 大阪高裁平成30年11月14日判決を契機として」広島法学43巻4号（2020年）77頁など。

28）最決令和2・9・16裁判所ウェブサイト。評釈として，新井誠「タトゥー施術に関する医師法違反事件最高裁決定」ウェストロー判例コラム214号（2020年）（https://www.westlawjapan.com/column-law/2020/201009/）［2020年10月25日最終閲覧］。

29）タトゥーと医師法，罪刑法定主義との関係に関連する論説として，辰井・前掲注2）285頁，三重野雄太郎「タトゥーを彫る行為の『医行為』該当性」鳥羽商船高等専門学校紀要40号（2018年）9頁，髙山佳奈子「タトゥー医師法裁判と罪刑法定主義」文明と哲学11号（2019年）135頁などを参照されたい。

30）この点，小山・前掲注24）145頁における「連綿と受け継がれてきた職業としての彫師に対して，唐突に過剰な資格を要求し，あるいは漫然とその状態を放置することは，憲法22条1項に反する」との指摘が重要である。

31）筆者自身の本事件の分析は，前掲注26），27），28）に掲げた評釈で行っており，本稿のⅢでもそれらの分析をまとめたものを使用している。そこで，Ⅲにおける各判決（決定）からの引用部分についても重要箇所が被るため，それら評釈における判決文引用との重複が多めとなっていることをご了承いただきたい。

第1章
イレズミの文化と歴史

日本のイレズミの歴史と現在
──「規制の時代」をふりかえる

山本芳美

はじめに

イレズミ・タトゥーには奥深い歴史と文化があり，世界の各社会においてもさまざまな実践がある。筆者は文化人類学を専攻しており，90年代に日本の東京と沖縄，そして台湾でイレズミの歴史について調査をおこなった経験がある。学位論文として調査をまとめた後も，イレズミと日本社会との関係についての研究を続けてきた。学位論文提出時点での研究は，近代日本におけるイレズミの法的規制と，沖縄や台湾，アイヌ民族が受けた影響を軸としていた[1)]。

この論考では「規制の時代」をふりかえりたい。本稿では，最初にイレズミをめぐる用語やタトゥーの方法について解説する。その上で，筆者による調査と文献研究に基づき，日本社会のイレズミの歴史と戦前の法的規制下で彫師と客が置かれた状況について述べる。法的規制が，アイヌや沖縄の女性たちに与えた影響についても概観する。その上で，現代日本で施術を受ける人々の属性の変化を検討して，結論をまとめる。

日本のイレズミの歴史研究は，まだ緒についたばかりである。歴史研究は，検討すべき課題が多い上に，手がける人は少ない。さらに，法的規制が課せられていた時代においては，歴史の舞台は日本国内にとどまらず，歴史をとらえるのに必要な観点や地域は重層性と複雑性を増したと筆者は考えている。明治政府が法的規制を課してから，政府にとっては皮肉にも，日本式のイレズミに惹きつけられた外国人訪問者や観光客が現れた。治外法権を盾に，日本人彫師による外国人客への施術が相次いだ。地下にもぐる彫師がいる一方で，規制を逃れようと東南アジアやヨーロッパ，アメリカなどに出稼ぎする彫師も登場した。明治政府はアイヌ民族や沖縄，台湾を版図に組み入れた後，イレズミの慣習が存在していたアイヌ民族や沖縄，台湾の原住民族に規制を課し，取り締まりや教育現場での指導などをおこなった。このため，イレズミの慣習は徐々に廃れていった。しかし，禁止からおよそ1世紀を経た2010年代ごろから，アイヌや沖縄，台湾では一部の人々が自発的に伝統的な文様を入れ始めている。こうした人々は伝統的な方法や文様を調べて実践するほか，儀礼を含めての伝統の再構築を日々模索している状態にある。

タトゥーの法的規制について検討する本書では，法律学とは異なる角度からの視点として，イレズミの文化的側面だけでなく，かつて規制を受けた社会や当事者の人々の体験を織り込むことが必要だと考える。筆者は法律論や法学が専門ではないので，本稿で言及する法律は必ずしも網羅的ではない。ただし，本稿において取り締まりの歴史や人々の体験を示すことは，日本社会にイレズミ・タトゥーへの実質的な法的規制が再び課された場合，いかなる事態が起こりうるのかを予見する助けになるだろう。

目下のところ，マスコミを中心に盛んにおこなわれている「温泉タトゥー問題」の議論における施設側の姿勢は，伝統の再興や宗教的理由，ファッション，ナチス・ドイツ時代のユダヤ人収容所において強制的に入れられたようなイレズミ・タトゥーなどを施設などで受け入れるのはかまわない，だが，威嚇や犯罪性にからむイレズミは今まで通りに拒否できれば，との発想がうかがえる。イレズミをした理由の如何を，施設側が判断しようとの発想である。ただし，多くの施設では，受け入れた際の常連客の反発やクレームを気にして，全面的な受け入れには至っていない。例えば，2019年11月に温泉関係者がタトゥー受け入れについて識者を集めて検討する研究会があった[2)]。会場の旅館や温泉関係者のなかからは，イレズミ・タトゥー客の受け入れを法律で定めてくれれば，との声が挙がっていた。タトゥー客を受け入れると，常連客から苦情が出かねないとの心配からの率直な声ではあるのだろう。だが，法律で世の中のすべての物事の隙間を埋めていくという発想は，規制であろうが，受け入れであろうが，事の本質を見あやまりかねない危うさがある。法的規制であろうが，法に定められた受け入れであろうが，それはタトゥーやイレズミの現状とはなじまない。いずれの方向にしても，影響はタトゥーやイレズミの愛好者に留まらないだろう。法律は人を護る力もあるが，一方で定めようによっては，自分の身体のあり方を管理され，申告させられ，選別されるディストピア社会につながる恐れもあるからだ。

I　イレズミ・タトゥーをめぐる用語・その方法

イレズミ，和彫り，タトゥー，墨，刺青など，イレズミを示す言葉はさまざまである。本稿では，伝統的なものをイレズミ（tattoo）とし，現代的なものをタトゥーとする。筆者の場合は，古代に彫られていたものや先住民族のあいだでおこなわれているものまで含めた総称として「イレズミ」としている。その上で，現代的でタトゥーマシンを用いるものを「タトゥー」，あるいは「現代タトゥー」と呼びわけている。英語圏では，「tattoo」，「tattooing」を先住民族から現在まで入れられているものを示す包括的な意味で用いているが，筆者も同じ意味でイレズミとしている。近年，英語圏では現代的なマシンを用いて彫るタトゥーを「ink」とも称している。

英語の単語tattooは，イギリス英語ではノック，行進や記念パレードなどの意味としても用いられる。語源は，タヒチのイレズミを示す‘ta-tu’または‘tatau’，「叩く」という動作とその音からである。tatauという呼称を欧米世界に伝えたのは，イギリスの海軍軍人兼探検家のジェームズ・クック（James Cook 1728-1779）である。通称キャプテン・クックとして知られる人物で，18世紀後半に太平洋方面へ3回の大航海をおこなっている。1768年から1771年にわたる第1次航海で，タヒチ島に立ち寄り，そこでtatauについて記録している。クックが率いたエンデバー号の乗組員の多くも，タヒチ式イレズミをして帰還した。また，1769年にtattooという単語が報告書などに現れている。これはポリネシア系タヒチ語のtatauが，英語のtattooの語源となっているのだ[3)]。

イレズミは，植物性や金属製の針のほか，獣骨や貝，石などで作った刃物などを用いて傷をつけ，色素を挿入することにより皮膚に痕跡を残す行為である。針か針状に鋭く先端を尖らせた用具により皮膚を傷つける刺突か，貝殻や黒曜石，刃物などにより細かい切り傷を皮膚に負わせる方法に大きく二分される。イヌイットなどの北方民族では，色素をつけた糸に針を通し，それを皮膚の下に挿入して色素を残すこともおこなわれた。色素には墨や植物の藍，果実の汁，炭のほか，植物や油を燃やしてつくった煤や鍋墨，朱や紅殻（ベンガラ）（酸化鉄）などが用いられた。色素は水や蒸留酒，時には母の乳などで溶かれる場合もあった。皮膚につくった傷に擦り込むか，針に直接色素をつけて皮膚に刺すことにより傷をつけると同時に色素を注入して，痕を残した。ボルネオなどでは，スタンプを用いて文様を肌につけ，それをなぞる形で施術をした。各民族で施術後の手当ての方法も編み出され，化膿を防ぐために特定の食物を避けたり，治癒効果が高いとされる植物の液を塗りつけたりするなどの処置が取られた。

筆者が調査した日本，台湾の原住民族，奄美や沖縄の人々においては，刺突によりイレズミがなされていたが用具や手法はそれぞれ異なっていた。日本では，墨や朱，紅殻のほか多色の色素を，竹の柄などに針を絹糸や木綿糸でくくりつけた用具により皮膚に注入する手法がとられていた。奄美や沖縄では，泡盛で摺った唐墨と糸でくくった2，3本から40本ほどの針で施術されていた。

台湾の原住民族を含むオーストロネシア語族は，諸説あるが，雲南・東南アジア付近から4,000年ほど前に移動をはじめ，西はマダガスカルから東はイースター島，北は台湾から南はニュージーランドまで拡散していった人々である。言語のほか，タロイモやヤムイモの栽培，宗教観念の共通性が指摘されている。イレズミも古層において共通していた文化と考えられている。オーストロネシア語族の方法では，針をつけた小さな「ノミ」を肌にあてて，専用の小槌やナイフなどでノミの背を叩く。ノミで皮膚に傷をつけて，そこに煤などを塗って図柄を定着させるものであった。このノミは，材質や大きさ，形状はさまざまで，柑橘類のトゲ，海鳥の翼の骨，サメの歯，石，硬い木を組み合わせて作られていた。オーストロネシア語族が用いる針は，金属を入手するまで，色素を皮膚に直接送りこめるほどの細さや強度はなく，小槌でノミを叩くのは効率的に色素を皮膚下に送りこむ効果があった。この方式では，施術師の両手が道具でふさがるため，施術にあたっては被施術者の皮膚を手で広げる助手が必要な場合がある。金属針で直接肌を刺す際には，シャキシャキという高い乾いた音がするが，オーストロネシアの場合は，小槌がノミの柄を叩く音と皮膚に針が入る音がリズミカルに高く響く特徴がある。tatauは，この音を表現している。

文身や黥，刺墨は，現在ほぼ聞かないが，かつて書き言葉としてよく用いられていた。イレズミは広く知られる一般名称だが，同じ発音を漢字で「入墨」と書く場合には，江戸時代に刑罰でおこなわれたものを意味するので，筆者は漢字をあてるのを避けている。ただし，『朝日新聞 用語の手引き』（朝日新聞社），『記者ハンドブック』（共同通信社）などでは「入れ墨」の表記が標準とされており，各種報道でよく用いられている。

呼称には地域差もあり，身体を一続きの絵画で覆う江戸時代から流行した様式を指す場合は「彫り物」で，これは江戸前の呼び方である。墨と呼ぶ場合もある。関西では「がまん」，倶利伽羅紋々から「もんもん」と呼ぶ場合もある。

「刺青」も一般的ではあるが，明治時代に登場した言葉である。刺青は1910（明治43）年に書かれた谷崎潤一郎の処女短編「刺青」から定着しだした[4)]。

Ⅱ　日本のイレズミ史——縄文時代から江戸時代まで

それでは，日本のイレズミにはどのような歴史があるのだろうか。要約すれば縄文時代には，イレズミが入れられていた可能性が濃厚である。7世紀中ごろに一度断絶して，江戸時代中期に文字や簡単な図柄を入れる形で再びはじまり，次第に図柄が大きく身体を覆うほどに発達していったのである。

日本の酸性土壌では，自然に死蝋化した状態で人体が発掘されることはないため，イレズミの直接の証拠は存在しない。しかしながら，約1万2千年前から2,500年前の縄文時代の土偶，それに続く3世紀後半までの弥生時代，古墳時代（4世紀から6世紀）には埴輪などの人型模型は，イレズミがおこなわれていたことを強く示唆する。

縄文時代の土偶は，数センチ大から40センチ以上のものまである。ほとんどが，女性をかたどり，手や足などが壊された形で出土する。このため，土偶は何らかの魂を宿らせたか，多産を願ったか，宗教・治療儀礼などにもちいられたと推測されている。

縄文時代は男女とも，髪を大きく結って，簪（かんざし），櫛でまとめ上げ，首飾りや腕輪，足輪，腰飾りなどをつけた。貫頭服を着用して，顔や手足も紅殻や赤土で彩っていた。身体変工の面でみれば，性別や身分に関わらず，直径3センチから5センチの土製の耳栓をしていた。このはめ込み式のピアスは，縄文後期に一般化して直径10センチにおよぶデザインが凝ったものも耳たぶの穴を徐々に拡張させて装着されていた。未装着の場合は，耳たぶが大きく垂れさがっていたと考えられる。歯牙変工もおこなわれており，上顎左右の犬歯を抜くほか，前歯を櫛状に削っていた。この歯の加工パターンは，各集落で異なっていた傾向が指摘されている。

肝心のイレズミについては，出土する土偶や埴輪の多くに，ボディペインティングかイレズミ，あるいは瘢痕文身とおぼしき文様が確認できる。埴輪には，目の下から頬にかけて複数の線刻か，鼻や口のまわりを囲む線刻がある。さらに，紅殻などで埴輪の顔の部分などを塗っていた。口元は髯，目の下の線は涙の痕との解釈もあるが，身体の加工を表現したのではなく，土偶や埴輪自体を装飾した可能性も残る。否定的な意見もあるものの，顔面や身体へのイレズミの習慣が存在していたとの見解が固まりつつある。

さらに，時代が下ると，3世紀の中国の文献，『魏志倭人伝』には，イレズミの習慣が触れられている。当時の日本（倭の国）の「男子は大小となく皆面（かお）に黥（いれずみ）し身（からだ）に文（いれずみ）する」と記されている。そして，「水中で魚や蛤を獲る水人（あま）は，鱶（ふか）除けにイレズミをしたが，今では飾りである。地方ごとに方法も場所も大きさも異なっていた」と述べられている。

おそらく，古代のイレズミは，歯牙変工と同様に，装飾を目的としつつ集団の帰属を示すほか，呪術的，通過儀礼的な目的でおこなわれた可能性がある。特に縄文土器や土偶にはさまざまな形があり意図不明な文様が施されていることから窺えるように，仮にイレズミが施されていれば，文様や施術行為に何らかの象徴的意味合いを織り込んでいたとみるのが自然であろう。

しかし，7世紀後半に装身具をつける習慣が姿を消し，文献や絵画にも身体変工の痕跡が見られなくなる。奈良時代（710年～784年）から，国内で文献に記されるようになる。歴史書の『古事記』（712年）と『日本書紀』（720年）には，紀元前3世紀頃の出来事の描写として，目の周囲にイレズミをした人々がいたことが触れられている。記紀の記述ではイレズミの習慣は存在していたことがわかるが，懲罰や身分の低い人や辺境の民族の習慣と位置づけられている。

平安時代（794年～1185年）に入ると，簪や櫛，笄（こうがい）などの髪飾り以外の装身具を身につける習慣も廃れる。男女とも1100年間装身具を遠ざけるようになった理由は，さまざまに論議されているが不明である。日本装身具史のなかでも最大の謎とされるが，お歯黒以外に目立つ身体加工はされなくなる。そして，17世紀ごろまでイレズミは再び文献に現れなくなる。

江戸時代初期に，イレズミは再び文献や絵画に登場しはじめる。だが，古代のあり方とは異なる様式や発想である。実践する者は限定的で，身分的には職人層が主流で，武士などは入れることはなかった。「彫り物」と呼ばれるようになったイレズミの原型は，上方の遊女の接客技術にある。遊女が客に将来を誓った証に，握手をすると双方の親指が当たる箇所に点を入れた。このイレズミを「入れぼくろ」と呼んだが，相手の名前を腕に彫り入れることもあり，それを「起請（きしょう）彫り」と呼んだ。

その後，イレズミは徐々に絵画的要素を強めていった。延宝・天和年間（1673年～1684年）には，侠客のあいだで腕に「南無阿弥陀仏」などの文字を彫ることが流行した。明和期（1764年～1772年）のイレズミは，まだ名前や小さな図柄であった。しかし，龍，般若の面，不動，獄門（生首），ろくろ首などの図柄を腕や背中に彫り入れた侠客が多く現れた。侠客は雲水龍，鳳凰，天女，唐獅子牡丹，仁王像などを身体に施して男伊達を気取り，威勢をかった。こうした像が人体に彫り込まれることを異様に思えるかもしれないが，神仏に接近する方法として，神社仏閣などに神仏像や動植物を彫り込むのは現在まで続く感性である。神仏のお札を背中に彫り込んでいるようなものだと例えればわかりやすいだろう。施術範囲が大きくなると，次第に浮世絵に題材を採った図柄が多くなり，奇想を競うようになった。

17世紀以降のイレズミは，ふんどし姿になる職業である鳶や火消し，飛脚などの身体装飾となる。愛好者は町人が中心で，人気と憧れの的となった。身分制度で服装は厳密に決められており，武士はイレズミに拒絶反応を示した。「身体髪膚，之を父母に受く。敢えて毀傷せざるは，孝の始めなり」と説く儒教の浸透がイレズミへの反発の一因となった。また，奇想に富んだ図柄が悪趣味すれすれであったことも，強い憧れと拒絶反応を生んだのである。

さらに，1720（享保5）年から幕末まで，犯罪者の顔や腕などにイレズミが刑罰の付加刑としておこなわれていた。幕府が中国の明律を参考に，刑罰の付加刑としてイレズミを採用したのである。刑罰は，「黥（いれずみ）」や「入墨」と文書に記されている。当時の刑法では，重罪では死刑か流刑，軽罪では所払い，敲（たたき），入墨，追放の4種がもうけられていた。刑罰のものは顔や腕を対象としていて，江戸ならばひじ下に二本線を入れることが基本であったが，奉行所や藩によって柄が異なった。額に「一」，再犯すれば「ノ」，さらに「犬」の字となるよう数回にわたって墨を入れる藩もあった。

江戸中期からイレズミをする者が増加したのは，黥刑のイレズミを隠す必要があったとの指摘もある。現在も，鳶の人々が「入墨ではなく，彫り物と呼んでほしい」と求めるのは，刑罰で入れたものではないとの意図からである。これを受けて，1764（明和元）年11月に，入墨を焼き消した者に対しては入墨を再度施した上で江戸払いにする旨の触れ書きが出された。

明和元申年十一月
入墨御仕置に成候以後，商等いたし候障に可相成と存，右之入墨を焼消候者，如元入墨之上江戸拂之御仕置申付候儀，向後御定同様に相心得可被伺事[5)]

さらに，イレズミの隆盛を受けて，1811（文化8）年8月の町触れと1842（天保13）年3月8日に町奉行所により出された御触れ（禁令）が出されていた。触れ書きはほぼ同文であり，要約すると，イレズミは風俗を乱す上に無傷の者がわざわざ総身に彫り物するのは恥ずべきことであり心得違いであるとの触れであった[6)]。当時の儒教的身体観を反映した内容といえよう。犯罪学の井上泰宏によれば，町触れを受けて江戸市中からイレズミをする者は一時期，姿を消したという。だが，4年か5年後に禁令はゆるみ，処罰された者もなかった[7)]。

規制の一方で，文化・文政時代（1804年～1830年）頃には，専門職の彫師が現れた。浮世絵の版木を彫る者（この職業も「彫師」「彫り物師」と呼ばれる）が人肌にも彫った，と言われるが詳細は不明である。当時のイレズミは画師が下絵を描いたが，19世紀半ばには彫師が下絵も手がけるようになった。ただし，彫師だけが，浮世絵を下敷きにした下絵で身体をくるむように彫る日本独特のスタイルを創出したのではない。

現在，日本的スタイルとして想起されるような全身を覆うイレズミを施すようになったのは，中国の伝奇小説『水滸伝』の登場人物を描く際に，日本の絵師が大胆な意匠のイレズミをあしらったことからである。中国で刊行されていた『水滸伝』の挿絵以上に，日本の絵師たちは英雄の全身に彫り物を目立つように配した。18世紀に『水滸伝』ブームがおこり，浮世絵師の葛飾北斎（1790年～1849年）が先鞭をつけて水滸伝の英雄を描いた。さらに，歌川国芳（1798年～1861年）が1827（文政10）年に「通俗水滸傳豪傑百八人之一個」をシリーズで描き始めて絶大な人気を得たのである。おそらく，国芳が描いた水滸伝をもとに，全身を覆うように彫るように客が彫師に求めた可能性が高い。さらに，国芳門下の絵師らが浮世絵を描くかたわら，イレズミの下絵も手掛けたことで絵画的要素を深めていくこととなった[8)]。

国芳が絵師として活躍する時代までに，彫り方や針の組み方，見切りや型など，現代のイレズミの前提となる表現と技術がそろう。ただし，よく知られる唐獅子牡丹や桜吹雪などよりは，当時の図柄は多様であったようである。シーボルトお抱えの絵師であった川原慶賀[9)]（1786年？～1860年？）が1826（文政9）年に長崎から江戸に向かう道中で描いた人物画帳には，さまざまな身分の男女，諸職に携わる人びと，109名が描かれていた。そのうち，イレズミを背負う人物として，大井川で川越人足をしていた6名の男性と駕籠かきの男性1名が描写されている。

川原の画帳によると，1820年代には，江戸ばかりでなく，地方においても全身にイレズミを入れることができ，絵だけでなく文字も好まれていたことがわかる。川原の描いた人物像は，記録資料を兼ね合わせたこともあり，ある程度は写実的であったと考えられる。イレズミのある男性像は，「幽霊と卒塔婆」を組み合わせた奇想に富んだものや，雲龍，雷神を背中に入れていた。桜吹雪を全身にまとった者もいたが，なかには，背中に般若の面と周囲に桜花が配され，左腕には「五大力」を入れた者もいた。五大力は恋文を人に託す時に盗み見されないよう五大力菩薩への祈りを込めた封じ目の言葉である。五大力は当時広く信仰されたそうである。さらに，この男性は恋文によく見られる文言を全身に散らしていたという。この男性について記したとみられるシーボルト自筆のメモが残っているので，川原が実際に写生した絵である可能性が高い[10)]。

Ⅲ　規制下での彫師とその客

このように，19世紀中ごろには，イレズミに定型的な表現も現れ，技術も一定の水準に達して，彫師も愛好者も存在したと考えられる。だが，明治政府が政権を握ると，彫師と客は江戸時代よりも厳しく管理と取り締まりを受けるようになった。1869（明治2）年4月には，太政官にイレズミ禁止の議案が提出されている[11]。政府が法的にイレズミを規制した背景には，外国人の耳目をそばだてるような外聞の悪い行為をやめさせることで，文明国として欧米諸国から扱われたいとの思惑があったことが窺える[12]。

規制下の時代には，1872（明治5）年に東京府に下された違式詿違条例施行に伴い，イレズミをした人々は鑑札で管理された。1876（明治9）年7月24日の読売新聞によると，鑑札を受け取るために約2か月間に1,700名が警察署を訪れ，人々の中には少なからず女性が混じっていたという[13]。客が管理される一方で，彫師たちも明治時代から戦前まで，さらに違警罪，警察犯処罰令による法的規制を受け，取り締まりにおびえた日々を送った。彫師は表商売を持ち，ちょうちんに絵や文字を描く「ちょうちん屋」や現在のポスター制作業にあたる「絵ビラ屋」，「銅壺（どうこ）屋」（屋根屋）とも呼ばれた屋根ふき職人，鳶職などをしていた[14]。

戦前を知る彫師，横須賀彫秀こと柿本秀男（1929年～2017年）が語ったところによると，彫師以外に商売をしたのは，専業でできるほど仕事がなかったためである。今でこそ鳶職にイレズミが目立つが，大工や銅壺屋もイレズミを背負う人は多かった。こうした建築関係の職人は全国をまわって仕事をしなければならず，ヨソで幅をきかさねばならないので彫っていた。彫師になること，客になることが禁じられていた時代は，彫師の人数は現在より少なく，隠れて仕事をしていた。彫師同士の交流も少なく，人づてにどこに誰がいると知るぐらいであった。自分の仕事場に来た客にあるイレズミを見ることで，他の彫師の仕事ぶりを知ったものだという[15]。

逮捕された彫師の例として，初代彫宇之を挙げておきたい。初代彫宇之は戦前にイレズミの歴史と文化についての総合書『文身百姿』（文川堂書房，1936年）を書いた玉林晴朗をはじめ，名人として言及されることが多い人物である。初代彫宇之は1843（天保14）年生まれの彫師で，晩年の1912（大正元）年，取り締まりが厳重なため30年近くも住み慣れた神田から牛込神楽坂に転居した。神楽坂では娘が表向き仕立屋をし，仕立屋の2階を仕事場として，年老いても盛んに彫っていた。しかし，1923（大正12）年12月22日の夜，突然警察の取り締まりを受けることになった。前日の客が銭湯に行き「おれの文身は昨日彫ったばかりだ」と自慢しているのを入浴していた浅草蔵前署の刑事に聴かれた。その場で客は警察に連行され，取り調べの末に彫宇之が彫ったことが判明した。彫宇之の自宅には蔵前署の刑事が現れ，商売道具から下絵までイレズミに関係あるものをすべて没収していった。たまたま外出していた彫宇之も，帰宅後に蔵前署に連行されて4日間留置された。彫宇之は，警察犯処罰令によって最高の科料に処せられて帰宅が許された。この結果，82歳であった彫宇之は，中野の新井薬師の裏に転居することになった。中野では孫娘が表商売に刺繍屋をし，彫宇之は訪れた客に時折彫ることもあったという。そして，1927（昭和2）年1月8日に没した[16]。

鳶出身の彫師として知られる初代彫文（山田文三）も逮捕された経験がある。初代彫宇之が逮捕された時に，彫文はイレズミを彫ってもらうため彫宇之のもとに通っており，連座して1週間ほど警察に拘留されたという。1905（明治38）年生まれの初代彫文は，浅草生まれの鳶で第五区五番組の副組頭（1966〔昭和41〕年当時）となり，彫師を兼業していた。彫文によれば，警察は彫った人間が祭りの時に片肌脱ぐのは別段咎めることはなかったが，「どこ」で彫ったかは問題にしたという。警察犯処罰令は現行犯であることが重視されていたため，施術を受けた者が「今，彫ってきたばかり」と取り調べで述べてしまうと，彫師は手入れにあった。彫文は戦前，依頼者から礼金は取らず下絵の紙や墨を買ってもらったが，それでもイレズミを他人に彫ったために警察に追われることになった。初代彫文は浅草の小島町，鳥越，竹町などを中心に1年に11回も引っ越ししたという。上野警察署の刑事からは，3年間から4年間つきまとわれた経験もあったそうである[17]。ただし，厳しかったと語られるイレズミの取り締まりにも抜け道が存在したらしく，彫文は警察が別の彫師から押収した道具を入手したことがきっかけで彫師を始めることになった，との証言を筆者は彫文の周囲の人々から得ている。

大正・昭和のエログロナンセンス文化を牽引した編集者，翻訳家である梅原北明によって，1928（昭和3）年に創刊された雑誌『グロテスク』創刊号と2号に「日本文身考」を寄稿した谷井基次郎という人物がいる[18)]。谷井によれば，取り締まりを逃れるために依頼者は彫師の名は出さないことが不文律とされていたという。徴兵検査の際にもイレズミをした徴兵適格者が来ると，軍事関係者は必ずその施術場所および施術者の氏名を尋問するが，尋問された者は言葉をにごして決して漏らさないことが良しとされた。もし自白すれば，仲間から除外されるばかりでなく，時には暴力的な制裁を受けることもあったという。罰金刑で済んだ者は，イレズミをした人々が金を出し合って，逮捕された者のみに負担をかけないようにした。軍隊では，イレズミを施す者が増えることを恐れ，風呂の際など，イレズミがある者とない者との扱いは別となった。徴兵適格者のイレズミを止めさせるために，軍隊は警察当局などに委嘱してイレズミ狩りを実施したが，多くの場合，不調に終わった。彫師の家が不明であったり，何かしら表商売をして相当な生活を送っていたりしたため，近所は裏の商売を知らない場合が多かったためである。紹介者が確かでないと，彫師は門前払いをするなどして用心を重ねていた[19)]。彫師がイレズミを彫る際には，閉め切った薄暗い部屋で百匁ろうそくの明かりを頼りに彫ったという[20)]。著名な彫師であった二代目彫芳は，「楽しい思い出などなに一つない暗くて息苦しい時代でした」と，警察犯処罰令と戦時体制下の閉塞感が相まった時代について回顧している[21)]。

禁止政策下の時代を，彫師は図柄を記憶することによって乗り越えたといわれる。だが，人物などの絵柄を記憶することは至難の業であり，花物と呼ばれる桜吹雪や紅葉ちらし，鯉の滝昇り，昇り龍，降り龍など図柄としては一般的なもののみが，今日に伝えられるにすぎないという[22)]。彫師たちは，禁止政策の影響を受けながらも，息をひそめるようにしてイレズミを彫り続けたのであった。

彫師と比べ，客に対する取り締まりは，ゆるやかであったようである。1970年代に「生きている浮世絵」展（小田急百貨店，1973年）で中心的役割を果たし，刺青ブームを仕掛けた作家の飯沢匡（1909年～1994年）は，彫師や客たちへの取材に基づき，刺青に関する小説を書いている[23)]。飯沢によれば，警察は銭湯で容易に彫師や客を捕まえることができたという。法的に施術が規制されていた当時，内風呂がある家は少なく，人々は銭湯を用いることが多かった。このため，銭湯で待ち構えていれば警察は客を捕まえられたのである[24)]。筆者が東京の鳶職人たちから聞き書きした話によると，戦前は客が引き続き通うように図柄の輪郭を線彫りせずに彫る習慣があった[25)]。このため，鳶の人々などは「みっともないから」と日常的に通う銭湯ではなく，遠出をしたという。結局，新参者は銭湯の中で目立ってしまうので，逮捕にもつながったそうである。

ただし，客であれば，逮捕されても「これは以前のもの」と警察でうまく申し開きすれば時効とされ，放免となった。逮捕により生活の道を断たれる彫師に比べ，罪が軽微なこともあり，イレズミを依頼する客にとって取り締まりはさほど深刻ではなかったようである。客にとっては，取り締まりには6か月の時効があり，要はその期間さえ乗り切ってしまえばよいとの感覚があったことが窺える。しかし，客にとっては，むしろ日常生活で遭遇した偏見や規制のほうがより深刻であった可能性がある。

戦前からの鳶職人であった清宮武三[26)]が語ったところによると，父親とその友人たちは，みなイレズミを彫り，彫っていない人は珍しいくらいであった。清宮の世代もイレズミを彫っている人は多く，隠れてはいたが彫師をしている人もいた。若い頃は，大工，ブリキ屋，植木屋など建築業関係の職人で「跳ね返っている人」が，多くイレズミを施していた。鳶でイレズミのない者は「威勢がわりぃ」とされていた。イレズミが仕上がるのは，「真っ当に商売している人」が多かったという。博打打ちや遊び人などは腕に少し彫った位で終わり，10人中1人か2人程度しか仕上がることはなかった。清宮を彫った彫師である「麻布のちょうちん屋」こと初代彫芳は，「全身彫り物彫るような奴は，悪いことはできないよ」と語っていたそうである。清宮の知る範囲では，イレズミを仕上げるような人間は喧嘩などで警察の留置所に入れられる程度のことはあったが，詐欺や窃盗などの重罪はなかった。警察に捕まり1晩，2晩と留置されると，警察官から「彫り物持っているか」と質問されて，「ある」と答えると，「背中には何をやっているか」，「腕には何だ」と次々に尋問されて，逐一図柄を記録されることとなった。警察側に記録が残り，イレズミから身元が判明するために，悪いことはできなかったそうである。

Ⅳ　日本みやげ，あるいは日本人彫師によるみやげとしてのイレズミ

法的に規制されていた時代には，来日する外国人旅行者が治外法権を理由に施術を受けて，「日本みやげ」にしてもいる。また，外国に移住・出稼ぎした日本人彫師がいたことを指摘しておく。日本と世界各地の国際航路が結ばれると，外国人訪問者や旅行者は増加した。外国人訪問者は，開国当初は興味津々の観察者であり，本国の新聞や雑誌などに日本での見聞を報告した。やがて，自分の身体にイレズミを入れて本国に帰る人々が現れたのであった。

外国から来て日本で施術をした人物については，小山騰の研究[27]もあり，筆者自身もすでに一部の人々に関する報告をしている[28]。特に，英国のジョージ5世が横浜で，そしてロシア帝国のニコライ2世が長崎で，皇孫子や皇太子時代に公式に日本に訪れた際に彫って帰ったことはよく知られている[29]。特別待遇の賓客でなくても，日本の横浜や神戸，長崎に寄港した際にホテルや美術商などを通して，彫師とつながる手はずが整っていたことが窺える記録や資料がいくつか見つかっている。

欧米で発行されている英字新聞における記事や広告などから，外国人向けの施術が横浜，神戸，長崎などの国際港周辺で盛んにおこなわれていたのは1885年ごろから1894年ごろ，長くみて1906年ごろまでである。例えば，1893（明治26）年9月29日から横浜に5週間滞在したチェコ人のコジェンスキーによると，横浜に船が着くと次のような光景が展開していたという。

> 外国人の客がその部屋［筆者注：横浜グランドホテル］に落ち着くや否や，シナ人の洋服屋や靴屋が用はないかとやってきたり，行商人が日本の骨董品はどうかと勧めにくる。彼らのあとからホリ（彫師）と呼ばれる日本の芸術家が部屋に来て，お客の皮膚や体のどの部分にでも痛みなしに入れ（ママ）墨することのできる絵柄の見本を見せてくれる——それには，ふくろう，虎，竜，鷹，亀，狩りや戦争の場面などがある。［中略］外国人で入れ墨をしないで日本を去る者はきわめて少ない。イギリスの皇太子も入れ墨をして，模範を示すこととなった。［中略］入れ墨は一人が約二円である[30]。

このように，船が港に入るやいなや，彫師自らが旅客に売り込みに現れるほ

か，広告で客を引きつけた。

欧米の外国人旅行客が日本を訪れる際に必ず携えたといわれる英文日本旅行ガイドブック“A Handbook for Travelers in Japan”（『日本旅行案内』）にも，イレズミ関係の広告が出されていた。1891（明治24）年に出版された第3版には，横浜に店を構えるアーサー＆ボンド商会が広告を出し，彫千代という専属日本人彫師が店内におり，英国のアルバート・ヴィクター皇子と弟のジョージ皇子（後のジョージ5世）のご贔屓にあずかったと宣伝していた[31]。さらに，1894（明治27）年に出版された同ガイドブックの第4版には，Horitome（彫留か？）が帝国ホテルで仕事をしているとの広告が掲載されていた。これらの広告は英文であり，媒体の性質からしても明らかに日本人を対象としたものではない。

日本人の代わりに外国人旅行者や訪問者が新たな客となった現象は，違式詿違条例の時代から外国人が取り締まりの「枠外」に置かれていた結果であろう。政府は一般の人々に鑑札を与えて当初は厳密に管理したものの，不平等条約の解消にみられるように，条例を定めた当時の諸外国との緊張状態が徐々に解消されていくにつれて，警察は外国人の施術を実質的に黙認した可能性がある。

一方で，日本から外国に出稼ぎした彫師も現れた。イギリスやアメリカ，香港，シンガポール，オーストラリアほか英語圏の新聞，雑誌データベースや年鑑を調べたところ，日本人彫師はイギリスやアメリカのほか，香港，フィリピンのマニラ，シンガポール，タイのバンコク，インドのボンベイ（現在のムンバイ）などの港町で働いていた。地中海のマルタ島で仕事していたK. Akamatsuという人物もいることがわかっている。英米で仕事をしたYoshisuke Horitoyo，米国で活躍したMituhashi（ママ），Hisoshima（ママ），Kakegawa，香港の野間傳などは新聞記事として紹介されていた。ハワイに在住したGeorge Yoshino，George Takayma（参考にした新聞広告の記述のまま）は電話帳や広告に名前が見え，シンガポールでも19世紀後半から20年にわたって20名以上の彫師が英字新聞に広告を出していたことがわかった。フィリピンの日本人社会で，初期の移住者たちのなかに彫師が数名いたことも判明した。

これら地域のなかで，興味深いのは香港である。香港の英字新聞の短信によると，すでに1883年には，彫師のYoshidaがOkumuraに招かれて大阪から来ていたという[32]。日本の国立公文書館が運営する「アジア歴史資料センター」を通してweb公開されている外務省資料「海外在留本邦人職業別人口調査」によると，1908年に香港では「文身業7戸，男性35人，女性11人 計46人」が記録されている。彫師に関しては，香港の植民地政府による統計もある。政府は1841年から定期的に統計を取り始めており，職業名としてTattooer（彫師）が示されているのは，1901（明治34）年と1911（明治44）年のものである。1901年の香港の外国人は男性1,922人，女性1,085人の計3,007人がおり，Tattooerは21名であった。英国系や中国系には彫師は見当たらず，このうち日本を出生地とするのは男性5名，女性8名の計13名であった。1911年には，日本人住民は男性548人，女性410人の計958人がおり，彫師は欧米系住民・中国系住民，インド系以外の男性11名，女性2名がいたという。香港政府の調査においても，統計の取り方にばらつきがあるが，1901年前後に香港に彫師がいたこと，そして彫師が日本人ほかの外来者の職業であることを示唆する[33]。

在香港領事館書記生であった奥田乙治郎が領事館に所蔵していた資料をもとに出版した『明治初年に於ける香港日本人』（1937年）は，19世紀末から20世紀初頭の香港を知る上で必読とされる文献である。奥田によれば，1901年に香港在住の邦人男性は197名，女性が224名だったが，野間傳以外には，尾台良卿，河原畑力松，生田幸吉の3軒の彫師がいたとある。これらの日本人彫師は，ロシアの軍艦の士官相手に仕事を始めたという[34]。鷲とからみあう龍の大きな旗をかかげた生田の店と推測できる写真は，David Bellisが運営している香港歴史写真サイト Gwulo: Old Hong Kong で紹介されている[35]。

香港にいた彫師のなかでも特に有名で成功していたのは，D. Nomaこと野間傳[36]で，香港で発行されていた英字新聞各紙にも広告を出していた。また，1901年に香港で発行された人名録・アジア版『Who's Who』にも，広告を載せていたのであった。英国のTimes紙に1889（明治22）年4月18日に掲載された'A Japanese Professional Tattooer'[37]とのタイトルの記事では，野間と思われる彫師が紹介されており，「年6,000ドル稼いでいる」と自慢した言葉は，英米の地方紙にまでいわば埋め草記事として転載されて報じられたのであった[38]。

下絵帳などの資料がほとんど残っていないため，日本で外国客に彫った彫師と，外国に出稼ぎした日本人彫師たちがどのような図柄を客に対象に彫っていたかはつまびらかではない。日本近代文学館と秋田県立美術館に彫千代の下絵が収蔵されている。また，長崎歴史文化博物館には，O. Ikasakiとの署名と1904（明治37）年との表記が入った『長崎入墨見本帳』4冊が所蔵されている。オックスフォード大学付属ピットリバーズ博物館には，英国考古学者のウィリアム・ゴーランド（1842年～1922年）によって収集された日本のイレズミの道具，金太郎の鯉退治と龍を描いた下絵2枚と全26頁の下絵帳があり，デジタルアーカイブとしても公開されている。1906年に神戸で収集されたものであるが，具体的な入手先については不明である。長崎の下絵帳はB6大，神戸の下絵帳はA4大と小ぶりであり，骸骨とハートマーク，着物姿の女性を載せた人力車，蛇とネズミ，船と各国の国旗を組み合わせた図柄などが描かれていた。

これら下絵帳の図柄は，船乗りや海軍に流行していた欧米のタトゥー下絵と共通した特徴があった。船の移動が大半であった時代であり，日本人彫師による施術のほとんどは，日本で19世紀ごろに確立した全身をくるむような図柄ではなく，おそらく滞在が短い旅行者や軍人が客の大半であるため，1回あるいは数回程度の施術で仕上がるような小さめな図柄を彫ったと考えられる。また，図柄も当時世界的に流行した船員に好まれた画風のものを彫っていたと推測できる。

研究途上であってまだ全貌を明らかにしてはいないが，法的規制下にあっても彫師がひそかに施術を続け，国内にあっては一部の彫師は外国人を客としていた。また，国外に流出した彫師も相当数いたと考えられるのである。

V　奄美・沖縄・アイヌ民族のイレズミと法的規制

この節では，奄美・沖縄女性とアイヌ女性のイレズミの規制の概要を述べる。沖縄や北海道のアイヌ民族には，女性たちに通過儀礼的なイレズミの慣習があった。沖縄の女性たちは，主に指背から手甲にかけてイレズミを入れていた。北海道アイヌの女性たちも，地域によって施術部位や文様は微妙に異なるが，基本は唇を囲むようにイレズミをほどこしていた。さらに両眉をつなげるようにする地域もあった。そして，手のひじ下から手甲にかけては，リボンを巻きつけたような文様を入れた。沖縄女性もアイヌ女性も結婚や女性ならではの印とされ，より美しくなるためにほどこしていた。両者とも初潮か結婚の前後に施術をはじめ，年を取るにつれて文様を徐々に拡大した。沖縄に関しては16世紀の文献にイレズミの存在が記され，アイヌについては17世紀のロシア人宣教師がイレズミの慣習に触れている。

奄美諸島以南から八重山諸島までの「古琉球文化圏」には，女性たちの手にイレズミを入れる慣習が息づいていた。歴史的には，1534年に琉球王国を訪れた明の使者である陳侃（ちんかん）が，琉球女性の手にイレズミがあると報告しており，16世紀から文献により慣習の存在が確認できる[39]。1693年には，琉球国王の尚貞が禁止を布告したが効力がなく，古くから続く慣習をやめさせると何かが起こる可能性があるとして沙汰闇になったとの記録もある。

1980年代から90年代にかけて，沖縄県内ではイレズミのある女性たちの高齢化が目立ったこともあり，読谷村教育委員会と読谷村立歴史民俗資料館が『沖縄の成女儀礼——沖縄本島針突調査報告書』（1982年）という調査報告書をまとめた。この報告書を皮切りに，沖縄県内の各市町村で調査がおこなわれ，17冊の報告書が編まれた。同時期には，筆者も含めて研究者による調査も盛んにおこなわれていた。沖縄全体としてみれば，報告書に記録された女性たちの証言は沖縄県全域で2,000件を超しており，イレズミの調査記録としては世界でほぼ最大規模と考えられる蓄積となっている。

これらの調査によると，沖縄女性のイレズミ慣習は，通過儀礼的な側面や女性美，他界観，世界観などに関わり，さまざまな意味を持ち合わせていたが，イレズミ禁止政策による取り締まりや学校教育，風俗改良運動，移民事情などさまざまな要因が絡み合う形で慣習は消失した。女性のイレズミは，ハジチ（針突）やピーツク，ティーツクなどさまざまな方言で呼ばれており，島々で文様が異なるほか，肘下から指先まで，あるいは手首から指先まで，手首の内側にも文様が入るものなど，施術範囲が異なっていたことが改めて確認されることになった[40]。イレズミがないと日本人ほか外国人に連れ去られるとのうわさ話があり，施術の動機になった。宮古諸島を中心に，イレズミがないとあの世で先祖に怒られる，あの世に行けないとも考えられていた。

明治時代に入ってからのイレズミの法的規制は，旧琉球王国であった奄美諸島に最初に課せられた。

奄美諸島は1611（慶長16）年以降，琉球王国の版図から薩摩藩に組み入れられており，廃藩置県後，1876（明治9）年5月15日に鹿児島県に施行された地方違式詿違条例に基づき，沖縄県よりも早く政策が布かれた[41]。1879（明治12）年に廃藩置県により沖縄県となった沖縄，宮古，八重山諸島に対しては，1899（明治32）年に刑法の違警罪が適用されることになった。1899（明治32）年10月14日，縣訓令第105號「刑法違警罪全部実施ノ件」が発令され，それまで実施が見送られてきたイレズミ禁止を含む違警罪の全法令が施行されることになった。

沖縄県に法的規制が1899（明治32）年まで課されなかった背景には，イレズミの禁止が沖縄県民に最も適用しがたい罪目と判断され，見送られた経緯があった。琉球処分前後に人々のあいだに不安が広がり，先に示したようにイレズミをしなければ女性は「ヤマトンカイ，ショーカレルン」（ヤマトに連れて行かれる）との風説が広がっていた。女性たちは不安にかられ身を守るためにイレズミを求めており，この時点でのイレズミ慣習の取り締まりには強い反発が予想されたのである。

違警罪が施行された後「身体ニ刺文ヲ為シ及ビコレヲ業トスル者」に基づいた検挙者数は，1899（明治32）年に女性が223名，男性10名，1900（明治33）年に女性164名，1901（明治34）年には女性122名，1902（明治35）年に女性92名であった。これは女性の検挙数としては，いずれの年にも最も多い罪目となっている。1903（明治36）年は，「身体ニ刺文ヲ為シ及ビコレヲ業トスル者」に関連して女性81名が検挙され，その年の女性検挙者中2位を占めていた。

沖縄と東京における禁止政策の取り締まり状況を統計により比較すると，沖縄の1899（明治32）年から1903（明治36）年までの5年間の延べ検挙者数は，692名であるが，対して，東京府における1899（明治32）年から1903（明治36）年の検挙者数は40名であり，沖縄と東京とはおよそ17倍もの差がある。前述のように，東京府の1876（明治9）年から1945（昭和20）年の69年間の検挙者延べ人数は496名であり，5年間の検挙者のみでも沖縄県の検挙者数が大きく上回っていた。付け加えると，東京府の検挙者は男性が圧倒的に多いが，沖縄県は女性が圧倒的に多かったことも明らかである。

前述の法的規制のほか，学校教育のなかでの指導や，住民自らが取り組む風俗改良運動が沖縄本島北部で積極的に進められた。これは第1次世界大戦後に，移民や出稼ぎを数多く輩出していた事情を背景としていた。教育界ではイレズミ慣習の停止を奨励しており，イレズミ慣習を断たせるため，教師はイレズミを突いた女生徒を叱責した。小学校ではイレズミをした女生徒を「バンジン」と厳しく叱責した上で，病院に送り込むか，イレズミを塩酸で焼かせたのである。イレズミを突いたために女性が受けた冷遇については，1983年に名護市内の高齢女性たちを調査した報告書に表としてまとめられている。女性たちは，警察に拘留され罰金を払うことになったり，ハワイに嫁に行くつもりがイレズミのために破談になったりするなど，イレズミにより思わぬ障壁に遭遇することになった。塩酸で焼く人やアカバナ（赤しそ）など草の汁をつけて薄めようとする人がいた，と報告書にはある。首里には積極的にイレズミ除去希望者を受け入れる病院があり，イレズミを取り除くために人々が訪れたのであった[42)]。筆者が90年代初めに名護でうかがった話では，カナダに移民に行った男性がイレズミのある妻を手紙で離縁したという。

一方，アイヌ女性のイレズミに対する法的な規制は，時期的には沖縄より早期に開始された。法的規制は，北海道に開拓使が置かれた直後から開始されたのである。明治政府は1869（明治2）年に蝦夷地を北海道と改称し，管轄機関として開拓使を置いた。開拓使は農業を奨励し，応じる者があれば住居や農具を与える法令である，北海道土地払下規則を1871（明治4）年に公布した。この法令は開拓民だけでなくアイヌ民族も対象に含めており，政府は，狩猟民であるアイヌ民族を農耕民に転換させ，北海道内陸開拓に役立てようとしたのである。この基本方針のもと，開拓使は幕末期のアイヌ民族政策を踏襲し，1871（明治4）年10月8日に次の布達を出したのであった。

一，開墾致候土人へハ居家農具等被下候ニ付是迄ノ如ク死亡ノ者有之候共居家ヲ自焼シ他ニ転住等ノ儀堅可相禁事
一，自今出生ノ女子入墨等堅可禁事
一，自今男子ハ耳環ヲ著候儀堅相禁シ女子ハ暫ク御用捨相成候事
一，言語ハ勿論文字モ相学候様可心懸事[43)]

開拓使はこの布達をより徹底させるために各地のアイヌ民族にこれらの方針を説諭するほか，誓約書を提出させた。誓約書は，次のようなものであった。

差上申御請書の事
一，開墾社の者へは農家農具等御下付相成候に付ては是迄の如く，死亡の者有之共，居宅を自焼し，或は他所へ相転候等の儀は堅相禁可申事
一，畑地の儀は其居村にて開発可致事
一，口唇を刺し手背に文し候等自今出産の者は堅相禁止可申事

一，耳に輪を入候儀は唯今より男土人は相禁可申，女子は今暫御用捨の事
一，漁事相済次第土人御雇相成候に付，入用品御貸付相成返納の儀は御雇銭並びに獣皮魚類等にて上納の事
一，文字の儀も漁農の間には習候様可致事。
右被仰渡の趣一同承知奉畏候間御請書差上申所如件

発寒	小使	エワヲフテ	□
同	乙名	コモンタ	□
中川	同	トシハアセ	□
同	同	セッカウシ	□
石狩	同	サフテアエス	□
琴似	乙名	マタエツ	□
札幌	同	エコリキナ	爪印

土人通弁　　森 泰蔵[44]

アイヌ民族側の証言によれば，イレズミは厳しく取り締まりを受けた。1880（明治23）年4月15日生まれの鹿戸ヨシ[45]の語るところによると，大正初期に警察と役場が生活指導も兼ねてアイヌ民族の村を巡回して歩いたという。

わしが泣き泣き物覚えるとこだから，十二，三だべな，きっと。役場の人と警察と，部落三日おきにまわるんだ。そして，年寄りたちにハポ，ハポ（母さん）って言うんだ。「ハポ，子供に入墨(ママ)いれたら，手，鎖でくくられて懲役に連れて行くんだから，ハポ，子供に入墨入れるなよ」って言うんだ。わしまだ入墨入れる前の話だ。それから，「生活できないんだから，ご飯を炊くのもこう言うふうに炊け，おかず作るのもこう言うふうに作れ」って言って歩くもんだから，それでわしは入墨入れないことに親達決めていたんだ[46]。

北海道アイヌにおいては，1891（明治24）年か1892（明治25）年には新たにイレズミを施す女性はほとんどいなくなったとの報告がある[47]。1910年代に入ってもしばらくは施術が続けられていた。イレズミが続けられた要因のひとつには，沖縄と同様に，イレズミを済ませていない女性はシャモ（日本人の意味）に連れて行かれるとの風説が広がっていたことが挙げられる。イレズミの施術は，アイヌ民族の人々が，開拓や他の理由で移入が続く日本人を警戒した結果，

継続した側面があったのである。

旭川に近い近文(ちかぶみ)における1929（昭和4）年の統計では，イレズミを施した女性の状況は以下の通りであった。

文身アル者

60歳以上	18人	この人達は上下唇及び兩前膊，手甲全部に施してゐる。
51歳～60歳	15人	施してゐる場所は前同様。
41歳～50歳	16人	上下唇は稍完全であるけれども片腕，手甲を欠く者及び上下唇も不完全にして止んだもの。
31歳～40歳	10人	上下唇も不完全で年少の時無理に強要されたものである。
30歳以下	皆無[48]。	

アイヌのあいだでイレズミの施術を受ける者が少なくなり，文様が小さくなっていったのは取り締まりだけでなく，日本人からの差別が絡んでいた。アイヌ出身作家の鳩沢佐美夫（1935年～1971年）は自伝的な短編「F病院にて」と「証しの空文」で，その状況を描いている[49]。

アイヌ女性のイレズミは女性の美に関係し，アイヌ民族であることの証しであった。イレズミは死後に無事他界に行き着くための条件として他界信仰にも関連して施術され，魔除けの側面も持っていたという。女性のイレズミは日本人に対する防御の意味合いのほかに，一人前の女性になった印であり，婚姻のための資格であった。イレズミは，アイヌ女性の通過儀礼としての性格を有しており，宗教的にも重視されていた。イレズミが禁じられたことにより，集落では混乱が続き，規制下においてもアイヌ女性はイレズミをひそかに続けた。アイヌ民族としての矜持とともに，日本人に連れ去られるとの風説が生じていたことが背景にあった。しかしながら，イレズミ慣習を守ったアイヌ女性たちは，日本人からの差別に直面することになったのである。

Ⅵ　せめぎあう伝統と現代

明治時代から76年間続いたイレズミの法的規制は，1948（昭和23）年に解かれる。GHQ占領時，横浜や横須賀の彫師にとってGHQの兵士が上客となった。GHQの兵士たちは日本土産としてイレズミの施術を望み，横須賀などの彫師宅には早朝から施術を待つ海兵の列があったという[50]。横須賀彫秀によれば，GHQ以降はしばらく米軍の海兵隊が主要な客となった。朝鮮戦争やベトナム戦争の際に横須賀に軍艦が入港すると，1万人の兵が街に散る。千葉から初代から三代目の彫五郎，初代と二代目の彫銀，上海出身で香港にて彫師になったピンキー・ヤンなども横須賀に集まってきた。ピンキーは香港に戻った後，さらに米国の西海岸に渡った。海兵隊員は鉄兜をかぶったブルドッグを彫るものであったというが，横須賀彫秀は，70年代から減少していった米軍相手の仕事に見切りをつけた。そして，日本人客相手に伝統的な和柄を彫るようになった。その後は90年代まで，静岡や清水，神戸，福岡の「組」に月の半分は出張して何千人と彫ったものだという。

筆者は90年代後半に東京において鳶職の人々から話をうかがったが，東京においてイレズミは職人文化であり，その一部に「ヤクザ」も含まれていたとの認識である。1963年から1973年のヤクザ映画ブームを経て，実態以上にヤクザが主要な客筋として注目されるようになった。現在は，「暴力団対策法」，「暴力団排除条例」が施行され，威嚇を目的とした施術は比率としてはさらに低くなっている。こうした傾向は，70年代の警察による統計調査でも裏づけられている。

1971年12月の『科学警察研究所報告 防犯少年編』12巻2号に掲載された麦島文夫，星野周，清水賢二による「暴力団員の断指と刺青」（暴力団の伝統的副次文化の研究 1, 2）では，調査対象者の約4割について断指（指詰め）の跡がみられ，そのうち1回のみは4分の3弱で，4分の1強は2度以上指詰めを経験していた。また，この報告によれば，調査対象者の7割強がイレズミをしており，その動機については「伊達だから」あるいは「格好がいいから」というのが約6割であり，「脅し」，「好奇心」がそれぞれ約1割であり，その他の理由はごく少ない。また，イレズミは，暴力団内の地位の低い時期，あるいは暴力団加入以前の年齢的には若い時期に，機械彫りによって行った者がほとんどであったと述べている[51]。

このように警察資料では，暴力団の身体的特徴として，指詰めとイレズミが指摘されている。しかし，どのようなイレズミが入れられているかは不明である。ヤクザの身体には手彫りの彫り物が入っているとのイメージが強いが，すでにこの時代には機械彫りによる比較的簡単なタトゥーが入れられていた可能性がある。

それでは，約15年後の調査ではどのように変化したのだろうか。法務省が毎年発行する『犯罪白書』平成12年度版（2001年）の第7編第6章第2節4によれば，2001年の段階で，下の**表1**にあるように指詰めの比率は大幅に下がっている。「暴力組織関係保護観察付き執行猶予者の実態」として総数301名を対象にした法務省法務総合研究所の調査によると，指詰めについては8.0%，イレズミについては27.9%が「あり」となっている。4分の1強の人々がイレズミを入れており，1970年代初頭のイレズミ保有率のパーセンテージと比べて変化はないが，「不明」も3割近くにのぼる。

表1　「指詰めと入れ墨の状況」（『犯罪白書』平成12年度版 Ⅶ－40表より）

区　分	指詰め	入れ墨
総　数	301（100.0）	301（100.0）
あ　り	24　（8.0）	84（27.9）
な　し	192（63.8）	134（44.5）
不　明	85（28.2）	83（27.6）

注1）法務総合研究所の調査による。
2）（　）内は，構成比である。
3）資料のないものを除く。

しかし，同時に押さえておかねばならないのは，暴力団員は全体として減少し続けていることである。統計をとりはじめた1958年以降，暴力団構成員数はピークだった1963年の18万人余りから徐々に減少し，2016年には初めて2万人を割っている。全国の暴力団員構成員数は約1万8,100人となった。暴力団構成員の人数自体が減り続けているため，イレズミが入っているのは暴力団構成員全体の4分の1強としても，客の全体数が一定であった場合に占める割合は低くなり続けていると判断できる。

1992（平成4）年3月に「暴力団対策法」が施行されてからの暴力団の変化は，さまざまに報じられているが，平成5（1993）年発行の『警察白書』によると次のとおりである。

暴力団対策法の施行や国民の暴排意識の高揚等によって，暴力団員の不当な資金獲得活動が困難になるとともに，暴力団の組織内部には動揺がみられ，その結果，最近，暴力団員をやめたいという相談が目立って増加している。全国の警察と都道府県センターの受理した暴力団員の離脱に関する相談件数は，平成3年には260件であったが，4年は1,935件であり，前年に比べ7.5倍になっている。神奈川県警察では，暴力団対策法施行後に暴力団離脱希望者の相談が増加したことから，4年4月に暴力団離脱者相談電話を設置したところ，全国の暴力団員本人，その家族等から多くの相談が寄せられ，4年末までに367件に達し，離脱と社会復帰を真剣に考えている者がかなりいることがうかがわれる。その相談内容をみると，**表**のとおり，回復困難な身体的特徴として残る指詰めによる手指の欠損や入れ墨の悩みを訴える相談が多く，指詰めや入れ墨が社会復帰のための大きな障害となっていることがうかがわれる[52)]。

表　神奈川県警察の暴力団離脱者相談電話に寄せられた相談の内容
（1992年4月21日～12月31日）

相談内容		件数
総数		367
指詰めに関する相談		140
	うち）手指の再生手術	126
	その他指の欠損の悩み	8
	指詰めのおそれ	6
入れ墨に関する相談		21
	うち）入れ墨の消去	12
	その他入れ墨の悩み	9
離脱援助の求めその他離脱に関する相談		208
一般市民からの離脱者就職受入れの申出		19

注）相談内容については，1件の相談に複数の内容が含まれている場合には重複して計上した。

つまり，相談内容に基づく限り，1992年の暴力団対策法の施行は，暴力団員がイレズミをすることへの心理的な抑止につながったと考えられる。また，暴力団の資金源が，かつての飲食店・露店などから取り立てる用心棒代などから，「経済活動」に軸足を移すようになったことも，「イレズミ離れ」を招いている。暴力団は，法の網の目をかいくぐって，一般企業の不祥事を利用するほか，株価操作やマネーロンダリングなどをおこなう経済活動に軸足を移すようになっていることが指摘されてすでに久しい。いわゆる「経済やくざ」化したのである。この時期を境に，ゴルフ場なども規約を設け，暴力団員やイレズミをした者は会員権の購入ができないほか，浴場などの利用ができない状況がある。ゴルフ場は，暴力団員が素性を隠して一般企業の社長や幹部社員などに接近できる社交場でもあるため，イレズミがあると立ち入りや利用が難しいのである。

こうして，客の割合の中でヤクザが減る一方で，彫師や客は全体的に増えている。彫師は90年代初めまで，250名程度しかいなかったが，現在の全国の彫師人口は少なくとも2,000名から3,000名前後と考えられる。彫師にインクやタトゥーマシンなどを販売するタトゥーサプライヤーは，執筆時で日本での大手は3社ある。うち1社の顧客数（彫師やスタジオ）は2,000件と聞いている。

それでは，客の人口はどれぐらいだろうか。2014（平成26）年6月にイレズミをめぐる大規模な意識調査が関東弁護士連合会（以下，関弁連）によって実施されている。この調査は同年9月に催された関弁連のシンポジウム「自己決定権と現代社会——イレズミ規制のあり方をめぐって」に関連しておこなわれた。日本全国に在住する20代，30代，40代，50代，60代の男女各100名，無作為に抽出した計1,000名を対象に，イレズミに関して26項目のアンケートをおこなった。回答は自由記述式ではなく，「ある」「ない」「どちらかといえばある」などの回答項目に○をつける選択式でおこなわれた。日本においては，筆者が知る限り初めての大規模な意識調査である。アンケート調査は，調査によって得られた回答比率がそのまま人口全体の比率に当てはまらないのが統計学上の常識であるが，ある程度の傾向は示唆すると解される。この関弁連のアンケートによれば，

イレズミを現に入れているか，または過去に入れたことがありますか？
はい　1.6％
いいえ　98.4％

であった[53]。

また，社会心理学者の鈴木公啓と大久保智生が2015（平成27）年から2016（平成28）年に約6,500名を対象におこなった量的調査を2018（平成30）年に論文としてまとめている[54]。全体としては，いれずみを入れているのは全体の2.3％で，そのうちタトゥーが1.6％，日本的スタイルの彫り物を入れている人は0.7％であった。性別と経験については，男性の方が女性よりもタトゥーを入れている者の割合が多かった。年代と経験については，20代と30代は，それよりも上の年代に比べ，タトゥーと彫り物の経験割合が多かった。

筆者自身は，日本でイレズミ・タトゥーがある人は，最低50万人から170万人以上はいると推測している。総務省統計局による国勢調査によれば，2013（平成25）年10月の日本の総人口1億2,729万人から0歳から14歳の年少者人口を

引くと1億1,090万人である。成年人口の1.6%は推計177万人である。2%程度と解すると221万人となる。18歳未満の青少年が施術を受けることが各都道府県の青少年健全育成条例等で禁止されているが，海外で入れてくる人もいるので，イレズミ・タトゥーを入れている成人人口は，この試算程度は存在すると推測できる。

さて，2014年の関弁連のアンケートでは，次の質問もされている。

イレズミ（タトゥー及びファッション・タトゥーを含みます）を入れたいと思いますか？

強く思う　1%

どちらかと言えば思う　2%

どちらとも言えない　4.1%

あまり思わない　7.2%

全く思わない　85.7%

2015年の大阪の彫師逮捕，それに続く「大阪タトゥー裁判」をきっかけに，イレズミと社会の関係が注目されるようになった。イレズミ・タトゥーを客として入れる，あるいは仕事として選ぶ人は，現在も存在する。今後も人口比率としては少数であろうが，ある程度増加していくことが見込まれる。そして，累積的に比率が増えていくことは明らかである。「大阪タトゥー裁判」の最高裁決定を経て，イレズミを日本社会にどのように位置づけていくかを真剣に考えるべき時期が，まさに来ているのである。

Ⅶ　結論

本稿では，日本のイレズミの歴史を「規制の時代」を軸にふりかえった。イレズミをめぐる用語や方法を紹介した上で，筆者による調査と文献研究に基づき，日本社会のイレズミの歴史について述べた。1872年から1948年の法的規制については，彫師と客の取り締まりには多少の抜け道もあったとの証言もある。しかしながら，法的規制は彫師の営業形態，居住地などに大きな影響を与えていたことは明らかである。また，客たちも時効があるとはいえ，彫っていることを人に明かすことには慎重にならざるを得なかった。そのため，外国人向けの施術に活路を見出す彫師も現れた。港やホテルで仕事をするほか，外国に出稼ぎする彫師たちもいたのである。

同時代，人間として当たり前の行為であるとの感覚でイレズミをしていた沖縄やアイヌ民族の女性たちにも法的規制が課され，大きな影響を与えていた。イレズミの慣習が法的に規制されたことは，差別される要因にもなった。法的規制の影響は，「内地」では愛好者と彫師のみが対象となり，限定的であった。しかし，沖縄やアイヌ民族では，成人人口のおよそ半分に当たる女性たちに影響を与えた。取り締まりの対象となる人口はけた違いであり，沖縄では逮捕者を多く出した。除去や離婚などに至る人も現れたのであった。

Ⅵでは，現代日本で施術を受ける人々の属性の変化について考察した。社会的イメージとして定着している「イレズミ＝ヤクザ」との図式について，法務省や警察庁の白書などから検討した。1963年から1973年までのヤクザ映画ブームが日本人の認識に大きく影響を与えていた，との説を筆者は唱えている。信頼できる質的・量的調査がない分野であり，実態がつかみにくい領域ではある。そこで，暴力団関係の統計や状況に関するコメントが含まれた警察資料を検討したところ，いわゆる暴力団関係者の施術が比率的に低くなりつつある可能性を見出した。

このように，本編では規制の時代とその後をふりかえってみた。本書の他の論考では，さまざまな角度からイレズミ・タトゥーへの法的な規制のあり方について検討されている。筆者自身は，法学は専門ではないが，イレズミ・タトゥーへの法的規制は，個人の自由を妨げる意味において慎重に考えるべきだと考える。

その上で，施術に関する衛生基準などを優先して設けるべきである。また，温泉やプールなどへのタトゥーがあることを理由にした入場制限についても，2010年代後半の時点ですでに日本の成人人口の2%程度の人々にイレズミがあり，さらに人の交流が増えていく現状を見据えるべきである。

現時点でイレズミ・タトゥーの施術に関して何らかの規制を敷くことで生じうる波紋の一端は，日本における彫師やその客，アイヌ民族，沖縄や台湾の人々の経験を踏まえることで予測しえよう。すでに，日本での仕事をあきらめて海外移住を選択した彫師もいると聞く。イレズミをするか，しないか，辞めるかは，自身による選択を尊重すべきである。今こそ，過去の教訓を生かすべき時であると考える。

1）山本芳美「イレズミの近代史――日本，台湾，沖縄，アイヌにおけるイレズミ禁止政策」（昭和女子大学大学院，2000年）。本論文は国会図書館のデータベースによると，日本の大学に初めて提出されたイレズミの人文社会系の博士論文にあたる。

2）2019年11月17日に温泉地域学会が松本市浅間温泉にて第1回秋季研究会を開催した。官公庁の役人，医学，法学や温泉の研究者，温泉経営者などがさまざまな見地から温泉タトゥー問題に関連する発表をおこなった。

3）国立グリニッジ博物館公式サイトの Captain Cook, Sir Joseph Banks and tattoos in Tahiti より。http://www.rmg.co.uk/discover/explore/captain-cook-sir-joseph-banks-and-tattoos-tahiti［2017年3月12日閲覧］

4）谷崎潤一郎の小説は，イレズミが法的に規制されていた時代に書かれたものである。イレズミを小説のテーマに選ぶことは，現在よりも背徳で反社会的な文脈があったと考えられる。

5）『御觸書天明集成四十八』より。東京都編『東京市史稿 産業篇 第21』（東京都，1977年）510－511頁を参照した。

6）東京市役所編『東京市史稿 市街篇 第34』（東京市役所，1939年）266－267頁，東京都廳編『東京市史稿 市街篇 第39』（東京都廳，1952年）682－683頁。

7）井上泰宏『入墨の犯罪学的研究』（立花書房，1949年）28頁。

8）ただし，浮世絵に描かれていた当時の人々の姿は写実的なものとは受け取れない。絵師が人気の歌舞伎役者の身体に彫り物をあしらって描くことが流行していたのである。

9）川原慶賀は江戸時代後期の長崎の絵師である。オランダ領東インド駐在のオランダ人画家，デ・フィレーネフェに西洋画を学んだ画家で，フィリップ・フランツ・フォン・シーボルト（1796年～1866年）が日本に滞在していた約6年間，お抱え絵師として日本の風俗や動植物の写生画を描いていた。

10）小林淳一編著『江戸時代人物画帳』（朝日新聞社，2016年）121－134頁

11）『明治二年春四月 議案録 第3』の第二十に備中浅尾議員である坍和鍗蔵が「身體へ黥スルヲ禁之議」を提出したことが記されている。

12）山本芳美『イレズミの世界』（河出書房新社，2005年）120－134頁

13）明治ニュース事典編纂委員会＝毎日コミュニケーションズ出版部編『明治ニュース事典Ⅰ』（毎日コミュニケーションズ，1983年）35頁。

14）二代目彫五郎こと内田徳光は，二代目彫芳こと黒沼保との対談で，「ペンキ屋」，「歌沢（節）の師匠」「瓦屋」「金属飾り商」をやっていたと語っている。二代目彫芳は「ちょうちん屋」を表商売にしていたと同対談で述べている。二代目彫五郎・内田徳光＝提灯屋二代目彫芳・黒沼保＝探偵作家・高木彬光＝刺青研究家・堀紋之助「急所に彫ったモダン刺青」『臨時増刊 100万人のよる 甘い女によだれ画報』（季節風書店，1961年）145頁。

15）2015年2月に横須賀のご自宅でお話をうかがった。

16）玉林晴朗『文身百姿』（文川堂書房，1936年）246－248頁。

17）森田一朗『刺青――Japanese Tattooing』（図譜新社，1966年）92－94頁。

18）谷井基次郎は同年の1928年に出版された雑誌・江戸時代文化2巻2号にも「文身の研究」という文章を寄せている。安田生命に勤務していたというが，生没年やどのような経歴であったかは不明である。

19) 谷井基次郎「日本文身考（下）」グロテスク1巻2号（文藝市場社，1928年）46－48頁。
20) 井出英雅『やくざ学入門』（三笠書房，1969年）45頁。
21) 菅原一彪「刺青と彫芳」高木彬光＝福士勝成監修『日本刺青芸術 彫芳 第2巻』（恵文社，1987年）73－74頁。
22) 山田一廣『刺青師一代——大和田光明とその世界』（神奈川新聞社，1987年）236－237頁。
23) 飯沢匡『飯沢匡刺青小説集』（立風書房，1972年）。
24) 筆者が90年代後半に聞き書きをした東京の鳶職人によれば，戦前，警察は検挙の成績が悪いと，確実に逮捕できるために彫師や客を銭湯で待ち伏せしたものだという。
25) 図柄の彫り方は彫師により異なる。彫師は図柄を完成させるよううながすため，イレズミを身体に点々と彫った。1997年4月19日に鳶の山口政五郎から聞いた話では，完成途上では「（背中の）あっちこっちから手が出たり，頭が出たり，足が出たりで，みっともなくていけねぇ」状態になったという。人物像の頭部から施術を開始し，次に胴体，さらに人物の周囲をとりかこむ植物や木々などを彫り込むこともある。この場合は，最後に人物像の眼を入れ，次いで彫師の銘を入れる。施術途中に眼をいれてしまうと，人物像が完成していなくても「生きてしまう」ために依頼者が施術を止めてしまう場合があり，彫師は避けたという。
26) 清宮武三は1918（大正7）年生まれの79歳（1997年当時）の男性で，め組の鳶頭（かしら）であり東京浜松町在住であった。この記録は，1997年4月23日，5月13日にご自宅における聞き取り調査の資料をまとめたものである。
27) 小山騰『日本の刺青と英国王室——明治期から第一次世界大戦まで』（藤原書店，2010年）。
28) 山本芳美「日本の彫師はいつから認められてきたのか」SYNODOS（https://synodos.jp/culture/17323）［2016年6月17日閲覧］。
29) ジョージ5世は，皇孫子時代に明治天皇にガーター勲章を渡すために1881（明治14）年に兄とともに来日したが，その際に腕にイレズミを入れた。ロシア革命で死んだニコライ2世は，1891（明治24）年に世界旅行の途中に長崎に寄港している。ニコライ2世は，日本側の資料から，軍艦に彫師を招き入れて龍のイレズミを彫ったことが判明している。
30) ヨセフ・コジェンスキー（鈴木文彦訳）『明治のジャポンスコ』（サイマル出版，1985年）4－6頁より。
31) 彫千代は本名を宮崎匡（ただし）という。駿河の士族出身で1859（安政6）年3月に生まれ，1900（明治33）年に没した。横浜を拠点に活躍した人物である。
32) 'Japanese Items from Natives Papers', "North China Herald" 22. Sep. 1883, Hong Kong.
33) 香港大学附属図書館所蔵の"Hong Kong Census Reports 1841-1941"を参照した。
34) 奥田乙治郎『明治初年に於ける香港日本人』（台湾総督府熱帯産業調査会，1937年）315頁。
35) Gwulo: Old Hong Kong（https://gwulo.com/node/23059）［2019年11月10日閲覧］。
36) ハッピーバレー（跑馬地）脇の西側斜面には，19世紀から形成された墓地Hong Kong cemeteryが広がっており，日本人墓地もその一画を占めている。そのなかに野間傳の墓があった。墓石正面には「釋廓然信士之墓」，右側面には「長崎縣彼杵郡浦上山里村字里郷行年五十才 野間傳」とあり，左側面は「明治四十二年七月八日没 野間ツタエ 野間ヒデ建之」，背面は英字で「IN MEMORY OF BE LOVED OUR FATHER DENJIRO NOMA」と読めた。本名は野間デンジロウであることが判明した。野間が1909（明治42）年7月8日に50歳で没したのであれば，生年は数え年の場合1860（安政7・万延元）年である。満年齢では1858（安政6）年との計算となる。
37) 'A Japanese Professional Tattooer', "The Times" 18. Apr. 1889, London. ほかにも，"The Wash-

ington Post” に同年の9月29日に同様の記事が載り，各紙にもほぼ同じ内容の記事が掲載されている。‘The Japanese Tattooers: An Odd Art That is Well Established in the Orient’, “The Washington Post” 29. Sep. 1889. この記事では，日本人彫師の身体に，蛇や鳥，牛，女性像，ピクニックや宴会，蒸気機関車などが，乱雑に彫りめぐらされており，彼は年6,000ドルを稼いでいる，と紹介されている。

38）香港に関する記述は，次の論文としてまとめてある。山本芳美「香港の日本人彫師たち――19世紀末から20世紀初頭まで」政経論叢85巻3・4号（2017年）313－350頁。

39）浙江出身の陳侃（ちんかん：1489年～1538年）は，尚清王の冊封正使として1534（嘉靖13）年に来琉する。彼が著した『陳侃使録』では，地理誌『大明一統志』（1461年）の「男子去髭鬚婦人以墨黥手為龍虎文」（男子は鬚を除き婦人は龍虎の文様を手に入れる）との記述を引用しつつ，「婦人眞以黥手為花草鳥獣之形」（婦人は本当に花草鳥獣の形のイレズミを手に入れている）と述べている。1561年に尚元王の冊封使として来琉した郭汝霖の報告書『使琉球録』でも，女性のイレズミは報告されている。

40）2019年10月5日から11月4日まで，沖縄県立博物館・美術館にて「沖縄のハジチ，台湾原住民族のタトゥー 歴史と今」展が開催され，筆者は展示監修をおこなった。会期中に8,000名以上の来場者を得られたが，独立展としては記録的な入場者数となった。沖縄県内で編まれた調査報告書17冊を展示し，実際に手に取れるように報告書のコピーを展示室内に置くなどして紹介した。

41）三宅宗悦「南島婦人の入墨」『人類学・先史学講座 1』（雄山閣，1938年）7頁，市川重治「沖縄婦人の文身とその現状」大阪樟蔭女子大学論集17号（1980年）81－93頁。

42）名護市教育委員会編『針突――名護市文化財調査報告 5』（名護市教育委員会，1983年）119－121頁，144－149頁。

43）河野本道編「対アイヌ政策法規類集」同選『アイヌ史資料集 第2巻 法規・教育編』（北海道出版企画センター，1981年）49頁。

44）阿倍正巳「北海道開拓使及び三県時代のアイヌ教育」河野本道選『アイヌ史資料集（第2期）第4巻 阿倍正巳文庫編（1）アイヌ関係著作集』（北海道出版企画センター，1983年）117－118頁（歴史地理37巻2号－6号〔1921年〕に掲載）。

45）当時，鹿戸ヨシは新冠郡新冠町に在住していた。

46）『エカシとフチ』編集委員会編『エカシとフチ――北の島に生きたひとびとの記録』（札幌テレビ放送，1983年）267頁。

47）児玉作左衛門＝伊藤昌一「アイヌの文身の研究」北海道帝国大学北方文化研究報告2輯（1939年）153頁。

48）小山勇蔵編『旭川アイヌの研究』（北海道旭川師範学校，1936年）147頁。

49）鳩沢佐美夫『コタンに死す』（新人物往来社，1973年）22頁，66頁。

50）飯沢・前掲注23）34－35頁，同『異史 明治天皇伝』（新潮社，1988年）218頁。

51）麦島文夫＝星野周＝清水賢二「暴力団員の断指と刺青（暴力団の伝統的副次文化の研究 1，2）」科学警察研究所報告 防犯少年編12巻2号（1971年）。

52）『平成5年版警察白書』（https://www.npa.go.jp/hakusyo/h05/h050102.html）［2019年11月16日閲覧］。

53）関東弁護士連合会編『平成26年度関東弁護士連合会シンポジウム 自己決定権と現代社会――イレズミ規制のあり方を考える』（関東弁護士連合会，2014年）79頁。他のアンケート項目結果については，筆者が2019年3月30日に開催した国際シンポジウム「イレズミ・タトゥーと多文化共生

――『温泉タトゥー問題』への取り組みを知る」配布資料でも触れている。

54) 鈴木公啓＝大久保智生「いれずみ（タトゥー・彫り物）の経験の実態および経験者の特徴」対人社会心理学研究18号（2018年）27－34頁。この調査では，2016年に調査会社を通したweb調査により，日本全国に居住する20代から50代の男性および女性を対象とし，各年齢層（10歳刻み）に約900人を割り付けて実施した。回答拒否や無効回答等を除いた男性3,079名および女性3,359名の計6,438名（平均年齢40.54歳，SD=10.78）のデータを分析に使用したという。

【謝辞】

本論は，科学研究費新学術領域研究 No. 1901「トランスカルチャー状況下における顔身体学の構築――多文化をつなぐ顔と身体表現域」の公募班 No. 20H04583「イレズミ・タトゥーにおけるトランスカルチャーの比較研究」（研究代表者：山本芳美）による成果である。

入れ墨をめぐる刑事規制の歴史

宮川　基

Ⅰ　はじめに

本稿は，入れ墨をめぐる明治以降の刑事規制の歴史をたどる[1)]。

入れ墨をめぐる刑事規制の歴史を概説すると，明治5（1872）年に制定された東京違式詿違条例が，入れ墨を自己の身体に入れる行為を処罰する規定を置いた。明治6（1873）年に太政官布告第256号として制定された地方違式詿違条例は，入れ墨を自己の身体に入れる行為を違式の罪目として定めていたが，これを受けて各府県で制定された地方違式条例においては，入れ墨に関する取扱いには相違があった。明治13（1880）年に旧刑法が制定されたが，同法は，違警罪として，入れ墨を自己の身体に入れる行為のみならず，業として他人の身体に入れ墨を施す行為をも処罰していた。明治40（1907）年に刑法が公布（翌年施行）されると，旧刑法の違警罪に相当する犯罪は，明治41（1908）年に公布・施行された警察犯処罰令で処罰されることになり，警察犯処罰令は，自己の身体に入れ墨をする行為，および他人の身体に入れ墨を施す行為を処罰していた。

第2次世界大戦後の昭和23（1948）年に，警察犯処罰令が廃止され，その代わりに軽犯罪法が制定された。しかし，入れ墨は文化の向上によってなくなるであろうという理由から，軽犯罪法には入れ墨に関する処罰規定は設けられなかった。その後，各地方自治体の青少年条例で，青少年（18歳未満）に対して入れ墨を施す行為等を処罰する規定が設けられるようになったが，すべての都道府県の青少年条例で青少年に対する入れ墨が禁止・処罰されているわけではなく，青少年に対する入れ墨を禁止・処罰していない青少年条例も存在している。平成5（1993）年には，暴力団員による不当な行為の防止等に関する法律の中に，少年（20歳未満の者）に対する入れ墨の強要等の禁止等に関する規定が追加されたが，入れ墨の強要等に対する中止命令等に違反した場合に限り，処罰しているにすぎない。このように第2次世界大戦後は，少年に対して入れ墨を施す行為ですら日本全国で処罰されているわけではなく，青少年条例で同行為を処罰していない地方自治体では，暴力団員による不当な行為の防止等に関する法律で限定的に規制されているだけである。

ところで，昭和23（1948）年の警察犯処罰令の廃止により，成人に対する入れ墨の施術について，刑事規制はなくなった。しかし，美容目的での入れ墨，いわゆるアートメイクについては，平成2（1990）年に，医師免許のない者による施術に対して，医師法第17条違反の罪（無資格医業の罪）で有罪判決が下された[2)]。これに対して，美容目的でない入れ墨については，平成22（2010）年7月に兵庫県警が彫り師を医師法第17条違反容疑で逮捕したのが，初めての事件である[3)]。その後，警察によって医師法違反で摘発された事件の中には，不起訴処分となったものがある一方で，略式命令での罰金で終わっているものもある。そのような中で，彫り師である被告人が罰金30万円の略式命令を拒み，正式裁判を申し立てたことから，注目された事件がある。その事件の第1審である大阪地判平成29・9・27判時2384号129頁は，医師免許のない彫り師について医師法第17条違反の罪の成立を認め，罰金15万円の有罪判決を下したが，控訴審である大阪高判平成30・11・14判時2399号88頁は，同罪の成立を否定し，無罪判決を言い渡した。大阪高検は大阪高裁の無罪判決を不服として最高裁に上告したが，最決令和2・9・16裁判所ウェブサイトは，検察側の上告を棄却し，大阪高裁の無罪判決を支持した。

Ⅱ　違式詿違条例

1　東京違式詿違条例[4)]

明治5（1872）年3月28日，東京府は5条からなる禁令[5)]を出した[6)]。その中に，「俗ニホリモノト唱身体へ刺繍イタシ候儀不相成候事」との規定があった。この禁令の趣旨について，「風俗ヲ紊シ候而已ナラズ如斯弊風有之候ラハ第一　御体裁ニモ関係」するので，そのままにすることはできないと説明され，これらの条項に違反した者に対しては，取締組[7)]において，相当の処置をすべきであるとされていた[8)]。そして，東京府は，同年11月8日に東京違式詿違条例[9)]を制定し，同月13日から施行した[10)]。東京違式詿違条例第11条は，「身体ニ刺繍ヲ為セシ者」を違式罪目として，その罰則については，「七拾五銭ヨリ少ナカラス百五拾銭ヨリ多カラサル贖金ヲ追徴ス」（同条例第1条）と規定した。また，無力の者については，笞罪（「一十ヨリ少ナカラス二十ヨリ多カラス」）を定めていた（同条例第3条）。

2　地方違式詿違条例

明治6（1873）年7月19日に「地方違式詿違条例」（太政官布告第256号）[11)]が制定された[12)]。地方違式詿違条例第11条は，「身体へ刺繍ヲ為ス者」を違式罪目として，その罰則については，「七十五銭ヨリ少ナカラス百五十銭ヨリ多カラサル贖金ヲ追徴ス」（同条例第1条）と規定していた。また，無力の者については，笞罪（「一十ヨリ少ナカラス二十ヨリ多カラス」）を規定していた（同条例第3条）。もっとも，地方違式詿違条例の規定内容は，地方の便宜により増減することができた。したがって，地方違式詿違条例の規定内容は，各府県によって異なっていた。入れ墨の規定に関して，5通りのパターンが確認できる。第1は，明治6（1873）年7月19日太政官布告第256号の地方違式詿違条例と同様に，自己の身体に入れ墨をする行為を違式罪目として処罰しているものである[13)]。第2は，入れ墨に関する規定を置いていないものもあった[14)]。第3は，違式詿違条例を制定した当初は入れ墨に関する規定を置いていなかったが，その後，条例を改正して，自己の身体に入れ墨をする行為を違式罪目に追加したパターンである[15)]。第4は，自己の身体に入れ墨を入れる者だけでなく，業として他人に入れ墨を施す者，すなわち彫り師をも違式の罪としていたものがあった[16)]。第5は，違式詿違条例を制定した当初は，自己の身体に入れ墨をする行為を処罰していたが，その後，条例を改正して入れ墨の規定を削除したと推測される違式詿違条例も存在した[17)]。

3 考察

明治5（1872）年3月28日東京府布達は，風俗を乱すものであり，御体裁にも関係することから，自己の身体に入れ墨を入れることを禁止していた。これを引き継いだのが，東京違式詿違条例および明治6（1873）年太政官布告第256号の地方違式詿違条例である。自己の身体に入れ墨を入れる行為の処罰には，外国人への日本の「御体裁」を気にする日本政府の意識，「野蛮」とは見られたくないという意識を看取することができる[18)]。

ところで，東京違式詿違条例や明治6（1873）年太政官布告第256号の地方違式詿違条例とは異なり，神奈川県違式詿違条例が業として他人に入れ墨を施す者＝彫り師をも処罰対象としていたことは注目に値する。彫り師をも違式罪目に加えた理由は明らかではないが，彫り師をも処罰していた旧刑法の規定につながるものである。

Ⅲ 旧刑法

1 入れ墨に関する罰則

明治13（1880）年7月17日太政官布告第36号として刑法が公布された。この明治13年刑法は，「旧刑法」と呼ばれている。旧刑法は第4編（第425条～第430条）で違警罪を定めていた。同法第428条第9号は，「身体ニ刺文ヲ為シ及ヒ之ヲ業トスル者」を，1日の拘留に処しまたは10銭以上1円以下の科料に処すと規定していた。

旧刑法における入れ墨に関する罰則は，違式詿違条例とは異なり，①自分の身体に入れ墨をする行為のみならず，②業として他人の身体に入れ墨を施す行為をも処罰していた。後者は，いわゆる彫り師を対象とした罰則である。

2　旧刑法第428条第9号の処罰根拠

旧刑法第428条第9条の処罰根拠について，「身体ニ彩文ヲ為スコトハ寔ニ天理ニ戻リ身体ヲ玩物ト為シ恥ツ可キノ甚シキモノナリ然ルニ下賤ノ人民ハ身体ニ刺文ヲ為スヲ以テ栄誉トシテ人ニ誇ルノ悪弊アリ故ニ身体ニ刺文ヲ為ス者及ヒ人ノ為メ刺文ヲ為シテ之ヲ家業トスル者ヲ罰スルナリ既ニ明治5年11月身体ヘ刺繍スルコトノ禁令アリ以後其犯人ヲ違式罪ニ問ヘリ其禁令以前刺繍シタル者ニハ証書ノミヲ与ヘ衣服ヲ以テ遮蔽シ其醜体ヲ露ハサ丶ラシメ之ヲ露ハス時ハ仍ホ違式罪ヲ以テ処分セリ」[19]と説明されていた。

3　考察

入れ墨をすることは天理にもとる，すなわち自然の道理に反するものであり，身体を玩物，すなわち玩具とするものであるという説明は，自分の身体に入れ墨をする行為のみならず，業として他人の身体に入れ墨を施す行為の処罰根拠にもなりうる。自己の身体に入れ墨をする行為を自然の道理に反する行為であると解するならば，業として他人の身体に入れ墨を施す行為は，そのような自然の道理に反する行為に積極的に関与する行為である。だからこそ，業として他人に身体に入れ墨を施す行為についても処罰されるべきであると説明することは可能である。

ところで，業として他人の身体に入れ墨を施す行為は，東京違式詿違条例には処罰規定はなく，地方違式詿違条例についても，私が確認できた限りでは，神奈川県違式詿違条例に処罰規定があったにすぎない。そこで，旧刑法がこの行為についてまでも処罰した理由が問題となる。この点について，山本芳美は，「悪い習慣は元から断たなければとの発想か，警察は客よりは彫師を重点的に取り締まったのである。」[20]とし，その一例として，明治18（1885）年8月13日付の朝野新聞の「刺青師取締で名鏡清次郎自首」との記事を紹介している[21]。そこで，旧刑法が，業として他人の身体に入れ墨を施す行為までも処罰したのは，入れ墨の規制のためには，彫り師の処罰が効果的であると考えたためであると推測される。

Ⅳ　警察犯処罰令

1　入れ墨に関する罰則

明治40（1907）年4月24日法律第45号として刑法（以下，「明治40年刑法」という。）が公布され，明治41（1908）年10月1日に同法が施行された。そのことにより，旧刑法は明治41（1908）年10月1日に廃止された。ところで，明治40年刑法は違警罪を規定しておらず，違警罪に相当する犯罪は警察犯処罰令（明治41〔1908〕年9月29日内務省令第16号）で規定されることになった。

警察犯処罰令第2条第24号は，「自己又ハ他人ノ身体ニ刺文シタル者」に30日未満の拘留または20円以下の科料に処すと規定していた。警察犯処罰令は，自己の身体に入れ墨をする行為，および他人の身体に入れ墨を施す行為の2つの行為態様を処罰していた。

2　警察犯処罰令第2条第24号の処罰根拠

警察犯処罰令第2条第24号の処罰根拠について，「人ノ身体ハ自然ニ発達セシムルヲ美徳トス，…… 皮膚ニ刺文ヲ施スカ如キハ肉体ヲ毀傷スルモノニシテ善良ナル風俗ヲ維持スル上ニ於テ之ヲ許スヘカラス，古来紋々奴ト称スルノ徒競フテ之ヲ施シ却テ其意気ヲ示セリ，今尚ホ或ル種類ニ属スル者ニ在テハ好ンテ此弊習ニ倣フモノアリ，是即チ本号ノ規定アル所以也」[22]と解説されていた。

警察犯処罰令第2条第24号は，他人の身体に入れ墨を施す行為に関して，「業トスル」という要件を要求しなかった。この点について，旧刑法第428条第9号では，業としないで他人の身体に入れ墨を施す行為を処罰できなかったことから，警察犯処罰令第2条第24号では「業トスル」という要件を削除したと説明されていた[23]。

3　考察

警察犯処罰令第2条第24号の処罰根拠は，入れ墨が善良の風俗を害する点に求められていたが，これは旧刑法第428条第9号の処罰根拠と同じである。警察犯処罰令第2条第24号は，旧刑法第428条第9号とは異なり，他人の身体に入れ墨を施す行為について，「業トスル」という要件を要求していなかったが，これはこのような行為を業としていない場合をも処罰できるようにするためであった。そのため，警察犯処罰令第2条第24号の処罰範囲は，旧刑法第428条第9号よりも拡張されていた。

ところで，明治39（1906）年5月2日法律第47号として医師法[24]が公布されたが，同法第11条は，「免許ヲ受ケスシテ医業ヲ為シタル者……五百円以下ノ罰金ニ処ス」と規定していた。その当時，業として他人の身体に入れ墨を施す行為が，医業に該当すると解されていたならば，業として他人に入れ墨を施す者，すなわち彫り師を同法で処罰できたのであるから，警察犯処罰令第2条第24号で，「他人ノ身体ニ刺文シタ」を規定する必要性は低かったであろう[25]。しかし，警察犯処罰令第2条第24号で「他人ノ身体ニ刺文シタ」行為を規定したということは，業として他人の身体に入れ墨を施す行為は，医業に該当しないとの理解を前提としていたといえる[26]。

V　軽犯罪法

1　軽犯罪法の制定経緯

警察犯処罰令は，違警罪即決例とあいまって，警察権行使の裏づけに使用されるとともに，国民生活に深い関係をもっていたが，日本国憲法の施行とともに，警察署長に裁判権の一部を行使させていた違警罪即決例は，新しい憲法に適合しないとして廃止された。もっとも，警察犯処罰令は，準備の都合もあり，直ちには改廃されず，「日本国憲法施行の際現に効力を有する命令の規定の効力等に関する法律」（昭和22〔1947〕年4月18日法律第72号）により，昭和22（1947）年12月31日まで，法律と同一の効力を有するものとされ（第1条），その後「昭和22年法律第72号日本国憲法施行の際現に効力を有する命令の規定の効力等に関する法律の一部を改正する法律」（昭和22〔1947〕年12月29日法律第244号）により，法律に改められたものとされる（第1条の4第1項）とともに，昭和23（1948）年5月2日までに必要な改廃の措置をとらなければならないもの（第1条の4第2項）と定められた。そこで，これに対応する措置として，軽犯罪法案が第2回国会に提出された[27]。同国会で，軽犯罪法は成立し，昭和23（1948）年5月1日法律第39号として公布された。

2　入れ墨に関する規定が設けられなかった理由

軽犯罪法には，入れ墨に関する規定が設けられなかった。その理由について，法務官僚は，「刺文（いれずみ）は外国にも多く行われ，日本でも遠く上代から広く行われたことが文献に見えて居り，特に江戸時代後半以降下層社会に浸透し，現在に至るまで盛んに行われている。しかし一度刺文をすれば消し難いので一回限り，これに軽い刑罰を加えても無意味であり，又同一の犯罪に対し数回処罰に及ぶ虞れがある。勿論文化の向上するに従つて廃絶される風習であると考えられるので，自然に放置しておいても別段の弊害はあるまいというのが軽犯罪法でこれを収めなかつた理由である。」[28]，あるいは「いれずみは，諸外国にも行われ，わが国でもなお跡をたたないのであるが，これが絶滅は，むしろ国民文化の向上に待つべきものであり，旁ヽ，一度いれずみをすれば容易に消し難いものであるから，これに一回限り軽い刑罰を科しても余り意味がなく，却つて数回処罰する危険もあるので，これを受け継がなかつたのである。」[29]と説明していた。

すなわち，入れ墨に関する規定が設けられなかった理由は，①文化の向上によって，入れ墨はなくなるであろうこと，②入れ墨を消すのは難しいので，一回限りの軽い刑罰を科しても意味がないこと，および③入れ墨をする行為に対して数回処罰される危険性があることである。これらの理由は，自己の身体に入れ墨をする行為を不可罰にしたことの理由付けである。不思議なことに，他人の身体に入れ墨を施す行為を不可罰にした理由が説明されていない。自己の身体に入れ墨をする行為は不可罰である一方で，他人の身体に入れ墨を施す行為は処罰するという立法は考えられる。それゆえ，他人の身体に入れ墨を施す行為を不可罰にした理由について一言あってしかるべきであるにもかかわらず，言及されていない。

ところで，熊倉武は，法務庁発表の資料をもとに，昭和11（1936）年から昭和21（1946）年（昭和20〔1945〕年を除く）までの警察犯処罰令違反即決処分人員をまとめている[30]。それによると，警察犯処罰令第2条第24号の刺文行為による処分人員は，昭和11（1936）年103名，昭和12（1937）年81名，昭和13（1938）年89名，昭和14（1939）年33名，昭和15（1940）年44名，昭和16（1941）年24名，昭和17（1942）年57名，昭和18（1943）年29名，昭和19（1944）年49名，昭和21（1946）年113名であった[31]。この処分人員に関して，自己の身体に入れ墨をする行為で即決処分を受けた人員と，他人の身体に入れ墨を施す行為で即決処分を受けた人員の内訳は不明であるが，同令第2条第24号は決して死文化した法ではなかった。それだけに，法務官僚が，他人の身体に入れ墨を施す行為を処罰する規定を設けなかった理由について，説明していないのは奇妙である。

3　考察

軽犯罪法の中に，入れ墨に関する規定が設けられなかった理由として，**2**で紹介したものは，表の理由である。これに対して，山本芳美は，裏の理由ともいうべき1つの話を紹介している。すなわち，GHQ海軍中佐が，日本の彫り師の技に魅せられ，入れ墨を規制する条項の廃止を強く求めたことから，入れ墨が解禁されたというのである[32)]。

この話の真偽の程は定かではないが，この話を仮に真実だとすると，軽犯罪法の中に入れ墨に関する規定を設けなかったのは，GHQの高官が彫り師の技に魅了されたことから，彫り師が処罰されないようにするためであったということになる。しかしながら，法務官僚は，GHQの高官が彫り師の技術を維持・継承させることを要望していたために，軽犯罪法の中に入れ墨に関する規定を設けなかったとは説明することができず，そのために他人の身体に入れ墨を施す行為を不可罰にした理由について言及しなかったのであろうと推測することができる。

ところで，昭和17(1942)年2月25日法律第70号として国民医療法が公布され，同法は昭和23(1948)年7月30日法律第201号により廃止された。国民医療法第8条第1項は，「医師ニ非ザレバ医業ヲ，歯科医師ニ非ザレバ歯科医業ヲ為スコトヲ得ズ」と規定し，同条同項違反に対して，6月以下の懲役または500円以下の罰金を科していた(同法第74条第1項)。また，軽犯罪法が公布された直後に，昭和23(1948)年7月30日法律第201号として，医師法が公布されたが，同法第17条は，「医師でなければ，医業をなしてはならない。」と規定し，その当時，同条違反に対して，2年以下の懲役または2万円以下の罰金を科していた(同法第31条第1項第1号)。もし，その当時，入れ墨を業として他人に施す行為が医業に該当すると理解されていたならば，軽犯罪法で入れ墨の規定を置かないだけでは，彫り師の不処罰は担保されないことになる。なぜなら，国民医療法または医師法で，医師免許のない彫り師を処罰することができたからである。しかしながら，軽犯罪法の中に入れ墨に関する規定を設けなかったことにより，入れ墨の施術は解禁されたと理解された[33]が，このような理解は入れ墨を業として施す行為は，医業に該当しないとの解釈を前提としていたといえる[34]。

Ⅵ　青少年条例

1　青少年条例による入れ墨規制の現状

青少年保護に関する条例は，第2次世界大戦後すぐに，各地方自治体で制定されていった[35]が，しばらくの間は，青少年条例には，18歳未満の青少年者への入れ墨を規制する条項は設けられていなかった[36]。しかし，令和2（2020）年1月1日現在，青少年条例の中に，入れ墨の規制条項を設けていない都道府県は，青森県，秋田県，千葉県，東京都，新潟県，長野県，大阪府，および佐賀県であり，その他の道府県では，罰則つきの規制条項が設けられている[37]。

2　青少年条例による入れ墨規制の具体例

(1)　愛媛県

愛媛県青少年保護条例（昭和42〔1967〕年10月6日愛媛県条例第20号）が，青少年に対する入れ墨を禁止した「はじめてのケース」[38]である。同条例第11条は，「何人も，正当な理由がある場合を除くほか，青少年の身体に文字，絵画等をほりこんでいれずみをし，若しくはこれをさせ，又はこれを勧誘し，若しくは周旋してはならない。」と規定し，これに違反した者に対し，3万円以下の罰金を科していた（同条例第18条第1項）。

「いれずみの制限」を規定した愛媛県青少年保護条例について，愛媛新聞は，「全国初“入れ墨”禁止　成立した県青少年保護条例　勧誘，あっせんでも罰金」との見出しで，「悪へのきっかけとなる“入れ墨”禁止条項を入れた県青少年保護条例が4日の県議会で成立した。保護条例はすでに30都府県で設けられているが，青少年に“入れ墨”の誘いやあっせんをしても3万円以下の罰金（11，18条）という規定を設けたのは全国で初めて。［原文改行］県警本部の調べによると，昨年中に検挙，補導した少年のうち“入れ墨”は79人。うちハイティーンが56人と圧倒的に多く，中学生11人も含まれており，3分の1が暴力団，不良グループに関係していた。また松山少年鑑別所に収容される年間約650人の3分の1

が入れ墨をしていた。…… この条例で少年に“悪の焼き印”を押す心ないおとなが罰せられることになり，軽犯罪法施行（23年5月）によって消えた警察犯処罰令の“入れ墨禁制”が復活。来年4月から適用される。現在，兵庫，福岡両県でも同様趣旨の条例を検討中だが，一部には軽犯罪法の一部に付け加えて少年をむしばむ『墨師』を処罰せよとの声もある。」[39] との記事を載せていた。

なお，現行の愛媛県青少年保護条例第11条は，「何人も，正当な理由がある場合を除くほか，青少年の身体に文字，絵画等をほりこんでいれずみをし，若しくはこれをさせ，又はこれを勧誘し，若しくは周旋してはならない。」と規定し，本条に違反した者には，1年以下の懲役又は50万円以下の罰金を科している（同条例第18条第3項）。青少年に対する入れ墨を禁止する趣旨については，「いれずみが身体に消すことのできない傷痕を残し，プールや公衆浴場で入場制限を受けたり，就職や結婚など将来の社会生活にも悪影響を及ぼしたりすることなどからである。」[40] と解説されている。

(2) 神奈川県

神奈川県青少年保護育成条例は，昭和30（1955）年1月4日神奈川県条例第1号として制定，公布されたが，昭和43（1968）年3月30日神奈川県条例第20号により，入れ墨の禁止規定が追加された。昭和43年条例第20号により追加された第8条の2は，「①何人も，青少年に対し，入れ墨を施してはならない。②何人も，青少年に対し，入れ墨をするように勧誘し，又は周旋してはならない。」と規定していた。山田吉三郎議員は，入れ墨の禁止規定を追加することに賛成する立場から，「このたび……入れ墨の害から青少年を守ろうとして，県は青少年保護育成条例の一部改正を提案されておりますが，特に非行少年の入れ墨の実態調査によれば，県内少年鑑別所では5人に1人，県内少年院では2人1人という高率で，好奇心と無分別から大体十七，八歳までに入れ墨をしている状況を考えますると，彼らの更生に大きな障害となるであろうことは，まことに憂慮にたえないことで，条例の改正は時宜を得たものと考えます。」[41] と発言している。

入れ墨の禁止の趣旨については，「青少年の中には，単なる好奇心や無分別から入れ墨をするものがいる。また非行グループなどに加わっている少年は，非行の度合いが進むにしたがって入れ墨を入れる傾向が強く，そのことをもってひとつの『格』を誇張し，あるいは誇りを感じているものすらあるといわれる。

〔原文改行〕いったん入れ墨を入れると，消すことのできない傷痕を残し，社会復帰の妨げになることが明らかに予想されるので，青少年に入れ墨を入れることや，勧誘・あっせんすることなどを禁止することが望ましい」[42]と説明されていた。

現行の神奈川県青少年保護育成条例第30条は，「①何人も，青少年に対し，入れ墨を施してはならない。②何人も，青少年に対し，入れ墨をするように勧誘し，又は周旋してはならない。」と規定し，第30条第1項または第2項の規定に違反した者に対して，1年以下の懲役又は50万円以下の罰金を科している（同条例第53条第2項第2号）。

(3) 和歌山県

和歌山県は，他の都道府県に先駆けて，青少年保護条例（昭和26〔1951〕年10月9日和歌山県条例第41号）を制定し，数次にわたる改正をした。昭和53（1978）年に，この条例に代えて新しく和歌山県青少年健全育成条例（昭和53〔1978〕年10月19日和歌山県条例第36号）を制定した[43]。この新しい和歌山県青少年健全育成条例に，入れ墨の禁止条項が規定された[44]。同条例第25条は，「何人も，正当な理由がある場合を除き，青少年に対し，入れずみをし，若しくは他人にさせ，又はこれらの行為の周旋をしてはならない。」と規定し，同条に違反した者に対し，1年以下の懲役または5万円以下の罰金もしくは科料を科していた（同条例第33条第1項）。

入れ墨の禁止の趣旨について，「入れずみの禁止（25条）は，除去することが困難な入れずみを青少年の身体に施すことを禁止することによつて，その生涯に及ぶ悪影響から青少年を保護しようとするものである。」[45]と説明されていた。

なお，現行の和歌山県青少年健全育成条例第25条は，「何人も，正当な理由がある場合を除き，青少年に対し，入れ墨をし，若しくは他人にさせ，又はこれらの行為の周旋をしてはならない。」と規定し，同条の規定に違反した者に対して，1年以下の懲役または50万円以下の罰金を科している（同条例第33条第2項）。

(4) 茨城県

茨城県は，昭和37（1962）年に茨城県青少年のための環境整備条例（昭和37〔1962〕年10月6日茨城県条例第60号）を制定した。その後，茨城県青少年のための環境整備条例の一部を改正する条例（平成4〔1992〕年6月18日茨城県条例第71号）

により，入れ墨等の禁止の規定が新設された。同条例第21条の2は，「何人も，青少年に対し，入れ墨等を施し，若しくはこれを受けさせ，又はこれらの行為の周旋をしてはならない。」と規定し，同条に違反した者に対して，50万円以下の罰金を科していた（同条例第27条第3項第3号）。入れ墨等の禁止規定を新設する理由について，「青少年に入れ墨を施すなどの行為の禁止でございますが，これは，暴力団と関係のある非行少年，それから，福祉犯罪などで被害を受けました少年が，入れ墨を施されている事案が発生しております。そういうことから，これら青少年に対して，入れ墨などを施すこと，また，入れ墨をするように働きかけをしたり，あっせんをしたりということを禁止いたしまして，青少年を暴力団などから守ろうとするものでございます。［原文改行］最近の調査でございますが，昭和62年から平成3年までに，5年間でございますが暴力団少年として検挙されました青少年が，県内で158名ございました。その158名の少年のうち37名の青少年に入れ墨を既に入れていた青少年がおりました。この中には，勢力拡大をねらいました暴力団が16歳から17歳の青少年を組に引き込み，監視状態に置いた上，入れ墨をさせたケースがございました。［原文改行］そのほか，不純な性行為や売春などにかかわる事件等で検挙されました少女が，太股に牡丹の入れ墨をされていたというような事例が発生しております。［原文改行］また，本年3月1日から施行されました，暴力団員による不当な行為の防止等に関する法律，いわゆる暴力団対策法といっておりますが，その中に，少年の暴力団の組への加入の強要，それから，脱退をしたいという青少年の脱退を妨害するということを禁止した規定が織り込まれております。しばしば，暴力団への引き込みの手段として用いられてきました入れ墨について禁止することによりまして，暴力団対策法のなお一層の効果を上げることによりまして，青少年を暴力団などから守ろうとするものでございます。」[46] と説明されていた。

なお，茨城県青少年のための環境整備条例は，平成21（2009）年に，茨城県青少年の健全育成等に関する条例（平成21〔2009〕年10月29日茨城県条例第35号）に改正された。現行の茨城県青少年の健全育成等に関する条例第36条は，「何人も，青少年に対し，入れ墨等を施し，若しくはこれを受けさせ，又はこれらの行為の周旋をしてはならない。」と規定し，同条に違反した者に対して50万円以下の罰金を科している（同条例第46条第4項第3号）。

(5) 宮城県

宮城県は，昭和35（1960）年に宮城県青少年保護条例（昭和35〔1960〕年3月31日宮城県条例第13号）を制定し，昭和60（1985）年7月10日宮城県条例第17号による改正により，入れ墨を規制する規定を新設した[47]。すなわち，宮城県青少年保護条例第9条の3として，「何人も，医療行為その他正当な理由がある場合を除き，青少年に対し，入れ墨を施し，受けさせ，又はこれらの行為の周旋をしてはならない。」との規定を追加し，さらに，場所の提供等が禁止される行為の一つとして，入れ墨を施す行為が追加された（同条例第10条第6号）。入れ墨を施す行為等の禁止規定を新設した趣旨については，「今回の改正でみだらな行為，ワイセツ行為，入れ墨を施こす［ママ］行為について懲役刑を新設したのは，未成熟な青少年に対して生涯消えることのない，肉体的な加害行為をした大人の悪質性を考えたもので，青少年にとっては，一生にわたって傷跡を残す結果になりかねないと同時に，青少年がそれによって転落し，再非行を重ねていくケースが多くなってきているためである。」[48]と説明されていた。

宮城県青少年保護条例は，平成17（2005）年3月25日宮城県条例第50号[49]により，宮城県青少年健全育成条例に改正された。現行の宮城県青少年健全育成条例第32条は，「何人も，医療行為その他正当な理由がある場合を除き，青少年に対し，入れ墨を施し，受けさせ，又はこれらの行為の周旋をしてはならない。」として，入れ墨を施す行為等の禁止を定め，同条例第32条の規定に違反した者に対して，1年以下の懲役または50万円以下の罰金を科している（同条例第41条第2項第2号）。さらに，同条例第33条は，「何人も，次に掲げる行為が青少年に対してなされ，又は青少年がこれらの行為を行うことを知つて，場所を提供し，又はその周旋をしてはならない。」と規定し，同条第6号で「入れ墨を施す行為」を挙げる。同条例第33条の規定に違反した者に対して，50万円以下の罰金または科料を科している（同条例第41条第3項第2号）。

(6) 高知県

高知県は，昭和33（1958）年に高知県青少年保護育成条例（昭和33年高知県条例第23号）を制定し，昭和52（1977）年12月22日高知県条例第32号によりこの条例を廃止し，新しい高知県青少年保護育成条例を制定した。その後，平成21（2009）年3月27日高知県条例第28号による改正により，入れ墨を施す行為等を禁止する規定を新設した。現行の高知県青少年保護育成条例第23条の2は，

「何人も，正当な理由がある場合を除き，青少年に対し，入れ墨を施し，強要し，又は周旋してはならない。」と規定し，第23条の2の規定に違反した者に対して，1年以下の懲役または50万円以下の罰金を科している（同条例第31条第2項）。

改正の趣旨について，「現在タトゥーとかボディーアートといった軽い感覚で，ファッション感覚で容易に入れたり，好奇心で入れたりといったことがございます。ただ，一回入れますと将来に非常に大きく影響があるということで，青少年に入れ墨を施すものに対する，いわゆる施す，強要する，周旋するといった行為を禁止するものでございます。」[50]と説明されていた。

(7) 埼玉県

埼玉県は，昭和58（1983）年に埼玉県青少年健全育成条例を制定し，平成24（2012）年12月25日埼玉県条例第61号による改正により，入れ墨を規制する規定を新設した。現行の埼玉県青少年健全育成条例第19条の2は，「何人も，正当な理由がある場合を除き，青少年に対し，入れ墨を施し，受けさせ，又はこれらの行為を周旋してはならない。」と規定し，同条の規定に違反した者に対して，50万円以下の罰金を科している（同条例第28条の4）。さらに，同条例第20条は，「何人も，次に掲げる行為が青少年に対して行われ，又は青少年がこれらの行為を行うことを知つて，場所を提供し，又は周旋してはならない。」と規定し，同条第8号で「第19条の2に規定する行為」を挙げる。同条例第20条の規定に違反した者に対しては，30万円以下の罰金を科している（同条例第29条第1号）。

改正の趣旨について，「青少年が，将来自らが受ける不利益について深く考えることなく安易に入れ墨を入れた後，就業上の問題や施設入場を断られるなど，様々な生活上の弊害が生じてから自らの行為を後悔する事例が把握されており，青少年を守る必要が生じています。そこで埼玉県では，青少年の健全な成長を阻害するおそれのある行為から青少年を守るため，青少年に対し入れ墨を施す行為を禁止することとし，埼玉県青少年健全育成条例の一部を改正しました。」[51]と説明されていた。

(8) 石川県

石川県は，平成19（2007）年に，いしかわ子ども総合条例（平成19〔2007〕年3月22日石川県条例第18号）を制定した。同条例第53条は，「①何人も，青少年に対し，入れ墨又はこれに類似するもの（以下この条及び次条において『入れ墨等』という。）を施してはならない。②何人も，青少年に対し，入れ墨等をするよう勧誘してはならない。」として，入れ墨等の禁止を規定していた。同条違反に対しては，1年以下の懲役または50万円以下の罰金を科していた（同条例第93条）。入れ墨等の禁止の趣旨については，「青少年に対して，入れ墨等を施し，又は入れ墨等をするように勧誘することを禁ずる旨を規定し，青少年が単なる好奇心や一時的な感情等で思慮分別なく，入れ墨等を受けることを防止しようとするものである。」[52] と解説されていた[53]。同条例第54条第2号で，入れ墨等を施す行為が「青少年に対して行われ，又は青少年がこれらの行為を行うことを知ってそのための場所を提供し，又は周旋してはならない。」と規定し，同条違反に対して，1年以下の懲役または50万円以下の罰金を科していた（同条例第93条）。

平成31（2019）年に，いしかわ子ども総合条例の一部を改正する条例（平成31〔2019〕年3月20日石川県条例第7号）により，入れ墨等の禁止を定めていた第53条は，「①何人も，青少年に対して入れ墨等（入れ墨又はこれに類するものをいう。以下この条及び次条において同じ。）を施し，若しくは青少年に入れ墨等を受けさせ，又はこれらの行為を行うよう人を勧誘し，あおり，そそのかし，若しくは強要してはならない。②何人も，青少年に対して入れ墨等を施し，又は青少年に入れ墨等を受けさせることの対償として金品その他の財産上の利益又は便宜を供与してはならない。」と改正された。同条違反の罰則は，1年以下の懲役または50万円以下の罰金であり（同条例第93条），変更されていない。改正の趣旨について，「インターネットを利用して，青少年に家出や暴走行為，みだらな性行為などを誘って行わせる事案が，県内外で発生しています。このため，こちらも条例を改正し，青少年に対して，あおりや強要などにより，家出や暴走行為，飲酒・喫煙などの非行を行うよう助長する行為を禁止するものです。」[54] と説明されている。

3　考察

(1)　青少年に対する入れ墨の規制根拠

青少年条例で青少年に対する入れ墨を規制しようとする場合，入れ墨を自己の身体に入れている青少年が実際に存在しているという実態が指摘されている。青少年に対する入れ墨を規制する根拠としては，入れ墨を入れると，青少年の将来にさまざまな弊害・悪影響が予想されるとして，それを防止するために，青少年に対する入れ墨を規制すべきであると考えられている。入れ墨の弊害・

悪影響としては，具体的には，①入れ墨が入っていると，就業上の問題や施設入場が断られるなどの生活上の弊害があること，②非行から社会復帰するときに，入れ墨が社会復帰の弊害になること，③入れ墨を入れることによって，非行が深化し，再非行を重ねる事例があることが指摘されている。

(2) 規制の態様

入れ墨を規制する態様には，青少年条例ごとに異同がある。共通して禁止されているのは，青少年に対し入れ墨を施す行為である。

これに対して，青少年に入れ墨を施すことを周旋する行為[55]，青少年に対して入れ墨をするように勧誘し，あおり，そそのかし，および強要する行為，並びに青少年に対し入れ墨を施すための場所を提供する行為については，青少年条例による規制対象とするかどうかは相違がある。これらの行為の処罰規定を設けることには，青少年に対する入れ墨の施術が実行されなくても，これらの行為を処罰できる点で意味がある。

(3) 入れ墨を規制する青少年条例の実効性および必要性

新聞報道によると，各地の警察は，青少年に入れ墨を施す行為を，青少年条例を用いて実際に取り締まっている[56]。したがって，入れ墨を規制する条項は，死文化した法ではなく，現実に執行・適用されている法である。

しかし，令和2(2020)年1月1日現在，青森県，秋田県，千葉県，東京都，新潟県，長野県，大阪府，および佐賀県は，青少年条例で，青少年に対して入れ墨を施す行為を禁止していない。そこで，青少年が住んでいる道府県で，青少年に対して入れ墨を施す行為が処罰されているとしても，当該青少年は，青少年に対して入れ墨を施す行為を禁止していない都府県で，合法的に入れ墨を自己の身体に入れてもらうことが可能である。そうすると，青少年に対して入れ墨を施すことを処罰している青少年条例の実効性に疑問が生じる。青少年条例で青少年に対して入れ墨を施すことを処罰する目的は，青少年が自分の身体に入れ墨を入れることを防止するためであるにもかかわらず，そのような規制は，あくまで当該道府県で青少年に対して入れ墨を施すことを防止するだけであり，当該道府県に住んでいる青少年が，入れ墨の規制がない他の都府県で自己の身体に入れ墨を入れることを防止するには不十分である。

その上，東京都および大阪府の青少年条例で，青少年に対して入れ墨を施す行為を禁止していないことから，青少年に対する入れ墨を法で規制する必要があるのか疑問が生じる。入れ墨を入れていると，社会生活上不利益があることは確かであり，その後に後悔して入れ墨の除去手術を受ける人もいる。しかし，東日本と西日本を代表する地方公共団体である東京都および大阪府において青少年条例で入れ墨を禁止していないということは，青少年が入れ墨によって受ける弊害・悪影響は，パターナリズムの観点から法規制するほどのものではないと考えられる。

Ⅶ　暴力団員による不当な行為の防止等に関する法律

1　改正の経緯

暴力団員による不当な行為の防止等に関する法律は，平成3（1991）年5月15日法律第77号として公布された。同法は，当初は，入れ墨に関する規定を定めていなかった。しかし，平成5（1993）年5月12日法律第41号による改正により，少年に対する入れ墨の強要等の禁止等に関する規定を新設した[57)]。同法第24条は，「指定暴力団員は，少年に対して入れ墨を施し，少年に対して入れ墨を受けることを強要し，若しくは勧誘し，又は資金の提供，施術のあっせんその他の行為により少年が入れ墨を受けることを補助してはならない。」として，少年に対する入れ墨の強要等の禁止を規定する。同法第25条は，指定暴力団員が，他の指定暴力団員に対して第24条の禁止行為を行うことを要求する等の行為を禁止している。同法第24条の禁止規定に違反した指定暴力団員に対して，同法第26条第1項は，公安委員会が中止命令をすることができることを，同条第2項は，公安委員会が再発防止命令をすることができることを規定している。同法第27条は，同法第25条の禁止規定に違反した指定暴力団員に対して，公安委員会は再発防止命令をすることができることを規定している。同法第26条および第27条の規定による命令に違反した者に対して，1年以下の懲役または50万円以下の罰金を科していた（第46条第7号および第8号）。その後，平成24（2012）年8月1日法律第53号による改正により，暴力団員による不当な行為の防止等に関する法律法第26条および第27条の規定による命令に違反した者に対する罰則の法定刑は，「3年以下の懲役若しくは250万円以下の罰金に処し，又はこれを併科する。」に加重され，現行規定に至っている（現行法第47条第10号および第11号）。

2　少年に対する入れ墨の強要等の禁止等の規定を新設した理由

少年に対する入れ墨の強要等の禁止等の規定を新設した理由について，立案担当者は，「入れ墨は，身体を損傷して回復困難な身体的特徴を生ぜしめる行為であり，暴力団からの離脱や社会復帰の阻害要因となるものであるが，日本では，伝統的に暴力団員以外にも行う者があり，現在も一部の若者の間等で行われている実態もあり，その不当性も指詰め程には高くない。しかし，少年については，是非弁別能力が未熟で，環境の影響を受けやすいため，無思慮に入れ墨を入れ，暴力団との関わりを断つことができなくなるなど将来にわたり禍根を残すことも少なくないので，少年に対する入れ墨の強要等に限って禁止することにしたものである。」[58)] と説明している。第126回衆議院地方行政委員会で，北川昌典委員が，入れ墨の強要禁止を少年に限定した理由について質問したところ，廣瀬權（警察庁刑事局暴力団対策部長）政府委員は，同趣旨の説明をしていた[59)]。さらに，北川委員が，少年に入れ墨を彫った彫り師を処罰する規定を設けることを検討することを考えているのかを質問したところ，廣瀬政府委員は，「彫り師が入れ墨を暴力団の依頼を受けまして少年に入れるということになりますと，本法の禁止規定の趣旨が全うされないということになりますので，御趣旨の点も含めまして，彫り師がそのような依頼に応じないように，啓発活動に積極的に努めてまいりたいというふうに思います。」[60)] との答弁にとどまっていた。

3　考察

暴力団員による不当な行為の防止等に関する法律は，少年に対する入れ墨の強要等の禁止行為違反に対して，直罰となっていない。少年に対して入れ墨を要求等するだけでは処罰されず，その禁止行為に対する中止命令等に違反してはじめて処罰されるという規定になっている。そのため，青少年に対する入れ墨を禁止・処罰している青少年条例では，青少年に対して入れ墨を施しただけで処罰されるにもかかわらず，同法では，指定暴力団員がかかる行為をしただけでは処罰されない。また，政府側は，少年に入れ墨を施した彫り師を処罰する規定を新設することに積極的ではなく，啓発活動で対応しようとしていた。暴力団員による不当な行為の防止等に関する法律は，少年についてすら自己の身体に入れ墨を入れることを絶対に防止すべきであるという立場には立っていない。

Ⅷ　医師法違反

医師法第17条は，「医師でなければ，医業をなしてはならない。」として，無資格医業を禁止し，同条の規定に違反した者に対する罰則として，3年以下の懲役もしくは100万円以下の罰金，またはこれの併科を定めている（同法第31条第1項第1号）。ところで，ヨミダス歴史館，朝日新聞記事データベース・聞蔵Ⅱビジュアルおよび毎索で検索すると，医師資格がない者による入れ墨を施す行為について医師法第17条違反で逮捕等されたことを内容とする新聞記事がでてくる[61]。

医師法第17条違反で逮捕等された入れ墨を施す行為には，美容目的での入れ墨（アートメイク）とそれ以外の入れ墨がある。前者の医師資格がない者による美容目的での入れ墨施術に関しては，美容目的での入れ墨による健康被害[62]が発生しているため，警察による摘発は積極的であり，医師法違反で有罪判決も下されている。東京地判平成2・3・9判時1370号159頁は，医師免許がないにもかかわらず，あざ，しみ等を目立ちづらくするという美容目的で，針を使用して色素を注入した行為，いわゆるアートメイクについて，医師法違反の成立を認めた。この判決が，医師法違反での初の有罪判決である[63]。また，厚生労働省も，医師免許のないエステサロン従業員が，針で色素を入れるアートメイクについて，医師が行うのでなければ保健衛生上危害の生ずるおそれのある行為であるという理由で，業として行えば医師法第17条に違反するとの見解を示している[64]。

これに対して，美容目的以外の入れ墨の施術に関しては，平成22（2010）年7月に，兵庫県警が彫り師を医師法第17条違反容疑で逮捕したのが初めての事件である[65]。その後，警察によって摘発された事件の中には，検察による不起訴処分で終わっている事件がある一方で[66]，略式命令で罰金となるケースが多いと言われている[67]。そのような中で，彫り師である被告人が罰金30万円の略式命令を拒み，正式裁判を申し立てたことから，注目された事件がある。当該事件の第1審である大阪地判平成29・9・27判時2384号129頁は，医師免許のない彫り師について医師法第17条違反の罪の成立を認めたが，控訴審である大阪高判平成30・11・14判時2399号88頁は，同罪の成立を否定し，無罪判決を言い渡した。検察側は大阪高裁の無罪判決を不服として上告したが，最決令和2・9・16裁判所ウェブサイトは，タトゥー施術行為は医行為には当たらないとして，検察側の上告を棄却し，原審の無罪判決を支持した。

Ⅸ　結語

第2次世界大戦前は，警察犯処罰令で，入れ墨を他人に施す行為も，自己の身体に入れ墨をする行為も処罰されていた。これに対して，第2次世界大戦後，警察犯処罰令が廃止され，その代わりに軽犯罪法が制定されたが，同法には，入れ墨に関する処罰規定は設けられなかった。そのことにより，入れ墨の施術は解禁され，合法化された。そこで，地方自治体の中には，青少年条例で，青少年に対する入れ墨を禁止・処罰する規定を設けたところもある。しかし，すべての都道府県の青少年条例が，青少年に対する入れ墨を禁止・処罰する規定を設けているわけではない。また，暴力団員による不当な行為の防止等に関する法律は，少年に対する入れ墨の強要等を禁止しているが，その禁止違反行為に対して直罰となっておらず，中止命令等に違反してはじめて処罰するようになっている。第2次世界大戦後は，成人に対して入れ墨を施術する行為は，刑事規制の対象とされてこなかったところ，美容目的での入れ墨（アートメイク）については，医行為に当たるとして，医師免許のある者による施術が要求されるようになっている。

このような状況の中で，近時，美容目的以外での入れ墨の施術も医行為に当たるとして，医師免許のない彫り師に対して，医師法第17条違反の罪責を問う動きが出てきた。しかし，このような動きは，第2次世界大戦以前も以後も，美容目的以外の入れ墨の施術は医師法や国民医療法の規制対象には当たらないという前提で，入れ墨に関する法令を制定してきた歴史を無視するものである。また，第2次世界大戦後は，軽犯罪法の中に入れ墨に関する処罰規定が設けられなかったことから，入れ墨の施術は解禁され，合法化されたという事実をもとに，入れ墨に関する法令を制定してきた歴史をも無視するものである。最決令和2・9・16裁判所ウェブサイトも，医師免許をもたない者によるタトゥー施術行為について，医師法第17条違反の罪の成立を否定した。この最高裁決定は，医師免許を必要とする医行為を，「医療及び保健指導に属する行為のうち，医師が行うのでなければ保健衛生上危害を生ずるおそれのある行為」と定義した上で，タトゥー施術行為は，①装飾的ないし象徴的な要素や美術的な意義がある社会的な風俗として受け止められてきたこと，②医学とは異質の美術等に関する知識・技能を要する行為であって，医師免許取得過程等でこれらの知識・技能を習得することは予定されていないこと，③歴史的に，長年にわたり医師免許を有しない彫り師が行ってきたことを指摘し，タトゥー施術行為は，「医療及び保健指導に属する行為」ではなく，医行為に当たらないと判示したが，入れ墨に関する我が国の歴史および現状を踏まえた判例として，高く評価することができる。

なお，美容目的以外の入れ墨の施術に伴う保健衛生上の危害については，彫り師による業界団体[68]が自主的な安全対策を実施しはじめていることから，その法規制の要否については慎重な議論が必要である。

1）本稿の執筆に際して，山本芳美『イレズミの世界』（河出書房新社，2005年）および同『イレズミと日本人』（平凡社，2016年）に依るところが大きかった。

2）東京地判平成2・3・9判時1370号159頁。

3）読売新聞2010年7月9日大阪朝刊・社会37頁。なお，本稿では，読売新聞については「ヨミダス歴史館」で，朝日新聞については「朝日新聞記事データベース・聞蔵Ⅱビジュアル」で，毎日新聞については「毎索」で記事を検索した。

4）東京違式詿違条例に関しては，坂詰智美「東京違式詿違条例の創定過程について」専修総合科学研究11号（2003年）21頁以下，同「東京違式詿違条例の施行状況に関する一考察」同12号（2004年）1頁以下参照。

5）東京府編纂『官途必携 附録一』（明治壬申六月新刊附録）。

〇壬申三月廿八日

一　裸體又ハ袒裼ニテ往来致シ候儀ハ勿論見世先其外総テ往還見通シ之席ハ同様不相成候事

一　男女入込洗湯不相成候事

但湯屋二階并入口等ハ葭簀暖簾之類下ヶ置往還ヨリ見通シ不相成候様可致事

一　春画ハ勿論都テ猥ヶ間敷錦繪之類賣買候儀不相成候事

一　俗ニヱンキト唱ヘ陰茎之形ヲ模造シ賣買候儀ハ勿論仮令小児之翫物タリトモ右様之品取扱候儀不相成候事

一　俗ニホリモノト唱身体ヘ刺繡イタシ候儀不相成候事

6）明治5年3月28日東京府布達は，「市中風俗取締令」（小山剛「職業と資格――彫師に医師免許は必要か」判例時報2360号〔2018年〕141頁），「悪習五条ノ禁」（坂詰・前掲注4）「東京違式詿違条例の創作過程について」26頁），「民衆風俗取締」（徳永高志「明治初年の都市民衆支配――東京府違式詿違条例制定前後」歴史評論405号〔1984年〕31頁）と呼ばれている。

7）明治4年10月23日太政官第552号沙汰は，「今般府［東京府……筆者注］下取締トシテ邏卒三千人被備置候條此旨相達候事」と定めていたので，「取締組」とは，現在の警視庁のことである。取締組について，徳永・前掲注6）22頁以下参照。

8）東京府編纂・前掲注5）壬申三月廿八日。

9）違式詿違条例は，旧刑法（明治13〔1880〕年7月17日太政官布告第36号）が施行される以前に，軽微な犯罪を取り締まるため，各府県において制定された条例であり，東京違式詿違条例が嚆矢である（坂詰智美「宮城県の違式詿違条例について」専修総合科学研究23号〔2015年〕26頁）。

10）内閣記録局編『法規分類大全〔第27〕刑法門 第3-5 違警罪目，罰則，懲治』（1891年）4頁以下。

11）内閣記録局編・前掲注10）50頁以下。

12）太政官布告の地方違式詿違条例が制定されるより前に，栃木県では，明治6（1873）年1月17日に，「風俗ニ関係ノ件改正スヘキ旨達」が出ており，その中に，「身体ニ刺繍候儀不相成候事」との規定があった（栃木県史編さん委員会『栃木県史資料編近現代 一』〔栃木県，1976年〕808頁）。

13）千葉県違式詿違条例（明治9〔1876〕年8月12日甲第127号）第10条（千葉縣史編纂審議会編『千葉縣資料 近代篇 明治初期四』〔千葉県，1971年〕752頁），京都府違式詿違条例（明治9〔1876〕年10月2日京都府第385号）第15条（浦谷義春『違式詿違御布令之譯 京都府第三八五号前編』〔1876年〕，西村兼文『京都府違式詿違条例図解』〔1876年〕），山形県違式詿違条例（明治9〔1876〕年10月24日）第9条（荒井太四郎『山形県違式詿違条例図解』〔1877年〕），群馬県違式詿違条例（明治10〔1877〕年1月15日第13号）第10条（梶山栄吾『制定違式詿違条例』〔1877年〕），改正群馬県違式詿違条例（明治10〔1877〕年10月8日甲第59号）第9条（群馬県『群馬県布達全書 巻之6 明治10年従1月至2月，従3月至12月甲号』〔1879年〕），栃木県違式詿違条例（明治11〔1878〕年4月17日）第9条（平野長富編『栃木県違式詿違条例図解』〔集英堂，1878年〕）。

14）茨城県違式詿違条例（明治10〔1877〕年4月12日茨城県布達第83号）（『警吏必携 自明治9年1月至同12年6月 茨城県蔵版』〔1879年〕44頁以下），青森県違式詿違条例（明治12〔1879〕年4月26日青森県布達甲第74号）（青森県史編さん近現代部会『青森県史資料編　近現代1』〔青森県，2002年〕117頁以下）。

15）大阪府違式詿違条例は，明治9（1876）年12月21日大阪府布達第332号として制定された当初は，入れ墨に関する規定はなかったが，明治10（1877）年7月11日大阪府布達第148号により違式罪目に「身体へ刺繍スル者」（第36条）を追加した（古屋宗作編『類聚大阪府布達全書 第10巻』〔竜雲舍，1885年〕71頁以下）。

16）神奈川県違式詿違条例第24条は，「身体へ刺繍ヲ為ス者及ヒ業トスル者」を違式の罪として規定していた（高橋親義『小學必用 神奈川縣違式詿違註譯』〔1879年〕，江頭正五郎編『小學必用 神奈川縣違式詿違』〔1880年〕）。「業トスル者」とは，「商業トシテ他人ニ施ス者」と解されていた（高橋親義『小學必用 神奈川縣違式詿違註譯』〔1879年〕）。

17）明治6（1873）年12月10日に林厚徳浜松県令は，「違式詿違条例別冊ノ通被仰出候ニ付明治7年1月15日ヨリ条例ヲ犯シ候者ハ贖金申付候」として，違式詿違条例を布達した。このときに布達された違式詿違条例の内容は，確認できなかった。しかし，この条例は，「風土大約旧慣ヲ慕ヒ人情未タ野俗ヲ脱」していないために，これを実際上行うことができなかったことから，明治7（1874）年3月30日に林厚徳浜松県令は，「違式詿違条例ノ儀ハ既ニ明治6年第256号ヲ以御布告相成候ニ付本年1月15日ヨリ右条例ヲ犯シ候者ハ贖金申付候旨昨6年12月10日番外ヲ以布達及置候処取消更ニ左ノ条例相達候条各区末々迄心得違無之様可致此旨布達候事」と布達した。この布達の内容からして，明治7年1月15日から施行した条例は，明治6年7月19日太政官布告第256号の地方違式詿違条例と同内容であると推測できる。もっとも，明治7年3月30日に布達した違式詿違罪目の中には，入れ墨に関する規定はなかった（静岡県史料刊行会『明治初期静岡県史料 第三巻』〔静岡県立中央図書館葵文庫，1969年〕181頁以下）。

18）松永しのぶ「違式詿違条例と外国人への『御体裁』」文化資源学9号（2010年）59頁。これに対して，森田貴子は，違式詿違条例における入れ墨の処罰規定の根拠を，「入墨は，けんかや祭りで幅を利かせるためであった。」として，治安と風俗取締りのためであると説明している（森田貴子「違式詿違条例」歴史と地理582号〔2005年〕35頁）。

19）村田保『刑法註釋再版巻八』（内田正栄堂，1881年）21丁。

20）山本・前掲注1）『イレズミの世界』144頁以下。

21）山本・前掲注1）『イレズミの世界』145頁，「朝野新聞明治18年8月13日第3528号」東京大学法学部近代日本法政史料センター編『朝野新聞縮刷版22 明治18年7月－明治18年12月』（ぺりかん社，1983年）。

22）法曹閣書院編纂『警察犯処罰令要論』（法曹閣書院，1908年）165頁。

23）谷津慶次『最新警察法令義解』（法令研究会，1911年）115頁。

24）医師法（明治39年法律第47号）は，昭和17年2月25日法律第70号により廃止された。

25）警察犯処罰令第2条第24号，「業トスル」という要件を要求しなかったのであるから，業としてではなく他人に入れ墨を施す行為を処罰するために，警察犯処罰令で「他人ノ身体ニ刺文シタ」を規定する必要があったとはいえる。しかし，他人の身体に入れ墨を施す行為のうちの当罰性の高い行為を，明治39（1906）年医師法第11条で捕捉できることになるので，警察犯処罰令で「他人ノ身体ニ刺文シタ」行為を処罰する規定を置く必要は低かったであろう。

26）髙山佳奈子「タトゥー医師法裁判と罪刑法定主義」文明と哲学11号（2019年）139頁。

27）鈴木義男国務大臣「第2回国会衆議院司法委員会議録第2号 昭和23年3月18日」2頁。

28）福原忠男＝柏木博『軽犯罪法解説』（三芳書房，1948年）15頁。福原忠男の発刊当時の肩書きは，衆議院法務部第一部長であり，柏木博の発刊当時の肩書きは，前東京高等検察庁検事であった。なお，同書には，鈴木義男（法務総裁）が序文を寄せている。

29）野木新一＝中野次雄＝植松正『註釈軽犯罪法』（良書普及会，1949年）14頁［野木新一］。各人の発刊当時の肩書きは，野木新一は法務庁検務局総務課長であり，中野次雄は法務庁検務局恩赦課長であり，植松正は東京高等検察庁検事であった。

30）熊倉武『軽犯罪法（法律学大系法学理論篇第5回配本）』（日本評論社，1950年）66頁。

31）熊倉・前掲注30）66頁。

32）山本・前掲注1）『イレズミの世界』170頁以下。

33）山本・前掲注1）『イレズミの世界』1167頁。

34）髙山・前掲注26）137頁。

35）舘野覚治『問題少年――犯罪と補導』（警察新報社，1954年）160頁以下，全国社会福祉協議会編『子どものしあわせのために 児童憲章制定五周年記念全国児童福祉大会』（全国社会福祉協議会，1956年）225頁以下参照。

36）舘野・前掲注35）162頁は，「『青少年の保護に関する条例』の禁止事項調（昭和28年2月現在国警本部調）」を載せているが，禁止事項の中に入れ墨の禁止は含まれていない。また，山高章夫「青少年保護育成条例について」時の法令532号（1965年）8頁は，「表2 条例の規制事項一覧表」を載せているが，規制事項一覧の中に入れ墨の禁止は含まれていない。

37）内閣府「青少年の保護育成に関する都道府県条例規制事項一覧 令和2年1月1日現在」（https://www8.cao.go.jp/youth/kankyou/jigyou/pdf/tyousa_kiseijikou.pdf）［2020年5月4日閲覧］参照。

38）読売新聞1967年10月5日朝刊14頁。

39）愛媛新聞1967年10月5日朝刊4頁。

40）愛媛県『愛媛県青少年保護条例の解説（平成31〔2019〕年4月）』50頁（https://www.pref.ehime.jp/h15100/seisyounen/documents/01_kaisetu.pdf）［2019年10月30日閲覧］。

41）昭和43（1968）年3月6日神奈川県議会定例会発言『昭和43年2月26日開会 昭和43年3月27日閉会 神奈川県議会2月定例会会議録』195頁。

42）亀掛川博正（神奈川県県民青少年育成課副主幹）「神奈川県青少年保護育成条例」法令解説資料総覧13号（1979年）64頁。

43）和歌山県青少年健全育成条例の制定経緯に関しては，大越幸次（和歌山県青少年局保護課主幹）「和歌山県青少年健全育成条例」法令解説資料総覧13号（1979年）73頁以下参照。

44）和歌山県知事公室広報広聴課「県民の友」昭和53（1978）年11月号2頁。

45）大越・前掲注43）78頁。

46）平成4（1992）年6月10日平成4年厚生経済常任委員会（https://www.pref.ibaraki.dbsr.jp/index.php/4057747?Template=doc-all-frame&VoiceType=all）［小野県民生活課長発言］［2020年5月1日閲覧］。

47）昭和60（1985）年7月10日宮城県公報号外44号9頁以下。

48）昭和60（1985）年6月28日宮城県議会厚生委員会会議録［本田生活副支部長発言］。

49）平成17（2005）年3月25日宮城県公報号外6号61頁以下。

50）平成21（2009）年3月11日高知県議会文化厚生委員会（https://ssp.kaigiroku.net/tenant/prefkochi/SpMinuteView.html?power_user=false&tenant_id=494&council_id=660&schedule_id=2&view_years=2009［細木こども課長発言］［2020年5月1日閲覧］。

51）「平成24年12月埼玉県青少年健全育成条例の改正の概要」（https://www.pref.saitama.lg.jp/a0307/jourei/joureikaisei-2412.html）［2019年10月29日閲覧］，埼玉県平成24（2012）年12月10日埼玉県議会定例会（https://ssp.kaigiroku.net/tenant/prefsaitama/MinuteView.html?council_id=115&schedule_id=4&is_search=true&minute_id=26）［吉野淳一県民生活部長発言］［2019年10月30日閲覧］。

52）「条例の解説（平成27年10月改定）」（https://www.pref.ishikawa.lg.jp/kodomoseisaku/plan-jyourei/documents/jyourei-kaisetsu.pdf）［2019年10月30日閲覧］。

53）入れ墨に類似するものとは，「皮肉及び皮下組織を針や鋭利な刃物等で刺したり，たばこ，ろうそく等で火傷を与えるなどして，その傷痕により文字や図柄等を描く行為であり，色素を沈着させないものをいう。」と解説されていた（前掲注52）「条例の解説〔平成27年10月改定〕」）。

54）平成31（2019）年2月5日石川県議会厚生文教委員会（http://pref-ishikawa.gijiroku.com/voices/cgi/voiweb.exe?ACT=200&KENSAKU=1&SORT=0&KTYP=1,2,3,0&FBKEY1=%82%A2%82%B5%82%A9%82%ED%8Eq%82%C7%82%E0%91%8D%8D%87%8F%F0%97%E1&FBMODE1=SYNONYM&FBMODE2=SYNONYM&FBMODE3=SYNONYM&FBMODE4=SYNONYM&FBCHK=AND&KGTP=1,2,3&TITL_SUBT=%95%BD%90%AC%82R%82P%94N%81@%82Q%8C%8E%81@%82T%93%FA%8C%FA%90%B6%95%B6%8B%B3%88%CF%88%F5%89%EF%81%7C02%8C%8E05%93%FA-01%8D%86&HUID=177763&KGNO=2228&FINO=2953&HATSUGENMODE=1&HYOUJIMODE=0&STYLE=0）［片岡穣健康福祉部長発言］［2019年10月30日閲覧］。

55）鹿児島県青少年保護育成条例も入れ墨の周旋を禁止していない。

56）ヨミダス歴史館および朝日新聞記事データベース・聞蔵Ⅱビジュアルで，入れ墨に関する青少年条例違反の記事を検索すると，以下のようなものが出てくる。朝日新聞1990年9月29日朝刊・神奈川「入れ墨代工面にトルエン密売 15歳の少年と彫った男逮捕 横浜」，朝日新聞1992年6月24日朝刊・兵庫「少年の腕に入れ墨 尼崎西署が暴力団組員を逮捕」，読売新聞1992年11月25日東京朝刊・社会31頁「少年に入れ墨，彫り師らを逮捕／神奈川県警」，読売新聞1992年11月27日西部夕刊・夕社会15頁「少女に入れ墨 組員を逮捕／福岡県警」，読売新聞1993年1月10日西部朝刊・社会27頁「少年に入れ墨の組長ら4人逮捕／福岡県警」，朝日新聞1993年2月2日朝刊・1社23頁「女子中学生に入れ墨彫る？ 大阪，暴力団組幹部ら逮捕【大阪】」，朝日新聞1993年3月4日朝刊・茨城「少年に入れ墨施した容疑者を逮捕 改正県条例を初適用／茨城」，朝日新聞1993年6月11日朝刊・兵庫「少年に入れ墨 愛護条例違反容疑で山東町の男を逮捕／兵庫」，朝日新聞1994年7月1日朝刊・兵庫「中学生に入れ墨 少年2人を送検 県警少年課と佐用署／兵庫」，朝日新聞1995年1月12日朝刊・1社31頁「女子中生に入れ墨 容疑の彫師を送検 神戸【大阪】」，朝日新聞1995年4月12日朝刊・兵庫「女子中学生に入れ墨 神戸地裁，組員の彫師に実刑判決／兵庫」，朝日新聞1995年9月28日朝刊・静岡「少年に入れ墨をした二人を県条例違反の疑いで逮捕 清水署／静岡」，読売新聞1996年8月20日西部夕刊・夕社会「16歳少年に入れ墨した容疑者を逮捕 福岡県条例改正初適用」，読売新聞1996年8月23日西部夕刊・夕社会13頁「入れ墨 逮捕の容疑者，少女ら4人にも『修復大変』と県警が注意／福岡」，朝日新聞1996年8月29日朝刊・神奈川「少女に入れ墨をした疑いで彫師の男逮捕 港北署／神奈川」，朝日新聞1996年8月31日朝刊・福岡「別の少年にも入れ墨した疑いで容疑者を再逮捕 折尾署／福岡」，朝日新聞1997年1月31日朝刊・岐阜「少年に入れ墨をした疑い 県警と中津川署／岐阜」，読売新聞1997年3月26日西部夕刊・夕社会7頁「少年3人に入れ墨彫る 容疑の兄弟逮捕／福岡県警」，読売新聞1997年4月11日東京夕刊・夕社会19頁「小6女児に入れ墨施す 無職男を書類送検／岡山県警」，読売新聞1997年4月22日西部朝刊・2社26頁「未成年に『般若』，入れ墨師を逮捕 県条例違反容疑／福岡県警」，朝日新聞1997年6月18日朝刊・広島「少女に入れ墨，容疑の男逮捕 県警少年課と広島中央署／広島」，朝日新聞1997年8月9日朝刊・神奈川「県条例違反の容疑で入れ墨師逮捕・送検 16歳の注文受ける／神奈川」，朝日新聞1997年10月29日朝刊・滋賀「少年に入れ墨，彫物師を逮捕 条例違反容疑で八日市署／滋賀」，朝日新聞1997年11月12日朝刊・静岡「男子中学生らに入れ墨をした疑い 静岡中央署，組員ら2人逮捕／静岡」，朝日新聞1997年12月16日朝刊・鹿児島「中3に入れ墨，容疑の男逮捕 串木野署／鹿児島」，朝日新聞1998年3月5日朝刊・鳥取「未成年者に入れ墨 青少年条例違反，とび職の男性逮捕 米子署／鳥取」，朝日新聞1998年11月10日朝刊・長崎「生徒に入れ墨容疑の店主逮捕 県警と諫早署／長崎」，朝日新聞1998年11月14日朝刊・愛媛「少年に入れ墨入れた男逮捕 保護条例違反容疑 松山東署／愛媛」，朝日新聞1998年12月2日朝刊・長崎「高校生らに入れ墨，3少年を書類送検 条例違反容疑で県警／長崎」，読売新聞1999年4月28日西部朝刊・熊北28頁「中高生に入れ墨入れた容疑 大工を逮捕 熊本東署＝熊本」，朝日新聞1999年5月14日朝刊・愛媛「少年に入れ墨を入れた容疑者逮捕 今治署／愛媛」，読売新聞1999年8月4日西部朝刊・社会27頁「少女に入れ墨 北九州市の容疑者逮捕 大分・中津署」，読売新聞1999年9月17日東京朝刊・茨城東37頁「中3女子に入れ墨 土浦署，容疑の彫り師を逮捕＝茨城」，読売新聞1999年9月29日大阪朝刊・丹波セ28頁「女子高生らに入れ墨 トラック運転手らを逮捕 府警少年課と九条署＝京都」，読売新聞1999年10月2日大阪朝刊・京市内35頁「16歳少年に入れ墨させる 容疑者2人を府条例違反で逮捕＝京都」，朝日新聞2000年3月14日朝刊・道内地域版「女子高校生の背中に入れ墨，容疑者の男性逮捕 札幌中央署／北海道」，読売新聞2000年4月19日西部朝刊・熊北「少女に入れ墨，暴力団組員逮捕 熊本市＝熊本」，読売新聞2000年8月2日東京朝刊・横浜24頁「中3女子の腕に『ねずみ』入れ墨師を逮捕 保護育成条例違反の疑い＝神奈川県」，読売新聞2000年8月26日中部朝刊・岐阜28頁「少女に入れ墨 岐阜市の22歳を逮捕＝岐阜」，読売新聞2001年1月27日東京朝刊・茨城東32頁「少年に入れ墨 那珂署，組幹部ら逮捕＝茨城」，読売新聞2001年2月16日東京朝刊・茨城東32頁「高校生に入れ墨，小川の彫り師逮捕＝茨城」，読売新聞2001年2月21日東京朝刊・茨城東34頁「少年に入れ墨彫った疑い 水戸の彫り師を逮捕＝茨城」，朝日新聞2001年6月20日朝刊・神奈川1・31頁「少女に入れ墨をした疑いで逮捕 県警少年課・磯子署／神奈川」，読売新聞2001年9月15日大阪朝刊・セ和歌31頁「女子中生の腕に入れ墨 県条例違反容疑で19歳女を逮捕＝和歌山」，朝日新聞2001年9月25日朝刊・和歌山1・21頁「18歳未満の入れ墨は県条例違反の犯罪！ 県警が注意喚起／和歌山」，朝日新聞2001年10月20日朝刊・北海道1・29頁「少女に入れ墨をした疑いで逮捕 苫小牧署／北海道」，朝日新聞2003年5月17日朝刊・愛媛1・28頁「少年に入れ墨，容疑で彫り師逮捕／愛媛」，朝日新聞2003年8月13日朝刊・北海道1・23頁「少年に入れ墨『かっこいいべ』と勧誘 容疑の組員逮捕／北海道」，朝日新聞2003年10月11日朝刊・1社会37頁「中1に入れ墨，青少年条例違反容疑で18歳逮捕 北九州【西部】」，朝日新聞2004年10月13日朝刊・徳島1・32頁「17歳に入れ墨，彫り師を逮捕 青少年条例違反の容疑／徳島」，朝日新聞2005年2月9日朝刊・1社会35頁「中3少女に入れ墨『桜吹雪』 福岡県条例違反容疑で彫り師を逮捕」，朝日新聞2005年7月2日朝刊・徳島全県・1地方28頁「少年に入れ墨の男を書類送検 容疑で池田署／徳島県」，朝日新聞2005年7月12日朝刊・広島1・1地方32頁「少年に入れ墨を彫った疑いで逮捕 広島中央署／広島県」，朝日新聞2005年9月28日朝刊・静岡・1地方29頁「17歳に入れ墨，容疑の男逮捕 静岡／静岡県」，朝日新聞2005年11月16日朝刊・茨城首都圏・1地方33頁「中学生に入れ墨をした疑いで男を逮捕 水戸署／茨城県」，朝日新聞2006年1月17日朝刊・三重・1地方27頁「中学生に入れ墨の疑い 松坂／三重県」，読売新聞2006年2月7日中部朝刊・社会37頁「少女に『入れ墨容疑』男女逮捕 改正育成条例を初適用／愛知県警」，朝日新聞2006年8月4日朝刊・2道24頁「少女に入れ墨容疑で逮捕 苫小牧／北海道」，朝日新聞2006年9月12日朝刊・愛媛全県・地方28頁「18歳未満に入れ墨容疑で逮捕 松山／愛媛県」，読売新聞2006年12月1日東京朝刊・石川29頁「女子高生に入れ墨 健全育成条例違反容疑でブラジル人逮捕＝石川」，朝日新聞2007年1月26日朝刊・福岡・1地方23頁「少女に入れ墨を彫った疑いで逮捕／福岡県」，朝日新聞2007年2月9日朝刊・福岡・1地方19頁「少女に入れ墨，容疑で組員逮捕 朝倉／福岡県」，朝日新聞2007年9月5日朝刊・広島1・1地方20頁「少年らの背中に入れ墨 健全育成条例違反，施した男容疑で逮捕 世羅／広島県」，読売新聞2008年2月27日大阪朝刊・岡山35頁「少年に入れ墨彫る 組員ら逮捕＝岡山」，読売新聞2008年4月23日東京朝刊・仙台35頁「16歳に入れ墨した疑い 仙台の経営者逮捕＝宮城」，朝日新聞2009年2月27日朝刊・1社会31頁「中学生に鳳凰・竜の入れ墨 愛知県警中署，条例違反容疑で彫り師逮捕【名古屋】」，朝日新聞2009年4月17日朝刊・1社会35頁「17歳の少女に入れ墨した疑い 相模原の彫り師逮捕」，朝日新聞2009年9月30日朝刊・筑後・1地方35頁「ひったくった金で入れ墨 少年に彫った容疑の男逮捕 久留米／福岡」，朝日新聞2009年10月11日朝刊・筑後・1地方29頁「入れ墨を彫る場所，提供容疑で再逮捕 久留米署／福岡県」，読売新聞2011年9月20日大阪朝刊・愛南予33頁「高校生に入れ墨 容疑の男を逮捕＝愛媛」，読売新聞2011年11月11日西部朝刊・鹿児35頁「女子中学生に入れ墨の疑いで逮捕＝鹿児島」，朝日新聞2012年6月7日朝刊・三田1・1地方29頁「中1女子の腕に入れ墨した容疑で19歳を逮捕 丹波署／兵庫県」，読売新聞2013年9月18日西部朝刊・福岡33頁「中学生に入れ墨の容疑＝福岡」，読売新聞2013年11月22日西部朝刊・宮崎32頁「少年に入れ墨を施した疑い＝宮崎」，読売新聞2014年10月23日東京朝刊・埼玉南33頁「女子高生に入れ墨容疑＝埼玉」，読売新聞2015年2月24日東京朝刊・埼玉南33頁「17歳に入れ墨した容疑＝埼玉」，読売新聞2015年3月

26日西部朝刊・福岡35頁「未成年と知りつつ入れ墨をした疑い＝福岡」，朝日新聞2015年5月1日朝刊・湘南・1地方23頁「入れ墨の彫り師を少年に紹介した疑い 茅ヶ崎の女を書類送検／神奈川県」，読売新聞2015年12月3日西部朝刊・福岡26頁「少年に入れ墨した男を逮捕＝福岡」，朝日新聞2017年1月11日朝刊・三河・1地方23頁「少年に入れ墨をした疑い，否認／愛知県」，読売新聞2017年2月22日東京朝刊・静岡33頁「16歳少女に入れ墨 容疑の会社員逮捕＝静岡」，読売新聞2017年9月15日東京朝刊・石川25頁「少年に入れ墨した疑い＝石川」，読売新聞2018年2月6日東京朝刊・仙台35頁「16歳に入れ墨の疑い＝宮城」，朝日新聞2018年5月5日朝刊・大分全県・1地方27頁「少女に入れ墨した疑い／大分県」，朝日新聞2018年10月3日朝刊・広島1・1地方24頁「少年に入れ墨をした疑いで男を逮捕／広島県」，朝日新聞2019年9月6日朝刊・長崎全県・1地方27頁「少女に入れ墨した疑いの男性不起訴／長崎県」，朝日新聞2020年2月27日朝刊・石川全県・1地方23頁「18歳未満の少年に入れ墨の疑い／石川県」。

57）暴力団員による不当な行為の防止等に関する法律の一部を改正する法律（平成5〔1993〕年5月12日法律第41号）については，内藤浩文「暴力団員の離脱及び社会復帰を促進するための暴力団対策法の一部改正」警察学論集46巻8号（1993年）84頁以下，吉田英法「暴力団対策法の改正」ジュリスト1029号（1993年）83頁以下参照。

58）吉田・前掲注57）86頁。

59）「第126回衆議院地方行政委員会議録第7号平成5年4月6日」6頁。

60）前掲注59）6頁。

61）読売新聞1990年3月10日東京朝刊・社会31頁「アートメイキング美容 医師法違反で初の有罪 針で色素注入は危険／東京地裁」，朝日新聞1995年9月2日朝刊・宮城「医師法違反の疑いでメイク業者を書類送検 無免許で治療／宮城」，読売新聞2007年2月9日東京朝刊・多摩33頁「無資格で入れ墨 エステ経営者を書類送検 町田署＝多摩」，読売新聞2010年6月1日東京朝刊・2社34頁「エステで入れ墨メーク 経営者ら書類送検 医師資格なし」，読売新聞2010年7月9日大阪朝刊・社会37頁「彫り師 医師法違反で兵庫県警逮捕へ 元組員らに入れ墨」，読売新聞2010年7月11日大阪朝刊・2社30頁「無資格で入れ墨 容疑の彫り師逮捕 麻酔薬入手経路追求」，読売新聞2010年8月17日大阪夕刊・夕2社12頁「医師法違反容疑の入れ墨彫り師不起訴」，朝日新聞2010年8月18日朝刊・神戸・1地方21頁「無資格医業容疑，彫り師起訴猶予 神戸地検明石支部／兵庫県」，読売新聞2010年9月25日大阪朝刊・広島29頁「無資格で入れ墨 容疑の男再逮捕 広島南署＝広島」，読売新聞2010年10月16日大阪朝刊・広島35頁「無資格で入れ墨の彫り師 医師法違反では不起訴＝広島」，朝日新聞2014年6月10日鹿児島全県・1地方35頁「『アートメーク』無資格施術容疑 エステ経営者を書類送検／鹿児島県」，読売新聞2014年11月12日東京朝刊・静岡33頁「[焦点] 無資格アートメイク 横行 摘発相次ぐ 健康被害の相談増加＝静岡」，読売新聞2015年2月5日西部朝刊・熊北31頁「無資格で入れ墨の疑い＝熊本」，朝日新聞2015年2月28日朝刊・熊本全県・1地方33頁「『彫り師』男性，不起訴処分に 医師法違反容疑／熊本県」，読売新聞2015年8月26日大阪朝刊・市内35頁「入れ墨 無資格施術＝大阪」，読売新聞2015年11月26日大阪朝刊・2社38頁「医師免許なくタトゥー施術 経営者ら容疑で逮捕」，毎日新聞2017年9月28日東京夕刊14頁「入れ墨：『医療行為』彫り師に有罪判決 大阪地裁」，朝日新聞2017年10月6日朝刊・京都市内・1地方27頁「入れ墨の彫り師，医師法違反容疑で逮捕／京都府」，毎日新聞2018年11月15日大阪朝刊27頁「入れ墨：『非医療行為』彫り師，逆転無罪 大阪高裁『歴史的風俗』」，毎日新聞2018年11月28日東京朝刊26頁「入れ墨：無罪判決 検察側が上告」，読売新聞2020年9月18日東京朝刊・社会31頁「タトゥー『非医療行為』最高裁初判断 彫り師無罪確定へ」，朝日新聞2020年9月18日朝刊・3社会33頁「タトゥー『医療でない』『美術的な意義』最高裁上告棄却」。

62）アートメイクによる健康被害に関しては，独立行政法人国民生活センター「アートメイクの危害」（平成23〔2011〕年10月27日公表）（http://www.kokusen.go.jp/pdf/n-20111027_1.pdf）［2019年7月9日閲覧］参照。

63）読売新聞1990年3月10日東京朝刊・社会31頁。

64）「医師法上の疑義について」（平成12年7月13日付け医事第68号厚生省健康政策局医事課長通知），「医師免許を有しない者による脱毛行為等の取扱いについて」（平成13年11月8日付け医政医発第105号厚生労働省医政局医事課長通知）。

65）読売新聞2010年7月9日大阪朝刊・社会37頁。

66）朝日新聞2010年8月18日朝刊・神戸・1地方21頁によると，神戸地検明石支部は，明石署に逮捕された彫り師を，2010年8月9日付けで不起訴処分（起訴猶予）にしたが，起訴猶予とした理由を明らかにしていない。読売新聞2010年10月16日大阪朝刊・広島35頁によると，広島県青少年健全育成条例違反容疑で逮捕された彫り師が，医師法違反容疑で再逮捕されたが，広島地検は，同条例違反での罰金30万円の刑が確定し，再逮捕容疑の中に刑が確定した少女への入れ墨を含むため，同彫り師について医師法違反では不起訴処分にした。朝日新聞2015年2月28日朝刊・熊本全県・1地方33頁によると，熊本県警に医師法違反容疑で逮捕された自称彫り師について，熊本地検は，「諸般の事情を考慮したため」との理由で不起訴（起訴猶予）処分とした。

67）毎日新聞2017年4月21日大阪夕刊・社会9頁。

68）一般社団法人日本タトゥーイスト協会ウェブサイト（https://tattooist.or.jp/）［2020年9月21日閲覧］。

第2章
タトゥー施術規制の法問題

タトゥー施術規制をめぐる憲法問題

曽我部真裕

Ⅰ　はじめに

本書が企画される端緒となった大阪の彫り師が医師法17条違反で起訴された事件につき，筆者は，1審（大阪地判平成29・9・27判時2384号129頁）段階から弁護団の議論に参加をし，また，控訴審段階で意見書を提出している[1)]。大阪高裁（大阪高判平成30・11・14判時2399号88頁）は，タトゥー施術業は「医業」に該当しないという医師法解釈に基づき無罪判決を導いたが，いわば傍論として職業の自由（22条）との関係も詳細に判断し，「医業」にタトゥー施術業を包含するような解釈適用によると，「憲法が保障する職業選択の自由との関係で疑義が生じる」として，実質的な違憲判断を行っている。この判決の憲法論は筆者の意見書を踏まえた弁護人の主張を相当程度取り入れている関係上，筆者は，高裁判決を肯定的に評価する立場にあることを示した上で，本稿では，医師法17条によってタトゥー施術業を規制することの憲法上の問題点について，職業の自由との関係を中心に述べることとする。

なお，本稿の校正中に最高裁決定（最決令和2・9・16裁判所ウェブサイト）が出されたが，同決定に対する言及は本稿末尾の【付記】で行うこととし，本文は高裁判決の段階での検討であることをお断りしておく。

Ⅱ　適用審査とそのあり方

医師による医業独占を定める医師法17条が一般に違憲であるとは考えられないので（もっとも，「医業」の定義の仕方については問題がある），本件の憲法上の争点は，医師法17条そのものが全体として違憲となるか否かということではなく，タトゥー施術業を行った者を医師法17条違反で処罰することが憲法上許されるかどうかという点である。したがって，裁判所の違憲審査の対象は，医師法17条のうちタトゥー施術業に適用される部分であり，つまりは適用審査が行われるべきこととなる。その結果，違憲判断が得られたとしても，医師法17条が全体として違憲となるわけではない。

適用審査の具体的な方法については，近年，憲法学説に進展が見られる[2)]。最近の学説によれば，まず，適用審査は，処分審査とは異なり，法令審査の一種である。すなわち，法令の規定のうち当該事案類型に適用される部分の合憲性を審査するもので，処分ではなく法令自体の憲法上の瑕疵を審査するものであるから，法令審査である。

そこで，適用審査も，法令審査と同様，例えば，目的手段審査によって行われるものとされる。すなわち，①当該訴訟事件で問題化した具体的事実類型（適用事実類型）に適用される法令部分が，②立法目的と本当に適合しているか（立法目的の実現を促進するか。適合性＝合理性），③立法目的の実現にとって本当に必要か（必要性）が審査される[3)]。

以上を踏まえると，前提として，本件の適用事実類型をどのように構成するかが問題となる。本件では，一応，①医療関連性がないが医師が行うのでなければ保健衛生上危害を生ずるおそれのある行為，とするか，②タトゥー施術行為とするかが考えられる。具体的な事実関係を基礎とした判断を行うところに適用審査の強みがあるとすれば，本件では，高裁判決と同様，②で考えるのが妥当だろう。①については，むしろ，事案から出発する適用審査ではなく，法令一般審査の観点に親和的である。こうした審査を行う場合には，むしろ合憲限定解釈（本件では合憲限定解釈が可能であることは明らかであり，部分違憲という選択肢はないだろう）に向かうことになろう。

ところで，②に含まれる行為にも様々なものがあり，少なくとも，(a)暴力団員等にタトゥーを施術する行為と，(b)本件のようないわゆるファッションタトゥー，すなわち，一般人の依頼に応じてタトゥーを施術する行為とが社会通念上区別可能である。(a)と(b)とでは，社会通念上の評価が大きく異なりうる。この点が憲法上の評価にどのように影響するかについては，基本権としての保障の程度で考慮される可能性があり，(a)は反社会的な行為として保障の程度が低い，さらには保護範囲外にあるとされる可能性があるかもしれない[4)]。

仮にこのような見解をとるとしても，本件で問題となっているタトゥー施術業はそのような職業には当たらず，違憲審査基準が緩和されることはない。すなわち，たしかに，従来，入れ墨は暴力団員が行うものという社会通念が存在し，また，こうした社会通念を反映して，各都道府県の定める青少年保護条例において青少年に入れ墨を施すことを禁止したり，入浴施設への入場が拒否されたりといった，入れ墨ないし入れ墨を施した人物を否定的に見る事例が広く存在する。このような入れ墨の施術業については職業選択の自由としての保障の程度が低いものと見る余地があるいはあるかもしれない。

しかし，本件被告人が施術していたようなタトゥーは，技術的には従来の入れ墨と共通性があることは確かであるが，職業として捉えた場合，社会通念上，従来の入れ墨とタトゥーとは明確に異なるものであることは，1審での審理の際に現れた各種の証拠から明らかであろう。タトゥー施術を依頼する客の動機は，ファッション感覚の軽いものから，家族の思い出や信念を自らの身体に刻み込むためといった切実なものまで様々であるが，これらの動機が健全なものであることには疑いがなく，これに応えるタトゥー施術業は社会通念上正当な職業活動であって，職業選択の自由の完全な保障を受けるべきものである。したがって，保健衛生上の危険性を理由とする規制が問題となっている本件ではとりわけ，意識的にでも無意識的にでも，タトゥー施術業に対する価値的な評価を判断に混入させることのないように留意しなければならない。

高裁判決も，「昨今では，若者を中心にファッション感覚から，あるいは，個々人の様々な心情の象徴として，タトゥーの名の下に入れ墨の施術を受ける者が以前よりも増加している」。こうした状況について反社会的な要素は一切ないのであって，これも高裁判決が述べる通り，「タトゥー施術業は，反社会的職業ではなく，正当な職業活動であって，憲法上，職業選択の自由の保障を受ける」べきものである。そして，この判示の趣旨は，タトゥー施術業は，他の一般的な諸業種と同水準の保障を受けるというものであるはずである。

Ⅲ　資格制に関する違憲審査のあり方

次に，違憲審査の枠組みないし審査基準の設定の問題である。この点については，1審判決も高裁判決も，薬事法判決（最大判昭和50・4・30民集29巻4号572頁）の審査基準に依拠している。すなわち，規制が「重要な公共の利益のために必要かつ合理的な措置であることを要する。また，［……］職業の自由に対するより緩やかな制限によってはその目的を十分に達成することができないと認められることを要する。」というものである。

この点については，本件で問題となったのは資格制であり，薬事法判決で違憲とされた許可制とは異なり，いわゆる主観的な条件による制限であるため，より緩やかな審査基準が妥当するのではないかという問題がある。実際，最高裁でも，司法書士法事件（最判平成12・2・8刑集54巻2号1頁）では，特に立ち入った審査をせずに簡単に合憲としている[5)]。この点について，1審判決には特に言及がなく，高裁判決でも審査基準の設定の理由は特に述べられていないが，別の箇所で，「医師の免許制は，各種の資格制の中でも相当に厳しい制限といえる。」，「彫り師にとっては禁止的ともいえる制約になることは明らか」と述べており，こうした認識が上記の審査基準の採用及び具体的な判断に反映していることは間違いない。そして，主観的な条件による制約と客観的な条件による制約との区別が，制約の強度と対応しているかは疑問である以上，こうした判断は妥当だと考える。

もっとも，さらに考えてみると，一般論としては，資格制を設けるにあたって立法裁量を認める余地もあるように思われる。すなわち，資格制，とりわけ業務独占を伴うそれが導入されるのは，その資格が扱う業務に専門性が要求され，専門性なくして当該業務を行うと弊害が生じるということによる。しかし，業務独占の対象となる行為のすべてにそのような弊害があるわけではない。また，正式な資格はなくとも実質的には専門的な技量を有する者も存在しうる。

そこで，資格制は，当該業務から生じうる直接的な弊害又はそのおそれだけが理由なのではなく，業務監督の必要性等，別の理由にも支えられている[6]。そこには，業務独占の範囲などにつき，一定の政策的配慮も認められうるのであり，こうしたことからすれば，資格制については，個々の事件で問題となった行為の危険性を取り出して審査対象とし，より緩やかな規制手段の有無を問うという審査手法が通用しない場合があると言わざるを得ない[7]。例えば，コンタクトレンズ処方のための検眼行為は医行為であるとされている（最決平成9・9・30刑集51巻8号671頁）。この判断については，次のような説明ができるかもしれない。すなわち，簡易な操作で正確な測定が可能な装置が普及していることからすれば，誰にでも安全・正確にできる行為のように思われるが，当該行為を医行為に含めることが合憲だとすればその理由は，医師免許取得が極めて高い（「禁止的な」）ハードルであり，その行為だけを捉えてみれば医師の技量が必ず必要とは言えないとしても，検眼行為を医療行為のプロセスの不可欠な一部と位置づけることが不合理とは言えないからだ，と。

一般に，主観的な条件による制約と客観的な条件によるそれとは，本人の意思や努力で克服できるかどうかという点で区別されると言われることが多いが，本質的には以上に述べたような理由が重要なのではないか。

さて，このように考えてみると，本件でも，薬事法判決の審査基準を用いるべきかということが改めて問われる。本件の特殊性は，結局のところ，タトゥーの施術が，常識的な意味でも，医師の養成課程や歴史的な経緯からも，医師の業務範囲に含まれるとは到底考えられないというところにある。そうすると，資格制に関する上記のような考慮は不要であり，薬事法判決において許可制が「職業の自由に対する強力な制限」とされたのと同様，彫り師の職業の自由に対する禁止的な制約として，同判決の基準で審査すべきことになり，結局，高裁判決の判示は妥当だと考える。

Ⅳ　本件における適用審査

以上を前提として本件について検討する。

まず，医師法17条の目的についてであるが，同条は，①業務規制としての側面と，②医療安全のための一般的行為規制としての側面とを有する複合的な規定である[8]。そこからすると，同条の目的は，おおよそ，(a)医療及び保健指導に関する業務が少なくとも抽象的に生命・健康に対する危険性を有することに鑑み，こうした業務に関して高度な専門的な知識・技能を有する者の少なくとも監督下に委ねることを担保すること，及び，(b)生命・身体に対して一定程度以上の危険性のある行為について，高度な専門的な知識・技能を有する者に委ねることを担保し，医療及び保健指導に伴う生命・健康に対する危険を防止すること，といったものとなると思われる。

そこで，こうした目的と，医師法17条によりタトゥー施術業を規制することとの間に目的・手段の関連性があるかどうかの検討が求められることになる。もっとも，すでに論じたように，そもそもタトゥー施術業はおよそ医療関連性を欠くため，立法目的の中に医療の安全が含まれている限りですでに目的・手段の関連性（とりわけ，いわゆる適合性[9]。）が欠けるのではないかとも思われる。このことは結局のところ，タトゥー施術業が医業に含まれないことと表裏の関係にあり，このことはすでに論じたので，ここではこの点は措き，上記の立法目的を生命・健康の安全確保を中心に理解した上で強引に目的・手段の関連性の検討を進めることとする。

(a)との関係では，業務という観点からは，タトゥー施術業は医療・保健指導とはおよそ異なる業務であるから，(a)との関係でタトゥー施術業を規制することには目的と手段との関連性が全く見られない。

また，(b)との関係では，タトゥー施術業が，医療・保健指導に関する広く深い専門知識・技能を有する医師という資格を有する者によって行われなければ安全に行われ得ないかが問題となるところ，以下に述べる通り，そうとは言えないだろう。

タトゥーには1審判決が指摘するようなアレルギーや感染症等の危険が伴うことは確かである。しかし，1審判決は，こうした危険性があることから直ちに，「入れ墨の施術に当たり，その危険性を十分に理解し，適切な判断や対応を行うためには，医学的知識及び技能が必要不可欠である。よって，本件行為は，医師が行うのでなければ保健衛生上危害が生ずるおそれのある行為である」，「営業の内容及び態様に関する規制では十分でなく，医師免許の取得を求めること以外のより緩やかな手段によっては，上記目的を十分に達成できない」としているが，賛成できない。

まず，1審判決は，「営業の内容及び態様に関する規制では十分ではな」いということの論証が不十分である。確かに，医師に独占させれば健康に関わる事故の件数は減少するかもしれないが[10]，より緩やかな規制のもとでも社会的に許容できる水準の安全性を確保することは十分に可能である。この点については薬事法判決の次のような判示が重要である。

> もっとも，法令上いかに完全な行為規制が施され，その遵守を強制する制度上の手当がされていても，違反そのものを根絶することは困難であるから，不良医薬品の供給による国民の保健に対する危険を完全に防止するための万全の措置として，更に進んで違反の原因となる可能性のある事由をできるかぎり除去する予防的措置を講じることは，決して無意義ではなく，その必要性が全くないとはいえない。しかし，このような予防的措置として職業の自由に対する大きな制約である薬局の開設等の地域的制限が憲法上是認されるためには，単に右のような意味において国民の保健上の必要性がないとはいえないというだけでは足りず，このような制限を施さなければ右措置による職業の自由の制約と均衡を失しない程度において国民の保健に対する危険を生じさせるおそれのあることが，合理的に認められることを必要とするというべきである。

この部分の判示は，比例原則に基づき，「開業場所の地域的制限は，実質的には職業選択の自由に対する大きな制約的効果を有する」ことを前提に，規制の必要性（より緩やかな規制手段の有無）を強く問うたものである。本件の規制の合憲性の判断においても，同様の強さで必要性が判断されるべきであろう。

そうすると，タトゥー施術業に医師免許を要求することはタトゥー施術業に参入することに禁止的と言ってよい強い制約となる一方で，医師免許を要求しなくても社会的に許容できないほどの危険性が生じているわけではないことから，本件では規制の必要性が否定され，より緩やかな規制手段が存在するとして違憲判断をすべきである。以下，若干の敷衍を行う。

まず，医師免許を要求することはタトゥー施術業にとって禁止的とも言える強い制約である。

他方，医師免許を要求しなくても社会的に許容できないほどの危険性が生じているわけではないことについては，現状においても，タトゥー施術に関わる事故はほとんど認知されておらず，タトゥー施術の安全性に対する懸念は少なくとも顕在化はしていないと言える。

また，潜在的な危険性については，次のように考えられる。すなわち，タトゥーには1審判決が指摘するようなアレルギーや感染症等の危険が伴うことは確かであるが，彫り師に対して一定の教育・研修を行い（場合によっては医師よりは軽易な資格制度のもとにおかれ），また，施術設備，器具の衛生状態や施術前後の手順に関する基準に従って相応の注意を払っていれば危険性は大きく低下するはずである。もちろん，このような注意を払っていたとしても事故が生じる可能性は皆無ではないが，これは医師による場合であっても同じであり，医師法17条によって確保しようとしているのは一般的な安全性である。一般的安全性が社会的に許容できる水準で確保されることが立法目的なのであるから，教育を受けた彫り師が相応の注意を払った場合に，事故の発生確率から見て一般的な安全性が確保されているといいうるのであれば，立法目的に照らして医師免許を要求する場合よりも緩やかな規制手段がある（医師免許を要求することが必要性に欠ける）と言えることになる。

また，詳細は本書第3章で紹介されるが，米国ニューヨーク州では許可制，英国や米国カリフォルニア州では登録制，ドイツやフランスでは届出制となっているなど，海外主要国ではタトゥー施術業に医師免許を要求している例はないことからも，医師免許を要求することに必要性がないことが傍証されるであろう。

なお，薬事法判決の事例は，薬局等の業務に関する規制が存在した上で，許可制が過剰な規制であるとして違憲とされたものであって，後者が違憲無効とされてもなお前者の規制は残存する。これに対して本件では，彫り師の資格制や届出制は日本には存在せず，医師免許を要求する規制が違憲だとされれば何らの規制も残らない状態となる。しかし，少なくとも本件ではこの点を重視する必要はなく，医師免許を要求する規制に必要性があるか否かを端的に判断すればよい。

ところで，コンタクトレンズの処方のために行われる検眼等の危険性がそれほど高くない行為も医行為に含まれるとされ，その合憲性が疑われていない（最決平成9・9・30刑集51巻8号671頁）のだから，タトゥー施術を医行為だとしても合憲ではないかという反論も予想される。

しかし，危険性がそれほど高くない行為が医行為に当たるとされるのは，むしろ，上述のところで検討対象から外した医業独占の観点（(a)の観点）からであり，タトゥー施術の場合には当てはまらない。

高裁判決は，以上のような立場を採用したものであって支持することができる。

V　LRA基準の適用について

そこで次に，この審査基準の適用についてである。この点につき，1審判決は医師免許を求めること以外のより緩やかな手段は存在しないとした一方で，高裁判決はこうした手段が存在するとし，手段の必要性に関して結論が分かれた。このような判断の相違には，違憲審査基準の適用に関する重要な問題が含まれていると感じるので，以下，この点について述べる。

必要性審査に類似し又はそれと同じものだと考えられる学説上の基準として，LRA基準がある。これは，一般には，同様の立法目的を達成することのより緩やかな手段の有無を問うものであると言われる。本稿ではこの関連で次の2点に注目したい。

第1に，LRA基準におけるLRAの明示の問題である。高裁判決は代替手段が存在するとしたが，具体的には，「我が国でも，彫り師に対して一定の教育・研修を行い，場合によっては届出制や登録制等，医師免許よりは簡易な資格制度等を設けるとか，タトゥー施術業における設備，器具等の衛生管理や被施術者に対する施術前後の説明を含む手順等に関する基準ないし指針を策定することなどにより，保健衛生上の危害の発生を防止することは可能」と，詳細に述べる。こうした判示の基礎となったのは，弁護人が詳細に調査した諸外国の立法例であり，諸外国ではタトゥー彫り師に医師免許を要求している例がないこと，及び，届出制や登録制といった簡易な資格制度が設けられていることから，代替手段として具体的に提示されたものである。憲法学説では，判決が代替手段を明示する必要があるかどうかが若干議論されてきているようであるが，次に述べる点との関係で，少なくとも原則としては，明示される必要があると考えておくべきではなかろうか。

第2に，LRA基準と比較衡量との関係である。1審判決は，「医師法17条は国民の保健衛生上の危害を防止するという重要な公共の利益の保護を目的とする規定である。そして，入れ墨の施術は，医師の有する医学的知識及び技能をもって行わなければ保健衛生上の危害を生ずるおそれのある行為なのであるから，これを医師免許を得た者にのみ行わせることは，上記の重要な公共の利益を保護するために必要かつ合理的な措置というべきである。また，このような消極的・警察的目的を達成するためには，営業の内容及び態様に関する規制では十分でなく，医師免許の取得を求めること以外のより緩やかな手段によっては，上記目的を十分に達成できないと認められる。」とする。

この判示は，一見するとLRAの有無をまともに審査せずに結論を出しているようにも見えるが，あえて善解するとすれば，次のような読み方ができるかもしれない。すなわち，医師法17条は，医師の有する知識・技能をもってでなければ達成できないような安全性を確保することを目的としており，医行為に該当する以上は医師によって対処させる以外の緩やかな手段は存在しないとした，と。

ある種の循環論法のようにも見えるが，可能な限り高い安全性確保が立法目的だとすれば，医師に独占させること以外の規制手段はないともいえる。実際，1審判決は，タトゥー施術の危険性を詳細に認定しており，このような発想に立っているものと思われる。しかし，本件については，こうした立論は直観的にはいかにもバランスを欠くようにも思われる。直観的には，安全性の水準と規制の程度を比較衡量したいところだが，この直観をどのように言語化するかが問題となる。

1つは，目的審査で考慮するという可能性である。しかしながら，どの程度の安全水準を目指すかについては立法裁量が認められると考えざるを得ない。特に生命・身体の安全確保のためということであれば，可能な限り高い安全性確保を目的とすることがそれ自体として目的審査をパスしないということは考えにくいようにも思われる。ただ，それほどの高い安全水準を目指すことが正当化されるほどの立法事実が求められるということは言いうる。とはいえ，目的審査の手法については未だとりわけ不明な点が多く，少なくとも現状では，きめ細かな判断を行うには不向きなように思われる。

目的審査をパスしてしまえば，医師免許を要求することは適合性・必要性を充たすということになり，薬事法判決の審査基準，あるいはLRA基準を充たすということになってしまう。安全性の水準と規制の程度との比較衡量の居場所をどこに見つければよいだろうか。

この点，ほかならぬ薬事法判決にヒントがある。薬事法判決は，薬事法や薬剤師法の規制を概観し,「これらはいずれも，薬事関係各種業者の業務活動に対する規制として定められているものであり，刑罰及び行政上の制裁と行政的監督のもとでそれが励行，遵守されるかぎり，不良医薬品の供給の危険の防止という警察上の目的を十分に達成することができるはずである。」とする。その上で,「不良医薬品の供給による国民の保健に対する危険を完全に防止するための万全の措置として，更に進んで違反の原因となる可能性のある事由をできるかぎり除去する予防的措置を講じることは，決して無意義ではなく，その必要性が全くないとはいえない。しかし，このような予防的措置として職業の自由に対する大きな制約である薬局の開設等の地域的制限が憲法上是認されるためには，単に右のような意味において国民の保健上の必要性がないとはいえないというだけでは足りず，このような制限を施さなければ右措置による職業の自由の制約と均衡を失しない程度において国民の保健に対する危険を生じさせるおそれのあることが，合理的に認められることを必要とする」と述べ，規制目的の達成度合いと被制約権利との比較衡量を導入している。

もっとも，薬事法判決は，薬局の適正配置規制によって防止されるような危険性はないという判断であり，この比較衡量は実際にはなされていないように思われる。本件では，彫り師に医師免許を要求することによって安全性が高まるという関係があること自体には異論はないだろうから，この比較衡量が本格的になされるべき事例だといえる。

しかし，高裁判決はこのような比較衡量を明示的には行わず,「より緩やかな規制の下でも社会的に許容できる水準の安全性を確保することは可能」という形で必要性ないしLRA審査の枠内で判断を行った。本件ではこのような処理で具体的妥当性が確保されると思われ，その意味で高裁判決は妥当だと考えるものの，審査基準論の一般論としてこの点をどのように位置づけるかは議論の余地があろう。

この点は，比例原則論においては，狭義の比例性の問題として位置づけられると思われるが，違憲審査基準論のいう目的手段審査においては居場所を見出しにくいように思われる。もっとも，従来，LRA基準において比較衡量が行われるという指摘もあったところで，この指摘がここでは興味深い[11)]。すなわち，LRA基準の判断において，典型的には，審査対象となっている規制手段と代替的な規制手段とで，規制の効果と基本権の制約度合いとを比較衡量するというものである。このような考え方を取れば，本件のような比較衡量はまさにLRA基準の審査においてなされるべきものとなる。妥当な考え方のようにも思われるが，しかし，結局のところ，比較衡量を導入することになり，三段階審査における狭義の比例性判断との相違が相対化されると同時に，「基準」と称することの意義が減殺されるようにも思われる。

以上に見たように，違憲審査基準の具体的な適用の仕方についてはさらに解明すべき点が少なくないように思われる。憲法学説は，違憲審査基準をいかに選択すべきかについては熱心に議論するものの，審査基準の構成要素をどう考えるか，審査基準をどのように適用すべきかということについては十分に議論しない傾向にあるように感じられる。その結果として，審査基準が使い勝手が悪いものにとどまっているのであれば，審査基準論が実務に受け入れられることも望めないのではないか[12)]。

Ⅵ　被告人の表現の自由との関係での合憲性

1　タトゥー施術と表現の自由

1審判決は，「入れ墨の危険性に鑑みれば，これが当然に憲法21条1項で保障された権利であるとは認められない。」と述べて，タトゥー施術が表現の自由の保護範囲に含まれないとした（なお，高裁判決では表現の自由との関係での判断はなされなかった。）。

しかし，危険性を根拠に表現の自由の保護範囲から除外される場合がありうることは否定できないが，それは表現そのものが脅迫罪を構成するような場合など，ごく例外的な場合であろう。表現の自由ではなく学問の自由に関するものだが同じく精神的自由の例として，原子力に関する研究がその危険性のゆえに学問の自由の保護範囲から除外されることがないことなどを想起すべきである。これまで述べてきたところからも明らかなように，タトゥー施術は一定の注意を払えば安全に実施可能なのであり，本件で問題となるのはこのような意味でのタトゥー施術の表現の自由該当性である。

タトゥー施術は，人の肌の上にメッセージ文言や絵柄を刻み込むものであって，思想や感情等の表明であると言え，表現の自由として保障されるものであると言える。タトゥーの内容は様々であるが，信念の表明と捉えることのできる文言や，芸術的な価値を有するモチーフである場合もしばしばあり，表現の自由の保障を十全に受けるべきものである[13)]。

人の肌の上に施術されるという特徴があるが，憲法は「一切の表現の自由」を保障しているのであり，この特徴はタトゥー施術を表現の自由の保護範囲外に置く理由とはならない。アメリカにおいては，タトゥーの施術行為とタトゥーそのものとをあわせて表現の自由の保障を受けるものとされているが，以上のところからすれば，日本でも同様に考えるべきである。

なお，タトゥーの施術は，彫り師とタトゥー施術依頼者（以下，「依頼者」という。）とが共同して行う表現と言いうる場合が通常である。すなわち，タトゥーは依頼者の身体に施されるものであるが，依頼者自身が施術することはできず，依頼者が彫り師と相談の上でタトゥーの内容を決定し，施術自体は彫り師によって行われるのである。こうした特徴はあるが，タトゥー施術への規制が被告人のような彫り師の表現の自由に対する制約となることには変わりはない。

2　医師法17条による表現の自由の制約の性格と違憲審査基準

医師法17条は，医業を行うにつき医師免許を要求する趣旨の規定であり，直接には職業選択の自由を制約するものである。本件で問題となる表現の自由の制約は，同条がたまたまタトゥー施術業に対して適用されることによって生じるものである。したがって，同条は表現の自由の制約を目的としているものではないことから，違憲審査基準の検討の際にも，先に職業選択の自由との関係での合憲性の検討の際に用いたものとは異なる考慮が必要となる[14)]。

この点，1審判決は，職業選択の自由に対する制約の合憲性審査の内容をそのまま援用して表現の自由（ただし，依頼者の表現の自由である。）との関係でも合憲であるとしているが，違憲審査基準のあり方としては妥当ではない。

表現規制を目的としていない規制が偶発的に表現の自由の規制に該当する場合には，当該規制の本来の目的との関係での目的手段審査を行い，仮にその観点からは合憲であったとしても，表現の自由を過度に制約する場合には規制は許されないと考えるべきである。

本件では，被告人の施術の技量は熟練したものであったこと，衛生面についても相応の配慮がなされていたこと，依頼者への説明もなされていたこと，健康被害が生じていなかったこと等の事情からは，被告人の行為は憲法上保護されるべきものと言え，それを処罰することは違憲といえ，この結論を避けようとする場合には違法性阻却により無罪判断を行うべきである。

Ⅶ　タトゥー施術依頼者との関係での合憲性

1　主張適格

タトゥー施術業を医師法17条の規制対象とすることは，依頼者の基本権との関係でも憲法上問題となる。この点に関する前提問題として，被告人が依頼者の基本権を援用できるかといういわゆる第三者の権利主張適格の問題がある。

最高裁は，適用審査を行わず，法令全体の合憲性を審査する法令一般審査の手法をとっていることとの関係もあり，少なくとも精神的自由が問題となる事案では，第三者の権利主張適格が制限されるとは考えていないようである[15)]。また，1審判決でもこの点は特に問題にされていない（なお，高裁判決では表現の自由との関係での判断はなされなかった。）。

実際，彫り師と依頼者との間には密接な関係があり，依頼者が独自に医師法17条の合憲性を争うことができず，問題となる依頼者の基本権が表現の自由や自己決定権であるといった本件の事情のもとでは，仮に第三者の権利主張適格が制限されるという従来有力な見解を前提としたとしても，例外的に主張適格が認められる場合に当たるだろう[16)]。

また，前述したように，表現の自由に関しては，彫り師と依頼者との共同行使であるといえることから，このことからも主張適格を認めるべきである。

2　本件で問題となる依頼者の基本権

依頼者が自らの身体にタトゥーを施す理由は，ファッション感覚に出るものから，より真摯な動機に基づくものまで様々である。また，タトゥーを施す身体の部位についても，着衣の状態で通常他人から見ることのできるような部位の場合もあれば，通常他人には見せないような部位の場合もある。

こうしたことから，タトゥーを施す行為の憲法的な評価は多元的なものとならざるを得ないが，主として，自己決定権及び表現の自由に含まれるものと考えることができる。

まず，自己の身体にタトゥーを施すことは，自己の身体に相当の永続性を持った刻印を施すという身体の処分に関する重大な選択であるという側面に着目すると，自己決定権として憲法13条で保障されると考えられる。このことは，例えば，本件の証人ともなった被告人の依頼者の1人が，父親の命日を身体に刻み込むことにより，亡き父親に対する深い愛情，哀悼の念を表していたように，真摯な動機からタトゥーを施す者も少なくないことからしても，自己の身体にタトゥーを施す行為は，自己決定権として保障されるにふさわしいものである。なお，自己決定権との関係では，どの部位にタトゥーを施すかは重要ではない。

次に，表現の自由として保障されるのは，通常他人から見ることのできるような部位に施す場合であろう。このような場合，基本的に，タトゥーの内容には関わらず表現の自由として保障されるというべきである。また，タトゥーの内容は多様でありうるが，自己の信念を示す文言であれば第三者にとっても表現であることは明瞭であり，また，文字ではなく絵柄の場合には芸術的表現の自由として保障されうるからである。なお，身体に施されているという点は特殊な事情ではあるが，憲法21条1項は「一切の表現の自由」を保障しているのであり，表現の自由として保障されるか否かの問題との関連でこの特殊性を考慮する必要はない。

以下では，医師法17条による自己決定権と表現の自由との制約の合憲性についてあわせて論じる。

3　医師法17条による制約の性格と違憲審査基準

彫り師の表現の自由のところで述べたのと同様に，医師法17条は，医業を行うにつき医師免許を要求する趣旨の規定であり，直接には職業選択の自由を制約するものである。本件で問題となる自己決定権や表現の自由の制約は，同条がたまたまタトゥー施術業に対して適用されることによって生じるものである。したがって，同条は自己決定権や表現の自由の制約を目的としているものではないことから，違憲審査基準の検討の際にも，先に職業選択の自由との関係での合憲性の検討の際に用いたものとは異なる考慮が必要となる。

職業選択の自由との関係でも，医師法17条をタトゥー施術業に適用する限りで違憲であるが，仮に職業選択の自由との関係では合憲であるとしても，自己決定権や表現の自由との比較衡量を行うべきである。ただ，本件の場合，職業選択の自由との関係では合憲だということは，生命・身体の安全という重要な法益保護のためにより緩やかな規制手段がないということを意味するのであるから，一般的に言えば，表現の自由との比較衡量を行っても，自己決定権や表現の自由が優越するとは言いにくいかもしれない。

しかしながら，この場合も，個別の事情によっては処分違憲又は実質的違法性の阻却が認められるべきである。自らの身体にタトゥーを施すことによって信念の表明等を行うことには表現の方法として代替する手段のない貴重な方法であること，また，彫り師によるタトゥー施術業が禁止的な制約を受けてしまえばほかにタトゥーを施す術がないこと，といった事情がある。他方で，安全性の観点との関係では，本件では依頼者はリスクを理解した上で施術を受けていること，相応の保健衛生上の措置がとられていたことといった事情を考慮すれば，処分違憲又は違法性阻却により無罪とする結論が妥当であろう。

Ⅷ　おわりに

最後に，その他の問題として2，3述べておきたい。

まず，1審判決が，タトゥー施術業を医業に当たると解釈をし，こうした解釈をしても，医師免許の取得を求めること以外のより緩やかな手段によっては立法目的を十分に達成できないから憲法に反しないとした背景には，現状ではタトゥー施術業に対する資格制度等が存在せず，医師法による規制がなければいわば野放しになってしまうという懸念があるいは存在したのかもしれない[17]。

しかし，このような政策的な考慮を巡らすことは司法の本来の役割ではない。特に本件では，タトゥー施術業を野放しとする結果になったとしても現状を維持するだけであり，そして，現状ではこれまで大きなトラブルは知られていないのであるから，新たな社会的な混乱が生じわけではなく，むしろ，タトゥー施術業に対する適切な立法を促す契機になる。判決内容において社会的な影響に配慮するよりは，純然たる法理的な判断によって結果的に行政府や立法府に問題提起を行うことが，裁判所の役割としてふさわしい[18]。

なお，政策的な考慮としても，1審判決は負の影響を及ぼしうることもあわせて指摘しておきたい。すなわち，医師法17条の規定そのものあるいはその解釈のあり方については，周知の通り，医療関連性を有する諸事例との関係で，医業の範囲が広すぎる等様々な問題点が指摘されているが，本件のように医療関連性のない事例にまで医業該当性を認めることにより，医業の概念の見直しの機運に水を差す負の影響を与えうる。

次に，高裁判決が付言において実質的な憲法判断（しかも違憲の判断）を行っていることの憲法訴訟論的な評価である。憲法訴訟における必要性の原則からすれば，こうした判断が許容されるかが問題となる。しかし，筆者としては，今回の憲法判断は許容されると考える。何よりも，本件では，当事者間で合憲性に関する主張がかなり詳細になされており，憲法判断をするに熟した状況があったといえるからである[19)]。また，上告によって違憲判断を覆すことも可能であり，違憲判断が確定するわけではない[20)]。むしろ，上告審に向けて判断材料を提供するという意義があろう。

最後に，医師法17条の法治主義との関係での問題性を改めて指摘しておきたい。同条の過剰包摂性の問題は，近年，医師法制定以降の医療関係技術の進歩と国民の間での医療知識の普及，及び，在宅医療の推進という動きの中で，様々な現実の問題として現れてきており，罪刑法定主義との関係でも問題が指摘される[21)]。それに加えて，広汎な医行為概念は，厚生労働大臣の裁量を広く認める結果となり，より広く，法治主義（憲法41条，73条6号等）の観点からも問題がある。実際，これまで医行為該当性が問題となった事例を見ると，医行為に該当しないという厚生労働省の通知が発出されて初めて公然と行うことができるようになっているということで，あたかも厚労省の許可制が敷かれているような様相を呈している。これは医師法17条からは想定されていない事態であろう。よりきめ細かい規定への見直しが求められる[22)]。

【付記】

(a) 2020年9月16日，最高裁第2小法廷は，本件について検察官からの上告を棄却する決定を行い，被告人の無罪が確定することとなった。本決定では，職権で医師法17条の解釈が示され，「医行為」ないし「医業」の概念には医療関連性の要件が必要であるとする高裁判決の解釈が妥当であるとされた。

多数意見では，この解釈は医師法の制度趣旨から導出されている。他方，裁判長である草野耕一裁判官の補足意見は，こうした解釈を採用しない場合の不都合を本件に即して指摘し，多数意見の解釈を補強している。すなわち，タトゥー施術行為に医師免許が要求されるとすれば，タトゥー施術を業として行う者が消失する可能性が高いところ，タトゥーには美術的価値や一定の心情ないし情念を象徴する意義を認める者もおり，タトゥー施術に対する需要そのものを否定すべき理由はないにもかかわらず，こうした需要が満たされない社会を強制的に作出することは，国民が享受し得る福利の最大化を妨げることになるという。

(b)　ここでいう「国民が享受し得る福利」は，高裁判決でも判断を避けられた「タトゥーを自らの身体に入れる者の表現の自由及び自己決定権」という憲法上の権利に関わるものだと言えそうだが，このような耳慣れない表現を使うことを通じて，憲法との関連性を極力薄めようとしたものだと考えられる。その意味で，本決定は名実ともに憲法判例とは言い難いが，本件での医師法17条はごく自然な解釈であり，憲法判断に踏み込まなかったことを批判することはできないだろう。

(c)　さて，医行為の解釈に戻ると，高裁判決が医行為の解釈のあり様について一般的な言明をしていなかったのに対し，本決定は，「ある行為が医行為に当たるか否かについては，当該行為の方法や作用のみならず，その目的，行為者と相手方との関係，当該行為が行われる際の具体的な状況，実情や社会における受け止め方等をも考慮した上で，社会通念に照らして判断するのが相当である」とした。医師による独占の範囲に含まれるかどうかを画する概念である医行為の意義をこのように具体的な状況に依存させて判断することの是非については，医事法学等の議論に委ねたい。いずれにしても，本文でも述べた通り，タトゥー施術行為については，医療関連性が明らかに認められないものであり，医行為に該当しないとした本決定の判断は当然に妥当である。

(d)　本件を通じて重要であった実質的な考慮は，タトゥー施術行為が医行為に含まれないとすれば，規制の空白が生まれてしまうということであった。本決定の補足意見は，この点に対応するために書かれたものであろう。そこでは，規制が相当であるならば新たな立法によってなされるべきことが指摘され，また，現行法上でも場合によっては傷害罪が成立しうることも確認されている。本決定の多数意見及び補足意見において，タトゥーの積極的な意義が間接的に認められているようにも思われる（例えば，多数意見は，「タトゥー施術行為は，装飾的ないし象徴的な要素や美術的な意義がある社会的な風俗として受け止められてきたもの」とする〔傍点筆者〕）。今後，立法によることになるのか自主規制になるのかは不明だが，このようなタトゥーの意義を踏まえた制度設計が求められる。

1）曽我部真裕「医師法17条による医業独占規制と憲法――タトゥー彫師訴追事件に即した検討」初宿正典先生古稀祝賀『比較憲法学の現状と展望』（成文堂，2018年）749頁。また，大阪高裁判決の評釈として，曽我部真裕「タトゥー施術行為に医師法17条を適用して処罰することは，職業選択の自由を侵害するおそれがあり，憲法上の疑義があるとされた事例」判例評論728号（2019年）2頁がある。本稿は，これらを基礎に，若干の加筆修正を行ったものである。

2）土井真一「憲法判断の在り方――違憲審査の範囲及び違憲判断の方法を中心に」ジュリスト1400号（2010年）51頁，山本龍彦「適用審査と適用違憲」曽我部真裕＝赤坂幸一＝新井誠＝尾形健編『憲法論点教室〔第2版〕』（日本評論社，2020年）42頁，駒村圭吾『憲法訴訟の現代的転回』（日本評論社，2013年）49頁，曽我部真裕「違憲審査の方法⑴」法学教室477号（2020年）78－80頁など。

3）以上につき，山本・前掲注2）44頁。

4）この点については厳密にはより立ち入った検討を要する。精神的自由については，道徳的な理由で規制を許容することが許されないことは少なくとも学説上は広く認められてきており，わいせつ物頒布等罪（刑法175条）について，「性的秩序を守り，最小限度の性道徳を維持すること」を理由として合憲としたチャタレイ事件判決（最大判昭和32・3・13刑集11巻3号997頁）には学説上強い批判がある。

他方で，経済的自由については，例えば売春防止法による売春業の規制には道徳的な理由が含まれていると見ざるを得ないが，この点については精神的自由の場合ほど強い批判は見られないものの，だからといって経済的自由においては道徳的理由による規制も許されるという明確なコンセンサスが学説上あるわけでもない。

5）松本哲治「薬事法距離制限違憲判決」論究ジュリスト17号（2016年）52頁は，主観的な条件による制約と客観的な条件によるそれとを区別する段階理論と司法書士法事件とが親和的であるとする。

6）この点については，曽我部・前掲注1）「医師法17条による医業独占規制と憲法」752－754頁参照。

7）資格制の合憲性審査の方法を論じるものとして，小山剛「職業と資格――彫師に医師免許は必要か」判例時報2360号（2018年）143－145頁。

8）この点については，曽我部・前掲注1）「医師法17条による医業独占規制と憲法」752－754頁参照。

9）「手段の適合性は，その手段が立法目的（規制目的）の実現を促進する場合に肯定される。」（小山剛『「憲法上の権利」の作法〔第3版〕』〔尚学社，2016年〕70頁）。

10）他方で，タトゥーが依頼者の希望通りに仕上がらないという別の意味での事故は増加しそうである。

11）藤井俊夫「違憲審査におけるLRAの基準」同『憲法訴訟の基礎理論』（成文堂，1981年）298頁，同「違憲審査におけるLRAの基準」千葉大学法学論集27巻1号（2012年）24－25頁，右崎正博「『より制限的でない他の選びうる手段』の基準」芦部信喜編『講座　憲法訴訟2』（有斐閣，1987年）231頁。これに対して，比較衡量が必要となるのはLRA基準の適用範囲を不当に拡大したからであるとするのが君塚正臣である（君塚正臣『司法権・憲法訴訟論（下）』〔法律文化社，2018年〕543頁）。なお，この点について自覚的に詳細に論じた論文として参考になるのが，伊藤健「違憲審査基準論の構造分析――違憲審査基準の『構成要素』という視点から」（京都大学大学院法学研究科博士論文，2019年）である。未公表の論文に依拠して詳細に論じるのは躊躇されるので簡単にのみ述べると，同論文は，規制によって得られる目的実現度と制約強度とを比較衡量するものとしてLRA基準を捉えるものである。なお，伊藤氏には，本件の検討に当たり，議論にお付き合い頂いたことについても記して感謝の意を表したい。

12) もっとも，実務が審査基準論と距離を置く真の理由がこのようなことなのかどうかは明らかではない。

13) なお，わいせつ表現など，「有害」性を有するとされる表現を低価値表現として保障程度の低いものとして捉えられる場合がある。タトゥー施術は表現内容そのものが「有害」であるわけではなく，また，施術そのものについても一定の注意を払えば安全に実施可能なのであるから，低価値表現ではなく，十全の保障を受けるべき表現である。

14) これに対して，アメリカで訴訟となった事例の多くは，タトゥー施術（業）を直接の対象とする規制についてのものであり，当該規制の目的・手段審査を行うことが容易であった。

15) 第三者所有物没収事件（最大判昭和37・11・28刑集16巻11号1593頁）では，この論点について言及した上で主張適格を肯定したが，その後の判例ではこの論点について明示的に言及しないまま判断を行ってきている。

16) かつては第三者の権利主張適格は制限されるという見解が有力であったが，その場合であっても，援用される憲法上の権利の性格，援用者と第三者との関係，第三者が独立の訴訟で自己の権利侵害を主張することの可能性といった諸要素を勘案して第三者による権利主張が認められる場合があるとされていた（芦部信喜『憲法訴訟の理論』〔有斐閣，1973年〕68－73頁）。

17) この点について高裁判決は，付言的に次のように述べている。「なお，当裁判所のように，タトゥー施術業に医師法17条が適用されないという解釈をとると，現状においては，入れ墨（タトゥー）の施術に伴う保健衛生上の危害のおそれに着目したタトゥー施術業自体に対する規制は，存在しないことになる。」「しかしながら，入れ墨（タトゥー）の施術に伴う保健衛生上の危害のおそれという問題に対しては，医師法の医行為を拡張的に解釈してこれを処罰対象として取り込むのではなく，必要に応じて，業界による自主規制，行政による指導，立法上の措置等の規制手段を検討し，対処するのが相当というべきである。」。

18) 新井誠「タトゥー施術規制をめぐる憲法問題」広島法学42巻3号（2019年）31－32頁もこの問題に関して裁判所の役割を論じる。また，裁判所と政治部門との「対話」の観点からも理解できる（曽我部真裕「違憲審査と『対話』」法学教室480号〔2020年〕64頁）。

19) もっとも，判決文からは当事者の主張の全貌は明らかではない。本件に限った話ではないが，憲法訴訟論的な観点からの問題としてこの際述べておけば，刑事判決では，判決文で示すべき内容が限られており（刑訴法44条，335条，336条），双方当事者の憲法上の主張が判決文中に示されないのは問題ではないかと思われる。

20) その意味では，国賠訴訟等において，理由中で違憲判断をしながら法的利益の侵害がないとして請求を棄却するような判断（例として，大阪高判平成17・9・30訟月52巻9号2979頁〔大阪靖国訴訟〕，名古屋高判平成20・4・17判時2056号74頁〔イラク特措法差止訴訟〕）とは異なる。

21) 樋口範雄「『医行為』概念の再検討」樋口範雄＝岩田太編『生命倫理と法Ⅱ』（弘文堂，2007年）11頁，高山佳奈子「医行為に対する刑事規制」法学論叢164巻1～6号（2009年）371頁，天野良「医行為概念の再検討」東京大学法科大学院ローレビュー8号（2013年）12頁など。

22) なお，高裁判決に対する刑法学者の評釈には，高裁判決の医師法17条解釈に批判的で，タトゥー施術も「医行為」に該当するとするものが少なくない（前田雅英「入れ墨の施術と医師法17条にいう『医業』の内容となる医行為」捜査研究825号〔2019年〕16頁，小野晃正「非医師による身体装飾目的の侵襲と無免許医業罪」摂南法学56号〔2019年〕1頁，天田悠「医師法17条にいう『医業』の内容をなす医行為の意義――タトゥー事件控訴審判決」刑事法ジャーナル60号〔2019年〕176頁）。その理由は，行為の危険性，アートメイクやピアスが医行為に当たるとする行政解釈との整合性などであるが，前者については，医師法が保健衛生上危険なものをすべて処罰するものかどうかは精査すべきであるし，後者については，それらの行政解釈が妥当なものかの検討はなされていない。何よりも，職業の自由に対する一片の考慮も見られないのは残念なことであるが，分野固有の論理に閉じがちな刑法解釈にどのように憲法の居場所を見出していくかは引き続き大きな課題であろう（貴重な試みの1つとして，上田正基「憲法適合的解釈は刑法解釈論に適合するのか？」法律時報91巻5号〔2019年〕51頁）。

医事法学的観点からみたタトゥー施術

小谷昌子

Ⅰ　はじめに

本論文はタトゥー施術について，その問題点などを医事法学的観点から検討し，これに対する法的規制に関して考察することを目的とする[1)]。

タトゥーアーティストによるタトゥー施術業が医師法違反であるとして起訴されたという，いわゆる「タトゥー事件」[2)]につき第1審判決[3)]および控訴審判決[4)]が示された。これを受けて，タトゥー施術を業としてなすことを処罰してよいのかについての議論が盛んになされている。

タトゥー事件においては，被告人が医師でないこと，業として施術を行なっていたことについては争いがなかったため，タトゥー施術が医行為であるなら被告人は医師法17条に違反したこととなる。そうなると，およそ医師免許を持たない者がタトゥー施術を適法に業としてなすことはできなくなることを意味し，本件行為を処罰の対象とすることは憲法の趣旨に適うのかといったことが問題となっている。

しかし，タトゥー施術については，憲法学的な観点や刑事法学的観点からだけでなく，医事法学的観点からも考察することが重要であると考える[5)]。それは，この問題が医師法の規定との関係において生じているからというだけでなく，タトゥー施術行為が身体への侵襲を伴うこと，さらに，染料それ自体の危険性や血液を介した感染症のリスクなども指摘されるなど，公衆衛生上の問題も存するからでもある。このタトゥー施術と医行為という問題は，重要な医事法学上の課題をも示すものであると考える。

本論文では，被施術者，ひいてはこの社会にいる人々の安全をいかに担保するかを最重要の課題として据え，とくに医師法17条につきその趣旨，目的などを明らかにしたうえで，タトゥー施術業との関係につき考察する（Ⅱ）。それを踏まえて，タトゥー事件控訴審判決が示唆するタトゥー施術に対する事前的規制の可能性につき，あくまで医事法学的視点から一考したい（Ⅲ）。

Ⅱ　医師法17条の理念とタトゥー施術

1　医師法17条の解釈

(1)「医行為」とは何か

医師法は医療提供施設に関し定める医療法とともに「医制の両輪となっている」[6]ともいわれる，医師の身分法である[7]。医師法には，医療の供給主体たる医師の資格に関する定め，また，医師の業務に関する定めが置かれており，資格法，業務法，責任法と分類することができる医師に関する法的規制のうち，前二者の中核を担うものであるといってよいであろう[8]。

医師法17条は医師の業務に関して，「医師でなければ，医業をなしてはならない。」と規定し，同31条はこれに違反したことにつき「三年以下の懲役若しくは百万円以下の罰金に処し，又はこれを併科する。」と罰則を定める[9]。ここでいう「医業」に関する定義規定などは存在せず[10]，同条の意義については専ら解釈により明らかにされてきた[11]。これまでの理解によると，医業とは，「医行為を業としてなすこと」であり，この医行為とは「医師が行うのでなければ保健衛生上危害を生ずるおそれのある行為」[12]を，「業とする」とは「反復継続の意思をもって」[13),14]と解釈するのが判例の考え方であり通説である[15]。このような解釈は，医行為から按摩鍼灸，加持祈禱[16]や人を用いない研究や開発[17]を排し，しかし治療のみではなく健康診断などの疾病予防を目的とした行為，移植のためになされる健康体からの組織臓器の摘出，および，人工授精のための行為なども含める[18]ことを考慮すると[19]，「医行為」の解釈としてはひとつの到達点と考えられる[20]。もっとも，同条に関しては，タトゥー事件控訴審判決において若干異なった解釈がなされることとなるのだが，そのことは後述することとする。

いずれにせよ，医師法17条は「行政法的に医師のなし得ることに対して限界を定め，同時にそれを監督するという観点」[21]から医師の業務を限定する。そしてこの，「医師であればできること，ないしは医師でないとできないこと」[22]，すなわち医行為とは何かはこれまでにもたびたび問題とされてきた。たとえば，これまで医行為か否かが問題とされてきた行為については「薬剤の注射，レントゲン照射，聴診，触診，医薬品の塗布，湿布，内服薬の用法説明，コンタクトレンズの着脱〔以上判例〕，血液・便・尿等の検査結果に基づく病名の診断，眼底検査，聴力検査，心電図検査，血圧測定，採血，予防接種，検眼，コンタクトレンズ使用のための検眼・処方箋発行・装用指導等，装飾品装着のため耳に穴を開ける行為〔以上行政解釈〕，などがある。」[23]と例示される[24]。その他，逆さまつげを抜く行為[25]，レーザー照射による脱毛[26]，植毛のための患者への問診等[27]，あざ，しみ等を目立ちづらくする目的で，これらの部位に注射器もしくは針を使用して行なう色素注入行為（アートメイク）[28]なども，医行為であると認められた行為の例である[29]。これらは，医師法違反の疑いが生じた事件についての裁判所の判断という形で，また，行政による通達という形で，個別具体的にその解釈や判断が示されているのであり，医行為に該当する行為を限定列挙することはおろか，その外郭ですら明らかとはなされていないことには注意しておかねばらない[30]。

では，なぜこれらの行為を業としてなすことが医師のみに独占されるべきなのだろうか。これは，「無資格者の業務遂行を禁じることにより患者一般の生命・健康を保護する免許制の基本的趣旨に基づくもの」[31]，また，「医学的な知識も技術も能力もない者が，濫りにこれを行うことになれば，多くの人々の生命・身体が危険にさらされることになるために，医行為を一般的に禁止されるべき行為として扱い，医師にのみ解除することにより，医療の安全性の担保をした」[32]などと説明される。このように，医師法17条違反は，社会的法益に対する抽象的危険犯であるとされる[33]。

(2) 医行為の抽象的危険

この抽象的危険，すなわち「保健衛生上の危害」は「直接的に発生する健康被害の危険性」（積極的危害）と「正常な医療を受ける機会が失われてしまうことによる公衆衛生上の問題」（消極的弊害）とに分けて観念される[34]。これまで医師法17条が問題とされてきたケースは，①医師と他の医療スタッフおよび福祉スタッフとの業務分担が問題となった場合，②まったく無資格の者（典型的にはニセ医師など）が業として医行為と考えられる行為をなした場合とに大別できるが，これらのケースごとにみると，主にいかなる危険が問題視されているのかはやや異なりうると思われる。

①についてみると，現行法上，医師と他の医療スタッフの業務分担は，第一次的に医行為を医師に独占させ，その業務の一部を助産師，看護師・准看護師，診療放射線技師，薬剤師に独占的に分担させる構造をとっている[35),36]。ここで，医師と他の有資格者との業務分担が問題となりうる。たとえば，過去，行政解釈が示されることとなった静脈注射では，看護師が医師の指示で静脈注射を行なうことが許されるのかが問題とされ[37]，また，気管内挿管をめぐっては救急救命士がこれをなしてよいのかが問題とされた[38]。ここでは，注射やレントゲン照射，医薬品の塗布などの行為について，その業務分担構造のなかで，医師以外の者がなすことによりその受け手になんらかの健康被害が生ずるおそれがあることが考慮されていると考えられる。もっとも，このように業務が分担される場合のほとんどは，医師の指示の下で行なわれることが条文上求められる[39]。つまり，医師の診断や判断を前提として，その後の個別具体的な医行為の実施については，医師の指示や監督に従い，これらの医行為を行ないうる医療スタッフがなすことになる。とすれば，本来であれば受けられるべき適切な医療を受ける機会を患者が逸することはあまり想定されていないと考えられるであろう。したがって，消極的弊害も無視はできまいが，主に念頭に置かれるのは積極的危害の可能性であると考えることができよう。

他方，②医行為とされる行為を，無資格の者が，また，有資格者であっても医師の指示がなく，監督も及ばない環境でなした場合には，医師の診察治療を適切に受ける機会を逸する危険，すなわち消極的弊害が相対的に大きいものとなるであろう。もっとも，他方で積極的危害の危険がまったく考慮されていないわけではない。たとえば，最判昭和30・5・24[40]は医師免許を持たない者が聴診器を使用して患部の診断をし，患部を指で押さえ，または押す行為をしたことが問題とされた事案であるが，最高裁は，被告人が一切投薬注射等を行なっていないにもかかわらず「医学上の知識と技能を有しない者がみだりにこれを行うときは生理上危険がある程度に達していることがうかがわれ，このような場合にはこれを医行為と認めるのを相当としなければならない。」と消極的弊害ではなく積極的危害のあることを指摘する。また，医師が，無資格者に超音波検査や開腹手術における筋膜の縫合糸の結紮を指示して行なわせていた事案[41]でも，超音波検査について，「医師の指示を受けて診療の一環として実施され，しかも人体そのものを検体とするところの医行為であって，ME装置［超音波検査の機器］の複雑かつ微妙な操作技術に加え，人体の臓器の形状等に関する解剖学的知識と経験が必要であり，また各臓器の正常時の状態等を予め知悉したうえ多種多様の病変に対応してこれを適確に判定する生理学的，病理学的知識と経験が必要であって，本来医師が行うのでなければ衛生上危害を生ずるおそれのある行為である。そしてかかる行為を医師以外の者が行うについては，看護婦等は保助看法37条1項により医師の指示によることが必要とされ，また，臨床検査技師は臨衛法2条1項により医師の指導監督の下に行うことが必要とされていること等からも明らかなように，診療補助者としての資格が必要であり，A［行為者］のような無資格者については，たとえ医師の指示，あるいは指揮・監督の許に行うとしても，許されないものと解される。」（引用文中角括弧内は引用者による）と述べる。

また，仙台地判平成24・6・8[42]は，医師でない者が，医師国家資格認定証の写しを偽造し，東日本大震災の被災地にて医師であると詐称し3名に対して4回にわたり投薬等の医行為をして医業をなした事案であるが，「被告人は，医師としての専門的教育を受けたこともないのに，書籍やインターネット等で得た知識を基に患者に投薬等の医行為を行ったのであって，それ自体，危険で悪質なものである。現に，被告人が行った行為には医学的に不適切な点も含まれており，患者の症状を悪化させる可能性もあった。」と，積極的危害が生ずる可能性が指摘されている[43]。

このように，これまで，医師法17条違反の問題が検討されるとき，そこでいかなる抽象的危険が存すると考えられてきたかは行為者および行為の内容により様々であった。もちろん抽象的にも積極的危害および消極的弊害が生じえない行為であれば，保健衛生上の危害を生ずるおそれがない行為であるといえるから医行為には該当しない。しかし医師免許を持たない者が業としてなした行為に，少なくとも積極的危害あるいは消極的弊害のいずれかが存する場合には，医師法17条の問題が生じてきたといえる[44]。そして，医師法17条から導かれる「医行為」については，医師をはじめとする医療スタッフ・介護職間，さらには医療スタッフ相互の業務分担関係を明らかにする文脈で問題とされてきた経緯があるなかで，タトゥー事件はまったく新しい問題を投げかけることとなったのである。

2 タトゥー事件判決と医行為

(1) タトゥー事件判決

タトゥー事件で問題となったのは，医療の範疇にあるといえるかが一見して疑わしく[45]，かつ，医師免許を有さない者がなしたとしても消極的弊害の可能性が存しないのではないかという行為を医師以外の者が業としてなすことが医師法17条違反といえるか否かである[46]。そのような意味で，タトゥー施術を「医」行為と呼んでいいのかという違和感を強烈に喚起することとなった。

もっとも，これまでにも，医療といえるのかどうかが問題となりうる行為の医行為該当性が問われたことがないではない。たとえば，東京地判平成2・3・9[47]は医師免許がないのに10名の顧客に対し，あざ，しみ等を目立ちづらくする目的で，注射器もしくは針を使用して治療部位に色素を注入する等の行為をなした者が医師法違反の罪に問われた事案であり，アートメイクの施術は医行為であるとされた。また，医師免許のないエステサロン従業員が，医療用レーザー脱毛機器を使用してレーザー熱を毛根部分に照射し脱毛をする行為や眉，アイラインの形をアイブロウペンシルで整えた後，患者を施術台に寝かせ，電動式のアートマシンに縫い針を取りつけたアートメイク器具を使用して，針先に色素をつけながら，皮膚の表面に墨等の色素を入れる行為[48]，美容師が器具を用いて客の耳に穴をあけイヤリングを装着させる行為（耳へのピアッシング）[49]も行政解釈により医行為とされている。

とはいえ，入れ墨（刺青），タトゥーの施術について医師法17条にいう医行為であるか否かが問われた事件の判決文を本件よりも前に見つけることはできず，真正面から入れ墨またはタトゥー施術が医行為に該当するか否かに関して裁判所がいかように考えていたかは不明である。もっとも，前掲の東京地判平成2・3・9において裁判所は「入れ墨が歴史，習俗にもとずいて身体の装飾など多くの動機，目的からなされてきている」(原文ママ) ことを認めたうえで，「入れ墨も本件行為［アートメイク施術のこと］もともに違法であるとはいっても，それぞれの違法性の程度は当然異なるといわざるをえない。そして，入れ墨も本件行為も，結局この違法性の程度に応じて，即ち，その社会的状況を反映した実体ごとに取締りの対象になるかどうかが判断されているものと思われる。」(引用文中角括弧内は引用者による) として一応違法性のある行為であることは認めていたといえる。

実際，タトゥー事件第1審判決[50]において大阪地方裁判所は，タトゥー施術について「必然的に皮膚表面の角層のバリア機能を損ない，真皮内の血管網を損傷して出血させるものであるため，細菌やウィルス等が侵入しやすくなり，被施術者が様々な皮膚障害等を引き起こす危険性を有している。」ことや，施術に使用される色素に起因するアレルギー反応，施術に必然的に伴う出血から感染やその拡散の危険性があることを指摘し，「保健衛生上の危害を生ずるおそれのある行為」であることを認めた。そのうえで，施術方法や環境の選択，被施術者への危険性の説明，アレルギーや感染症等に関する検査診断，感染予防措置をとるにあたっては医学的知識および技能が必要不可欠であるとし，「医師が行うのでなければ保健衛生上危害を生ずるおそれのある行為であるから，医行為に当たるというべきである。」として，タトゥー施術の医行為性を肯定した。これは，タトゥー施術が有する被施術者への積極的危害の危険を考慮し，伝統的な医行為論の枠組みにいう医行為に該当するとして，医師以外の者が行なうべきではないとの判断をしたと理解してよいであろう。この第1審判決の判断に対しては，前述のとおりタトゥー施術が医療行為なのかとの違和感が述べられることが多かったように思われるが[51]，率直にいうとこれまでの裁判所の判断の枠組みからそれほど外れたものとは思われない。タトゥー施術には医師として有すべき知見と技倆を有する者であればこれを縮減することができる積極的危害の可能性が存する。行為としては近似するアートメイクの施術が医行為であるとの判断がなされていることも考慮すると，針を刺して顔料を注入するタトゥー施術業を医師法17条違反とすること自体はこれまでの理解のなかでは十分ありうる判断であったと考える。

これに対し，控訴審大阪高等裁判所[52]は，医師法17条にいう医行為の解釈について，ある行為が医行為に該当するというためには，その行為が「医療及び保健指導に属する行為であること（医療関連性）という要件」および「『医師が行うのでなければ保健衛生上の危害が生ずるおそれ』という要件」を，それぞれ充たす必要があるとした。すなわち，医師の職分は医師法1条によれば「医療及び保健指導」であり，「医師が業務としてそのような職分を十分に果たすことにより，公衆衛生の向上及び増進に寄与し，もって国民の健康な生活を確保することを目的としている」。そこで，医師の業務独占は「国民に提供される医療及び保健指導の質を高度のものに維持することを目指」すものであり，その根拠は無資格者が「医療及び保健指導」に属する行為を行なうことは国民の生命・健康にとって危険であるからである。そうすると，医療および保健指導と関連性を有しない行為は医師法による規制，処罰の対象外である。つまり，「医師が行うのでなければ保健衛生上の危害が生ずるおそれのある行為を全て医師法の対象とすると，社会通念に照らし，医師が行うとは想定し難い行為まで包摂されかねないのであって，そのような解釈の仕方は……妥当とはいえないし，処罰範囲の不当な拡大を招くおそれがあるという意味においても，難点がある。さらに，現実的な観点からも，そのような行為を全て医師に担わせるということは，不可能といわざるを得ない。やはり，医療及び保健指導という場面を想定して，当該行為の医行為該当性について判断を下すのが相当というべきである。保健衛生上の危害が生ずるおそれのある行為が，医療及び保健指導とは無関係な場面で行われる行為であるときは，必要に応じて，個別に刑法によって処罰し，場合によっては，異なる観点からの法的な規制を及ぼすことも考えられるのである。」[53]（引用文中の省略は引用者による）。

大阪高裁も，タトゥー施術に積極的危害の可能性，すなわち感染症やアレルギー反応が生ずるおそれがあることは認め，タトゥーの施術者には血液や体液管理，衛生管理等を中心とする一定の医学的知識および技能が必要とされると述べる。換言すれば，タトゥー施術は「保健衛生上危害を生ずるおそれのある行為」であり，保健衛生上の危険性要件を充たすということである。しかしながら，社会通念に照らし，入れ墨の施術が医師によって行なわれるものというのは常識的にも考え難いうえ，入れ墨（タトゥー）には装飾的，象徴的な要素や美術的な意義が認められ，ひとつの社会的風俗となってきたなどの実態があり，入れ墨の施術において求められる本質的な内容は美的センス，デザインの素養等の習得であり医療従事者の担う業務とは根本的に異なるとして医療関連性を否定し，医行為該当性も否定した。

すでに触れたが，過去の裁判例や学説をみると，このような考え方もそれほど突飛なものともいえない。つまりは，かつて，医行為を治療する行為であるとする解釈自体はみられたのである。たとえば，大判昭和2・11・14[54]は「醫行爲トハ汎ク人ノ疾病ヲ診察治療スル行爲ヲ指稱スルモノ」と，広島高岡山支判昭和29・4・13[55]は「医行為とは人の疾病治療を目的とし現時医学の是認する方法により診察，治療（手術，投薬等）をなすこと，換言すれば主観的には疾病治療を目的とし客観的にはその方法が現代医学に基くもので診断治療可能のものたることを要するものと解せられる。」とそれぞれ述べる[56]。要するに，疾病や怪我などの診断治療を目的とする行為が医行為であるとする考え方である。もっとも，医師法17条の目的である医療の受け手たる国民の抽象的危険を防止することを重視して医行為を解釈することが示された最判昭和30・5・24[57]以来，現在の裁判例は医行為を医療目的でなされるもののみに限定することはしていない[58]。そのような中で，大阪地裁はタトゥー施術の積極的危害の側面を重視し，他方，大阪高裁は医療関連性をひとつの要件としてタトゥー施術を医療から切り分けることにより，医行為には該当しない行為であり医師に独占させるべきではないと結論付けたのである[59]。

(2) 控訴審判決の問題点

第1審と控訴審の立場の相違は，結局のところ，抽象的危険が肯定されるタトゥー施術に関する規制がほかにない状況において，この行為の取り締まりを医師の業務独占規定である医師法17条に委ねることを是とするか否かであろう。換言すれば，タトゥー施術による抽象的危険は，タトゥーアーティストに刑罰を科すことを許容してもよいといえるほど見過ごせないものであるかということである。たしかに，医師法17条は，医師でない者が積極的危害を生じさせるような行為を業としてなすことを規制するための最後の網となりうる。しかし他方で，危険をもたらしうる行為だからといって何でも取締りの対象とするのはパターナリスティックにすぎるとの考え方もありうるであろう[60]。もちろん抽象的危険は具体的危険の欠如や対象者の同意を理由としては正当化されないけれども，危険性があっても当事者の自由に委ねられるべき程度の危険もありうるであろう。

とくに本件についてみると，おそらく大阪高裁はタトゥー施術に伴う抽象的危険がそれほど高くないことを前提としているように思われる[61]。そのうえで，タトゥー施術業をなすことに医師法17条が適用されるとなれば，これを医師が行なわなければならないことを意味するが，そこまでの行為ではないと判断したのだろう。現在の日本においてタトゥーが「若者を中心に普及し始めている」[62]ことを考えると，タトゥー施術を医師に業務独占させることはかえって医界にとって負担となる可能性がある。また，医師でなければタトゥー施術業を行ないえないとすると，タトゥー施術を受けることを希望する者が日本国内で適法にその望みが叶えられる可能性はかなり低くなる[63]。憶測に過ぎないものの，このようなことも考慮されたうえで控訴審判決のような判断となったといえるかもしれない。

もっとも，控訴審判決が示す枠組みにおける「医療関連性」は必ずしも明確な基準とはなりえないのも事実である。

タトゥー施術につき医療関連性を否定する根拠として，裁判所は以下のことを挙げる。第1に，同判決では美容整形術とタトゥー施術のような医行為に該当しない行為の区別として，「診療標榜科名として『美容外科』が追加されている」こと，「形成外科医を中心に発展し，形成外科の一分野をなして専門分化してきた背景があ」ること，「医学部で美容整形外科に関する教育が行われている」ことである。

第2に，大阪高裁は被施術者の主観的な面にも言及する。すなわち，美容整形術について「美しくありたいという願いとか醜さに対する憂いといった，人々の情緒的な劣等感や不満を解消することも消極的な医療の目的として認められるものというべき」であり，「患者の身体上の改善，矯正を目的とし，医師が患者に対して医学的な専門的知識に基づいて判断を下し，技術を施すものである。」と述べる。医行為であるとされてきた「入れ墨と同様に人の皮膚に針を用いて色素を注入する行為態様であるアートメイク」との区別については，「美容目的やあざ・しみ・やけど等を目立ちづらくする目的で，色素を付着させた針で眉，アイライン，唇に色素を注入する施術が主要なものであり，その多くの事例は，上記の美容整形の概念に包摂し得るものと考えられ，アートメイクは，美容整形の範疇としての医行為という判断が可能であるというべきである。」とする。要するに，被施術者の主観面に着目して区別をなそうとする。

しかし，第1の点は，既に診療科ができているなどの形で確立した医療分野に該当する施術や行為につき医療関連性を肯定することは，医療であれば医療関連性があり医行為に該当するとのトートロジーに他ならない。もちろん，その技術などが発展してきた背景を考慮したとしても同じことがいえる。そもそも，通常医師が行なうから医行為であり，医師が行なわない行為だから医行為でない行為とする区別は感覚的には飲み込むことができるが，結局は医師が行なうべき医療とは何かが明らかとなっていない以上，明確な基準とはなりえない。医学は日進月歩で発展するものであるから，医療の概念は日々変わりうる。医療が何かが明らかになっていないのに，タトゥー施術は医療ではないと述べることは困難である。これまでなかったような新しい技術を医師が実践することになったときに，これは今まで医師が行なってきた処置でないから医行為でないといえるだろうか[64]。

第2の点については「情緒的な劣等感や不満を解消する」施術が医療にあたると定義するのであれば，想定されるよりかなり多くの行為が医療となるように思われる。タトゥーも例外ではない。タトゥーが装飾的な意味合いを有することは疑いようもないが，ヘナタトゥーなど染料で一時的に皮膚を染めるタトゥーやシールタトゥーなどが存在するにもかかわらずあえて針を刺し染料を真皮に注入する形で行なわれるタトゥー施術が選択されるのであるから，被施術者になんらかの思惑や信念等がありうることは想像に難くない。そして，こうした信念こそ，他者になされるタトゥー施術を適法なものとして許容すべき根拠となるのではないだろうか。ところが，仮に被施術者が劣等感や不満を解消したいという意図，また，あざやしみ，外傷の跡などを目立たなくする目的を有している場合，控訴審判決の枠組みによれば，この者に対するタトゥー施術は医行為に該当することになりうる。たしかに，あざやしみ，傷跡の上にタトゥー施術を行なう場合や，乳房切除後の再建術において乳首や乳輪を形成するために皮膚に色素を注入し沈着させる場合には，客観的にタトゥーとの区別をすることも可能かもしれない。しかし，客観的には一般的なタトゥーであるが，主観的には美容整形およびアートメイクと同じ場合には，明確に医行為とそうでない行為とが区別できるのだろうか[65]。アートメイクや脱毛行為は医療であるのにタトゥーはそうではないとすることは，タトゥーへの偏見が背景にあるからではないかと批判されたとき，どう答えられるのだろうか。

これまでの医行為論は，問題となるのが医療やその周辺においてなされる行為であることを前提として議論が展開されていたため，ある行為の医行為該当性について，その行為の外形や受け手への危険性などのある程度客観的な基準のみで区別が可能だったのだと考えられる。しかし，タトゥー事件においては，タトゥー施術を医療として捉えることへの違和感やそうすることによる実質的問題から，これまでの医行為論をこえた議論がなされることとなった。おそらく医行為に関して本件控訴審判決のような理解をとるのであれば，行為の目的，これまでの歴史，慣習などを総合的に考慮して医行為性の判断がなされるとしかいいようがないであろう[66]。とはいえ，タトゥー事件控訴審判決の枠組みを一般化すると，処罰される場合と不可罰となる場合とが曖昧になるのではないかとの危惧がある[67]。医行為に該当するか否かの判断において医療関連性を要件とするとしても，その枠組みは修正の余地があるであろう。また，控訴審判決の枠組みを用いても，従来医行為と考えられてきたピアッシングとの区別については説得的な区別ができないようにも思われる[68]。

しかし，そもそも医師法17条は，抽象的危険がある行為を業としてなすことを，受け手となる国民を保護するために医師に独占させる趣旨の規定である。これは，当該行為が有する抽象的危険を，医師がなすのであれば有意に縮減できるからであろう。そうであれば，医行為該当性の判断に際して，その行為が医療に関連するかどうかといったことを考慮して医療関連性の有無を問うよりも，むしろその行為からいかなる抽象的危険が生じ，その危険が医師の有すべき学識，知見，および技倆によって一定程度以上縮減可能か否かにより医行為該当性を判断するほうが法の趣旨に適うとは考えられないだろうか。たとえば，ふぐの調理[69]は医師としての知識と技倆によりフグ毒の危険性や身体への作用について理解していても，ふぐから危険部位を取り除く技術がなければ危害を生ずるおそれを縮減することができない。とすれば，医師としての学識と技倆はふぐの調理が有する抽象的危険の縮減には直結しないため，医行為性が否定される。ボクシング[70]も，殴打行為の人体への影響に関する知見を有していても，ボクシングは殴打をすることが回避できない競技である。したがって，医師がなしたとしても危害を生ずるおそれは縮減できず，だからこそ医行為とはいえないと考えられるのではないだろうか。したがって，タトゥーは医行為かという問題を考える際にも，タトゥー施術の有する抽象的危険がいかなる質・程度のものであり，医師としての学識と技倆によりこれが縮減できるのか，それとも医師以外の者でも十分に縮減可能なのかを本来考えるべきであると考える。この点についていえば，危険性に関する事実認定が不足している印象を受けるものの，大阪高裁の判断によれば，「彫り師に対して一定の教育・研修を行い，場合によっては届出制や登録制等，医師免許よりは簡易な資格制度等を設けるとか，タトゥー施術業における設備，器具等の衛生管理や被施術者に対する施術前後の説明を含む手順等に関する基準ないし指針を策定することなどにより，保健衛生上の危害の発生を防止することは可能である」と述べ，立法による何らかの規制がなされることなどにより医師でなくても危険は縮減可能であると評価しているといえる。たしかにタトゥーマシンを用いた施術をなす場合，その器具が針の刺入深度をコントロールできるものであれば，また，針も一律使い捨てとすることにより，医師でなくても抽象的危険を縮減することは一定程度可能となりうるであろう[71)]。タトゥー施術によりいかなる危険が生じうるかについてはより詳細かつ具体的に検討すべきであり，控訴審判決はこの点で根拠を十分に示していないため本当にそのような結論となるかはわからない。しかしその検討によってはこのような根拠からタトゥーマシンによるタトゥー施術を医師のみが業として行なうことのできる医行為ではないと考えることはそれほど不合理ではないと考える。

ただし，タトゥー施術が医行為でないとしてもなお医事法学的観点からは，控訴審判決においてもタトゥー施術が被施術者に積極的危害を及ぼしうることが認められていることについて重く捉える必要があると考える。つまり，タトゥー施術の医行為該当性が否定されるからといって，それはタトゥー施術を医師に独占させないこと，医師法違反での処罰がなされないことを意味するだけであり，直ちにこれらの行為や営業を野放しにしてよいことにはならない。医師法17条の趣旨は，あくまで医療の受け手保護を医業独占という手段により達成しようとするものであり，タトゥーの医行為該当性が否定されたからといって直ちに「受け手の保護」の必要性は否定されるべきではないであろう。タトゥー事件控訴審判決もタトゥーになんらかの規制することを否定してはいない。少なくとも，同判決の結論を支持するのであれば，タトゥー施術に対してなんらかの事前的規制をする必要があるのか，また，あるとしていかなる規制をすべきかについて考えるべきである。

Ⅲ　タトゥー施術に対する事前的規制の可能性

1　規制の必要性

本来であれば「タトゥー施術を許容すべきか」こそを丁寧に考察すべきかもしれないが，この点については，リスクなども含め適切な説明を受け理解したうえでの被施術者本人の希望があれば法的に正当化されうると考えるところからスタートせねばならないだろう。前述したとおり，タトゥー施術が身体への侵襲を伴う以上，ある者に他者が施術する場合には被施術者が同意していなければ傷害罪を構成しうる行為となる[72]。タトゥー施術は医療とは異なり，生命健康の維持に直接必要不可欠ではないし，社会的承認[73]が得られているかについても疑問がないわけではない[74]。しかし他方で，医療とは異なり疾病や怪我の渦中にいて，救いを求める者を対象とするわけではない。また，たしかに針を人の身体に刺入することによる危険はあるが，たとえば身体の一部を切除する外科的手術と比較すると，危険の程度も異なるといえる。前述のとおり，被施術者がなんらかの信念や考えを持って，いや，仮にそのようなものがまったくなくてもタトゥー施術のリスクについて理解したうえでタトゥーを入れることを希望している場合，これを実現すべく，タトゥー施術が適法に行なわれる余地を認めるべきであろう。

とはいえ，タトゥー施術に一定の積極的危害のおそれがあること，すなわち，被施術者に感染症への感染やアレルギー反応の発現など健康被害が生ずる危険性があることはタトゥー事件の第1審判決および控訴審判決でも触れられている。実際に，アメリカ食品医薬品局（FDA）のウェブサイトにおいてはタトゥー施術に関連した健康被害が2004年から2016年の間に363件あったとされ，タトゥーインク自体の汚染や成分上の危険性，血液による感染，アレルギー反応[75]，瘢痕や肉芽腫の形成の可能性などについて注意喚起がなされている[76]。また，日本においても刺青がC型肝炎の感染機会となっていることはすでに指摘されており[77]，皮膚を破って人の身体に針を刺す以上，このような積極的危害のリスクが生じることは当然のことであろう。そして，これらのリスクの中にはより安全な方法による施術と施術所や機器の衛生管理を行なうこと等により縮減可能なものもありうると思われる[78]。仮に，タトゥー施術所について衛生基準などを設け，その設置について許認可制度を設ける，あるいは，タトゥーアーティストについて研修制度や資格制度を作る[79]のであれば，人的にも環境的にもより安全なタトゥー施術が実現されうる。このように，事前的な規制によりそのような被害の生ずる危険性を縮減することができるのであればその方法を探る意義があるものと考える。

他方，一連のタトゥー施術についてみると，消極的弊害とまではいえないかもしれないが，全過程において医学的判断を用いる必要がまったくないといっていいのか，疑問がないわけではない。たとえば具体的な被施術者の特定の部位にタトゥー施術を行なっていいのかに関する判断はどのように行なわれているのだろうか。また，タトゥーショップのウェブサイトなどをみると，施術箇所のアフターケアについて指示が書かれていることがある[80]。こういったアフターケアに関する指示が，大阪高裁がタトゥー事件控訴審判決において医師の業務とした保健指導に該当する場合はないのだろうか[81]。被施術者にとっても，タトゥーのアフターケアは美しくタトゥーを残すことがもっとも重要となりうるだろうが，他方でタトゥー施術には傷を創る面もある。健康被害が生じたときに，タトゥーの仕上がりを重視するがゆえに被施術者がこれに適切に対処できない危険もありうるのではないだろうか。このような点については，タトゥー事件訴訟においてあまり問題とされていないこともあり，詳細な事実認定もなされていない。したがって，危険の程度，専門的判断の必要性の程度は不明であるが，人の身体に針を刺し，色素を皮膚内に注入するという施術が積極的危害のリスクを伴う以上，施術前および施術直後も含め，タトゥー施術には一定の医学的判断が必要となるケースを生み出しうるのではないかと考えるのである。タトゥーを彫る行為について医行為性を否定するのであればなおさら，なんらかの形で医師との連携を促すことにより健康被害の防止を十全に行なうことも一案であろう。

健康被害がありうるとはいえ，タトゥー施術は通常リスクを理解したうえで被施術者の自発的希望でなされるのだから，事後的な救済手段が存在すればそれでよいとの考え方もありうるのかもしれない。たとえば消費者契約法4条2項などによる施術契約の取消しと施術料の返還が認められる場合はありうるだろうし，また，健康被害が生じたときには民法415条，同709条などにより，損害賠償請求による救済も可能である。実質的には，現在の日本においてはこのような制度となっているといえよう。

しかし，前述のとおり，タトゥー施術に指摘されるリスクのなかには，施術に用いる器具や施術所の衛生管理により防ぐことができるものもある。たとえば，FDAによると，感染などは「非衛生的な施術や機器から深刻な感染を起こす可能性があり，また，細菌やカビで汚染されたインクからも感染が生じる可能性がある」ことが指摘されている[82]。その他，タトゥーの染料によるアレルギーは染料が皮膚内に残る以上，染料が残る間は継続的に症状が出現すると考えられ，事後的な救済手段だけでなく予防を重視すべきであろう。さらに，タトゥー施術それ自体についても，タトゥーを除去した後のリスク[83]についても，未だ長期的な評価がなされているとはいえない段階であることを考えても，健康被害を可能な限り未然に防ぐことを目的としてタトゥーに対してもなんらかの事前的規制をすべきであると考えられる。

2 規制のあり方

まず，事前的規制のあり方を考察するに際して，アメリカにおけるタトゥーに対する規制をごく簡単に参照したい。アメリカにおいてはタトゥー施術に用いられる顔料の成分の一部は法規制されているが，タトゥーインクそのものは規制の対象となっていないようである[84]。他方，ほとんどの州でボディーアートに対する規制が存在する[85]。ここにはタトゥー，ブランディング（焼印），ボディーピアッシング（身体への穿孔）[86]が含まれることが多い。以下，タトゥーに関する法規制についてのみ述べることとするが，身体を傷つけることよりもむしろ，施術による感染の危険を防止すること，および，身体への装飾が半永久的なものであり，簡単に除去できないことが重視されている傾向にあるように思われ[87]，日本においてもそのような視点で規制のあり方を考えるべきである。ここではアメリカの規制状況について詳しく述べることは避けるが，概ね以下のようなパターンが見られる。

①タトゥー施設の設置運営，タトゥー施術者の両方につき許可，免許（license），登録（register）などが必要となる場合[88]
②施設の登録または施設の運営許可などが必要となる場合[89]
③施術者の登録または免許のみが必要となる場合[90]

④衛生基準を（それのみを，または上記①～③に加えて）置く場合[91]

以上を踏まえると，今後日本におけるタトゥー規制について考えていくべき点は大要以下の点であろう。

まず，重要な問題として，規制の主体について考える必要があるであろう。国家が行なうのか，自主規制に委ねるのか，それとも第三者的な機関を創設するのか。2019年5月には，日本タトゥーイスト協会が発足し，タトゥーアーティストによる自主的な規制を行なおうとしているところであるが，タトゥーに関する法制が作られることも視野に入れられているようである。とすれば，規制をするにおいて役割分担も問題となるであろう。

また，その際，規制の枠組みとして，いわゆる「入れ墨（刺青）」とタトゥーとを区別するのか，するとしてどのような規制が可能なのかということも検討しなければならないだろう。入れ墨は，歴史的に「反社会的組織に所属する者や準構成員が，組織への帰属性を誇示する目的で能動的に入れ墨を受容する」[92]とされ，「明治時代以後……一般国民における入れ墨文化は消滅した」[93]といわれる特殊性を有する。そのような社会的背景を捨象しても，タトゥーマシンを用いずになすいわゆる「手彫り」と称される施術については，その手技などにおいて異なるところがあると考えられ，これを区別して規制するか否かは検討すべきである。また，タトゥー施術と，医業類似行為や看護行為との関係についても議論を要するであろうが，これらのことについてはさしあたり指摘にとどめ，タトゥー施術に対する規制の内容としては，概ね，以下の4点について検討を要すると考えられる。

第1に，施術所の登録や営業の届出といった形によるタトゥー施術の「場」に対する規制を検討すべきである。いわゆる「タトゥー事件」で起訴されたタトゥーアーティストは施術所や機器などの衛生管理をきちんと行なっていたと第1審判決で認定されているが，衛生管理やその方法は個々のタトゥーアーティストに委ねられているのが現状である。これでは，日本国内において誰もが衛生的な環境においてタトゥー施術を受けられ，少なくとも血液による感染のリスクを減らすためには足りないであろう。設置すべき機器や設備などの基準を設けたうえで営業の許可制をとるのか，届出制をとるのか，一定の衛生基準を設けるにとどめるのかについても検討されるべきであろう。

第2に検討すべきは，タトゥーに関わる「人」，すなわちタトゥーアーティストの資格制度，または教育・研修制度の創設である。タトゥー事件控訴審判決も，タトゥー施術につき，医師に独占させるほどではないとはいえ一定程度の危険性があることは認めている。そのうえで「感染症やアレルギー反応等，血液や体液の管理，衛生管理等に関する医学的知識や技能は，当然に一定程度必要となろう」と述べ，前述のとおり，タトゥーアーティストに関する資格，研修等の制度を創設する必要を否定していない[94]。筆者は，感染やアレルギー反応も含めタトゥー施術に伴う保健衛生上の危害の可能性を，医師がなすのと同程度に施術者が縮減できることの担保が必要であると考えるため，このような資格制度または研修制度は必須と考える。

また，そうでなくとも，タトゥー施術に伴う積極的危害を予防するために必要な知識や技術は，安全なタトゥーの施術のためだけに必要となるのではない。現在，タトゥー施術者あるいは施術所のスタッフが被施術者への説明をどのように行なっているのかは必ずしも明らかでないが，様々なリスクについて説明するためにも専門的知識は必要であると考えられる。このことは，被施術者の同意があるからこそタトゥー施術を適法にできることを考えると重要である。さらに，施術前，そして施術後の被施術者のうち，いかなる者が医療機関を受診すべきなのかを見極めるためにも，少なくともなんらかの研修等の実施は必要であろう。

行政法的枠組みとは次元を異にする問題であるが，「医療の範疇にある行為」と「医療ではない行為」を区別するとしても，前者と後者とはその受け手への侵襲を伴う点では同様である。医師がなす診療行為は医的侵襲の違法性が阻却されるためにいくつかの要件が充たされる必要があるとされる[95]。このような考え方を前提として，仮に「医療性」が否定されると直ちに被害者の同意があれば違法性が阻却されると理解してよいのであろうか。少なくとも，診療行為の場合，それが正当性のある医療であることの裏付けが必要なのと同様，タトゥー施術についても施術者が安全な，正当性のあるタトゥー施術を行ないうる者であることにつき裏付けが――それが国家による免許でなくても――必要なのではないだろうか。

第3に，機器や顔料など，タトゥーに関する「物」に関する規制である。機器の規格や仕様について，また，顔料の成分などについても安全基準を設けるべきか否かを検討する必要がある。その際，現在も，大手通信販売サイトなどでタトゥーマシンや顔料などが入手できる状態にあるが，こうした物品も規制の対象とすべきか否かについても検討する必要があるであろう。

第4に，一般より危険性が高く医学的判断を要するようなタトゥー施術をどのように取扱うかも考えるべきであろう。たとえば，アレルギー体質である者，皮膚疾患のある者や健康状態の悪い者に対する施術をどのように取扱うか。また，眼球やその周辺，粘膜などに対する施術をどのように取扱うかについても，考える必要がある。

以上の点については必ずしもすべてにおいて規制が必要ではないとの結論もありうるであろう。また，一部は国家による規制が必要であるが，また他方で業界団体の自主規制などソフトローに委ねるべきものもあるであろう。しかしながら，私見としてはそれらの規制がまったくないなかでタトゥー施術を許容することは望ましくないと考える。危険性がありうることが指摘されている以上，なんら規制をしないままの状況が続くとすればそれはタトゥーの自由化というよりむしろ，タトゥーを入れることの希望や，そのような希望を有する被施術者を軽んじることに他ならないのである。

Ⅳ　おわりに

タトゥーに関する法規制について医事法学的観点から考察するとすれば，自らの身体にタトゥーを入れることを望む者の希望が適法に叶えられる途を用意することだけではなく，タトゥー被施術者の安全を講じること，ひいては社会全体にとってのタトゥー施術によるリスクを縮減することが何より必要であろうと考える。これは奇しくも医師法17条の趣旨と合致するところであり，従前の医師法17条の理解に従えば，タトゥー施術という行為が医行為に該当するとの判断も十分ありうるものであったと思われる。とはいえ，日本の法体系においてこのような目的達成までも医師法17条に担わせることは望ましくない，タトゥー施術は同条が本来意図した範囲の外にあるものであるという見解には説得力があるであろう。そこで，タトゥー施術について同条の適用を除外する可能性を前提として，リスク縮減のための制度構築が必要であるということを本論文では述べた。

最後に，この問題からみえてきた医事法学上の課題について述べておきたい。

タトゥー事件はこれまで医事法学者が棚上げにしてきた問題をあぶり出すこととなったように思われる。すなわち，医療とは何か，医療が社会においていかなるものであるべきと考えられるかということである。医師法17条にいう「医業」をめぐっては，そもそもは一部の東洋医学と西洋医学との区別を起点として，主に医療の場で，また，近年は介護や在宅医療の場において「医師しかなすことができない行為は何か」，「他の職種，あるいは無資格の者に委ねることができる行為は何か」という観点から解釈がなされてきた。そのようななかで，タトゥー施術が医行為に該当するか否かが問題とされ，タトゥー施術が医療の範囲にあるのか，医師法17条が抑止しようとする抽象的危険のなかに含まれるのかが問われることとなった。これはすなわち「そもそも医療とは何か」，そのうえで「医師法（17条）がいかなる役割を担うか」という問いである。医師法17条については，タトゥー事件より前から，不当に広く解釈しているという指摘があった[96]。しかし，広さの問題というよりも「医療とは何か」をあまり考えることなく同条を解釈してきたことが「不当」との評価につながったのではないか。ここまででみてきたことからは，医師法17条の解釈をいまいちど考えなおす必要があることには疑いがない。場合によっては医師法17条を改正する可能性も排除せずに議論する必要があろう。

また，医行為の概念とは異なる問題であるが，医療やタトゥーなど，必要性は認められるが身体への侵襲を伴う行為につき，いかなる根拠をもってその違法性を阻却するかという問題がある。今後，下されるであろうタトゥー事件最高裁判決などにより，タトゥー施術業に医師法17条が適用されないことが確定し，それよりもタトゥー施術に対する規制が後れることが考えられる。このとき，医療行為についていわゆる三要件説をとるならば，生命や健康の維持のために必要となる行為のほうが，それがたとえ針で刺すという行為であったとしても，タトゥー施術よりも違法性阻却のためのハードルが高くなることになる。このことについてそれを是とすべきか，また，どのように説明するべきだろうか。ひとつは危険性の高低で説明するという考え方はあるかもしれないが，原則的には注射や手術，投薬などを区別せずにその身体へ侵襲につき違法性が生じると説明される以上，そのようには一般的には考えられないだろう[97]。また，ある診療行為の危険性は定量的ではなく，それがなされる患者により異なりうることを考えると，診療行為は危険性が高くタトゥーは危険性が低いとは一概にはいえない。とすると，生命や健康の維持に必要であるからこそ，つまりは病者や怪我人のような弱った者に対してなされるからこそ違法性阻却のためのハードルを敢えて高くするのであると説明すべきであろうか。そうであるならば，結局のところ，この問題も「医療とは何か」との問いに還元される可能性がある。

繰り返しとなるが医療は日々発展している。その発展にあわせて，いまいちど「医療」とは，医の実践（medical practice）とは何か，そしてそれは誰に委ねられるべきなのかを問い直さねばらないのではないだろうか。タトゥー事件はこのような根源的な問題をも投げかけるものであったのであり，これについて考えていくことが医事法学に与えられた課題であると考える。

【付記】

本論文を脱稿し，提出したのは2019年11月20日のことであったが，そのあと長い期間校正をしていたところ，本件に関し2020年9月に最高裁の判断が示された[98)]（以下，「本決定」とする）ので，一言述べておくこととする。

最高裁は医行為につき，「［医師法］17条は，医師の職分である医療及び保健指導を，医師ではない無資格者が行うことによって生ずる保健衛生上の危険を防止しようとする規定である」としたうえで，「医行為とは，医療及び保健指導に属する行為のうち，医師が行うのでなければ保健衛生上危害を生ずるおそれのある行為をいうと解」し，「ある行為が医行為に当たるか否かについては，当該行為の方法や作用のみならず，その目的，行為者と相手方との関係，当該行為が行われる際の具体的な状況，実情や社会における受け止め方等をも考慮した上で，社会通念に照らして判断するのが相当である。」と述べた。そして，これに照らし，「被告人の行為は，彫り師である被告人が相手方の依頼に基づいて行ったタトゥー施術行為であるところ，タトゥー施術行為は，装飾的ないし象徴的な要素や美術的な意義がある社会的な風俗として受け止められてきたものであって，医療及び保健指導に属する行為とは考えられてこなかったものである。また，タトゥー施術行為は，医学とは異質の美術等に関する知識及び技能を要する行為であって，医師免許取得過程等でこれらの知識及び技能を習得することは予定されておらず，歴史的にも，長年にわたり医師免許を有しない彫り師が行ってきた実情があり，医師が独占して行う事態は想定し難い。このような事情の下では，被告人の行為は，社会通念に照らして，医療及び保健指導に属する行為であるとは認め難く，医行為には当たらないというべきである。タトゥー施術行為に伴う保健衛生上の危険については，医師に独占的に行わせること以外の方法により防止するほかない。」「したがって，被告人の行為は医行為に当たらないとした原判断は正当である。」と判示した（なお，草野耕一裁判官の補足意見がある）。

本決定は大阪高等裁判所による控訴審判決が用いた「医療関連性」という文言を用いてはいないものの，医行為の要件として①医療及び保健指導に属する行為であること，②医師が行うのでなければ保健衛生上危害を生ずるおそれのある行為であることを挙げており，控訴審判決の枠組みと同様の枠組みを採用したものと考えられる[99]。

繰り返しになるが，筆者は，ある行為が医行為であるか否かを検討するにおいては，当該行為から生じうる積極的危険がいかなるものであり，この危険が医師によらなければ縮減可能といえないかを検討することが必要であるとの立場に立つ。したがって，タトゥー施術行為が創出しうる危険がいかなるものであり，これがどのように縮減可能かについては捨象した控訴審判決の事実認定をもとに，およそタトゥー施術行為が医療でないとの社会通念があることや医師養成課程にてタトゥー施術が学ばれないことのみを根拠として――つまり，タトゥー施術が医療か否かの判断のみをもって，タトゥー施術行為の医行為性が否定されたことは，医師法17条が理念とする被施術者の安全を軽視した判断であると評価する。

そもそも，耳たぶ等へのピアッシングは医行為とされるが，ピアッシング行為が医療であるとの社会通念があるといえるだろうか。仮に医療であるとの社会通念が存在するとすれば，これは現在ピアッシングが医師によりなされているからに他ならないのではないだろうか。アートメイクはどうだろうか。アートメイクよりも整体（カイロプラクティック）の施術のほうが医療に近いと考える者も一定程度いるのではないだろうか。このように考えると，本決定の述べることは医師が既になしている行為は医療，そうでない行為は医療でない，と述べたにすぎないことになるのではないだろうか。これは本文においても指摘したが，そもそも医療とは何かが明らかになっていない以上，「医療及び保健指導に属する」との社会通念といっても曖昧で茫漠とした議論にしかなりようがない。

もちろん，タトゥー施術による積極的危害の可能性が，タトゥー彫り師によっても医師によるのと同程度かそれ以上有意に縮減できるのであればタトゥー施術の医行為性を否定する結論もあり得るものであったと言える。したがって，被告人を無罪とした本決定の結論に異を唱えるものではない。しかし，医師法が（医師以外の）施術者よりも，ときには被施術者の身体の安全を重視する性質のものであると理解するのであれば，被施術者の身体の安全が十全に図られないときには，医師法が被施術者にとってのセーフティネットとなる場合があってもやむを得ないとの議論もありうるであろう。以上の立場から，本決定について，タトゥー彫り師の権利を認めたことをもって手放しで好意的に評価することはできない。被施術者の身体の安全を図るため，立法によりタトゥー施術業に対して何らかの規制を早急にすべきである。

1）したがって，タトゥー施術に医師免許を要求することの憲法上の問題には本論文では触れない。なお，タトゥー事件第1審判決・後掲注3）を契機として，この問題については多くの論攷が著されている。曽我部真裕「医師法17条による医業独占規制と憲法――タトゥー彫師訴追事件に即した検討」初宿正典先生古稀祝賀論文集『比較憲法学の現状と展望』（成文堂，2018年）749頁以下，新井誠「タトゥー施術規制をめぐる憲法問題――大阪地裁平成29年9月27日判決を契機として」広島法学42巻3号（2019年）21頁以下，小山剛「職業と資格――彫師に医師免許は必要か」毛利透＝木下智史＝小山剛＝棟居快行『憲法訴訟の実践と理論』（判例時報社，2019年）249頁以下など。また，刑事法学の観点からの考察も同様に本論文では行なわない。さらに，本論文で取扱うのはあくまで専用の器具（タトゥーマシン）を用いたタトゥー施術であり，いわゆる「手彫り」は考察の対象には含めない。

2）タトゥー施術店において，医師でないのに業として先端に針のついた器具（タトゥーマシン）を用い，複数の被施術者に針に色素を付け連続的に多数回皮膚内の真皮部分まで突き刺すことにより，色素を真皮内に注入し定着させる行為（以下，本件行為）を行なった者が医師法17条違反であるとして同法違反の罪に問われた，というものである。

3）大阪地判平成29・9・27判例時報2384号129頁。主な判例評釈として，佐々木雅寿「入れ墨の施術行為と憲法22条1項」法学教室449号（2018年）121頁，濱口晶子「彫り師のタトゥー施術行為と職業選択の自由」法学セミナー763号（2018年）120頁，小谷昌子「判決紹介」年報医事法学33号（2018年）239頁以下，高田倫子「入れ墨の施術者に医師免許を求めることが合憲とされた事例」速報判例解説23号（2018年）19頁以下，城下裕二「入れ墨の施術行為に医師法17条違反の罪の成立を認めた事例」速報判例解説23号（2018年）175頁以下。

4）大阪高判平成30・11・14判例時報2399号88頁。主な論攷として，榎透「入れ墨の施術者に医師免許を求めることと憲法22条1項」速報判例解説24号（2019年）37頁以下，笹田栄司「『医業独占』（医師法17条）とタトゥー施術業［大阪高裁平成30. 11. 14判決］」法学教室462号（2019年）152頁，堀口悟郎「タトゥー医師法事件控訴審判決［大阪高裁平30. 11. 14］」法学セミナー64巻4号（2019年）128頁，髙山佳奈子「タトゥー医師法裁判と罪刑法定主義」文明と哲学11号（2019年）135頁以下，松宮孝明「タトゥー事件大阪高裁判決に対する刑事法学からの検討（特集 タトゥー裁判判決（大阪高判平30・11・14）を読む）」季刊刑事弁護99号（2019年）87頁以下，佐藤雄一郎「タトゥー事件大阪高裁判決に対する医事法学からの検討（特集 タトゥー裁判判決（大阪高判平30・11・14）を読む）」季刊刑事弁護99号（2019年）93頁以下，天田悠「医師法17条にいう『医業』の内容をなす医行為の意義――タトゥー事件控訴審判決」刑事法ジャーナル60号（2019年）176頁以下，曽我部真裕「タトゥー施術行為に医師法17条を適用して処罰することは，職業選択の自由を侵害するおそれがあり，憲法上の疑義があるとされた事例（大阪高判平30・11・14）」判例時報2415号（判例評論728号，2019年）132頁以下，前田雅英「最新刑事判例研究（第56回）入れ墨の施術と医師法17条にいう『医業』の内容となる医行為［大阪高裁平成30. 11. 14判決］」捜査研究68巻8号（2019年）16頁以下，小野晃正「非医師による身体装飾目的の侵襲と無免許医業罪――大阪高判平成30年11月14日判時2399号88頁を素材に」摂南法学56号（2019年）1頁以下，曽我部真裕「タトゥー施術行為に医師法17条を適用して処罰することは，職業選択の自由を侵害するおそれがあり，憲法上の疑義があるとされた事例（大阪高判平30・11・14）」判例時報2415号（判例評論728号，2019年）132頁以下，武藤眞朗「医師にのみ許容される行為――タトゥー施術事件控訴審判決を契機として」東洋法学63巻3号（2020年）145頁以下，山﨑皓介「医師法17条に基づくタトゥー施術規制と職業選択の自由」北大法学論集70巻6号（2020年）175頁以下，尾形健「タトゥー施術業医師法違反事件控訴審判決」令和元年度重要判例解説（2020年）22頁以下，神馬幸一「入れ墨（タトゥー）の施術と医師法17条にいう『医業』の内容となる医行為」同154頁以下，加藤摩耶「医師法17条にいう『医業』と医行為の射程――タトゥー事件控訴審判決」医事法研究2号（2020年）227頁以下など。

5) 医事法学的観点からの考察として，三重野雄太郎「タトゥーを彫る行為の『医行為』該当性」鳥羽商船高等専門学校紀要40号（2018年）9頁以下，辰井聡子「医行為概念の検討――タトゥーを彫る行為は医行為か」立教法学97号（2018年）14頁以下など。もっとも，本論文の視点と，両論文の視点はややその置きどころを異にするように思われる。

6) 加藤良夫編『実務医事法〔第2版〕』（民事法研究会，2014年）496頁［須田清］。

7) 医師法は1874（明治7）年発布の「医制」を基礎とする。「医制は当時の衛生制度全般にわたつて規定していたが，特に医師……の資格，業務に関する規定は重要な部分を占めていた。さらに医制では，産婆，鍼治，灸治の業者についても規定しており，内容は進歩的で，原稿医療制度の基本的なものをすべて含んでいたといえる。医制は，東京府など三府に発せられたのみで全国的な規制ではなかつたが，これを基礎として医療関係者に関する法制の整備が図られていつた。」小暮保成ほか『昭和46年版医療法・医師法（歯科医師法）解〔改訂11版〕』（医学通信社，1971年）1－2頁。その後，1906（明治39）年に医師法（いわゆる「旧医師法」）および歯科医師法が制定され，1942（昭和17）年に国民医療法が制定されたのに伴い，旧医師法・歯科医師法はこれに吸収され，戦後，同法の廃止により1948（昭和23）年に制定されたのが現在の医師法である。

8) 平林勝政「医療スタッフに対する法的規制――医師に対する法的規制を中心に」宇都木伸＝平林勝政編集『フォーラム医事法学〔追補版〕』（尚学社，1997年）200－201頁によると，医療スタッフに対する法的規制は「医療が行われる前提として，その供給主体を一定の学識・技倆を有する者に限定する公法上の事前的規制」としての資格法，「医療が行われるに際しての法的規制」である業務法，「すでになされた医師の行為に対する事後的な法的規制」としての責任法の3つに分けて考えることができるとする。

9) 同条の沿革は小西知世「医行為論序論――これからの検討の礎石として」いほうの会編『医と法の邂逅　第2集』（尚学社，2015年）34－39頁に詳細に記載されているのでこれを紹介しよう。同書

34－45頁によると，この規定のルーツとしてみることができるのは1880（明治13）年制定の旧刑法（太政官布告第36号）256条の「官許ヲ得スシテ医業ヲ為シタル者ハ十円以上百円以下ノ罰金ニ処ス」，1906年制定の旧医師法11条「免許ヲ受ケスシテ医業ヲ為シタル者ハ……五百円以下ノ罰金ニ処ス」であるとされる。当初，旧医師法11条は警察犯処罰令2条18号とともに，東洋医学とも西洋医学とも異なる禁厭や祈禱等を医療の場から排斥する役割を負っており，それも含めて旧刑法256条および旧医師法11条は「医業なかんずく医術の危険性から国民の身体生命を守ること――医療の安全性の確保すること――」という「同様の目的のもと設置された規定であると――単に条文の文言上の類似性だけではなくその立法趣旨からも――得心することができる」と述べる（同書35－36頁，カギ括弧内は原文ママ）。さらに，同66－67頁によると「医行為が当初担わされていた目的は必ずしも医療の安全性の担保だけにあるわけではなかった。西洋医学をメインストリームに据え，これまでのメインストリームであった東洋医学と入れ替えるという政策を反映させる目的も少なからず包含していた。換言すれば医行為概念は政策反映ツールでもあった。」とも指摘され，このような思惑についても頭にいれておくべきであろう。

10）平沼直人『医師法――逐条解説と判例・通達』（民事法研究会，2019年）2頁は「本法の本則は，実質46カ条からなるが，各規定は概して簡略である。用語の定義規定をもたず，例示列挙もあまりなされていない。たとえば17条の医業独占において，『医業』の定義はなされておらず，その概念の根幹をなすとされる『医行為』という用語は，法文上に存在すらしない。」と述べる。なお，この点につき，現行医師法の立法時に国会の厚生委員会において榊原亨委員の質疑に対し，久下勝次厚生事務官が「医業の観念は実ははなはだむずかしいのでございまして，……法律の中に取入れて書きたいと思っていろいろ研究もいたしたのでございますが，法律の中に医業の観念を規定するほどに，一般的に固まつていないように感じました。……医術というのは，私どもの考えといたしては，疾病の診察，治療，投薬などをいうものと解しております。何が疾病であり何が治療であるかということにつきましては，もちろん医学も日進月歩のことでありますから今固定的にそれの観念を下し得ないと思いますが……」と答える。第2回國会衆議院厚生委員会議録16号14頁参照。また，磯崎辰五郎＝高島學司『法律学全集　16－Ⅱ　医事・衛生法〔新版〕』（有斐閣，1979年）185頁も，「医業ないし医行為の内容は，医学・医術の進歩にともなって，流動的であり，多岐にわたっていて，一般的抽象的にその定義を法文上明示することが難しいと考えられる。」と述べる。

11）医師法17条をめぐる司法解釈，行政解釈を中心とした近年の議論の展開は，小西・前掲注9）3頁以下，とりわけ34頁以下に詳細な説明がなされている。また，かつてなされていた「医行為」の意義に関する学説については，野田寛『現代法律学全集58　医事法（上）』（青林書院，1984年）59－61頁を参照されたい。同書は「学説の展開」と述べるが，必ずしもこれらの解釈が時代ごとに展開を見せてきたわけではなく，様々な考え方が様々な時代において著されてきたものであることには注意しなければならない。つまり，医師法17条の解釈，とりわけ「医行為」概念の解釈において，時代ごとの通説の変遷はなかったように思われる。

12）野田・前掲注11）60－61頁はこれを「現在の通説であるといってよい」としている。判例では，「医学上の知識と技能を有しない者がみだりにこれを行うときは生理上危険がある程度に達していること」をもって医行為性を肯定した最判昭和30・5・24・後掲注40）がこのような解釈を採用した最初の判例であるとされる。また，最決平成9・9・30刑集51巻8号671頁はその原審東京高判平成6・11・15高刑集47巻3号299頁が述べたところ（「医業の内容をなす医行為とは，原判決が説示するように『医師が行うのでなければ保健衛生上危害を生ずるおそれのある行為』と理解するのが正当というべき」）をそのまま認める。最決平成9・9・30の調査官解説，飯田喜信「コンタクトレンズの処方のために行われる検眼及びテスト用コンタクトレンズの着脱と医師法一七条にいう『医業』の内容となる医行為」最高裁判所判例解説刑事篇平成9年度170－171頁も参照。もっとも，辰井・前掲注5）28－30頁は，このような解釈には「暗黙のうちに，行為の『医』領域性が読み込まれていると解するのが妥当である」とする。

13）最決昭和28・11・20刑集7巻11号2249頁など。なお，平林・前掲注8）225頁は，「ある者の行為が『医業』といいうるためにはそこに営利性のあることも，その行為から何らかの生活資料（反対給付）を得ること（あるいはそれを目的とすること）も必要ではないとされる。また，医療行為が現実に反復継続することも必要ではなく，1回の医療行為のみでも反復継続の意思があると立証されれば医業となる可能性があろう」と述べる。

14）「業とする」の解釈につき通説的見解に対して異論がないわけではない。たとえば，石井トク『医療事故――看護の法と倫理の視点から〔第2版〕』（医学書院，1999年）48頁など。本論文においてはこの点については考察しないが，米村滋人『医事法講義』（日本評論社，2016年）44頁はこの「業として」の解釈と「医行為」の解釈により処罰範囲等の調整が図られてきたものの，そもそもこの解釈に場当たり的な側面があったことを指摘する。

15）なお，以上は司法解釈であるが，行政解釈は「医師の医学的判断及び技術をもってするのでなければ人体に危害を及ぼし，又は危害を及ぼすおそれのある行為」とする。この解釈がはじめて示されたのは警視庁防犯部麻薬課長あて厚生省医務局医事課長回答「医師法第十七条の疑義について」（昭和39・6・18医事第44号）である。近年も，厚生労働省医政局長通知「医師法第17条，歯科医師法第17条及び保健師助産師看護師法第31条の解釈について」（平成17・7・26医政発第0726005号，いわゆる医行為除外例通知）https://www.mhlw.go.jp/stf2/shingi2/2r9852000000g3ig-att/2r9852000000iiut.pdf（2019年11月9日閲覧）などにおいてこの行政解釈が維持されている。

16）たとえば，医行為を，判例としては大判昭和2・11・14刑集6巻453頁，大判昭和8・7・31刑集12巻1543頁や，市村光惠『醫師ノ權利義務〔改版〕』（信山社，1994年 ※寶文館，1928年刊の復刻）14頁にみられるように「人ノ疾病ノ診療ヲ目的トスル行爲」と定義づけると，いわゆる医業類似行為や非標準医療，加持祈禱なども医行為に含まれうる。丸山正次「醫師の診療過誤に就て」司法研修報告書集18輯4号（1934年）17－18頁は，「疾病の診療として爲す行爲は凡て醫術なり」とする考え方について，「醫術の目的と意義とを混同するに歸し若し斯の如くんば疾病の爲に行ふ加持祷禱の類も醫術となる」とする。このような問題を克服しようとしたのが大判大正3・4・7刑録20輯485頁や広島高岡山支判昭和29・4・13高刑特31号87頁などによる「人の疾病治療の目的を有し，かつ，現代の医学の原理にかなうものをいう」との解釈であろう。

17）かつてあった解釈として，丸山・前掲注16）17－18頁は「醫術」「醫學の原理原則を實際に應用する術なり」とするが，これによれば医学研究，薬事研究や医療機器開発のための研究なども医行為に含まれうると考えられ，広義にすぎると考えられる。

18）土井十二『醫事法制學の理論と其實際』（凡進社，1934年）37頁は「醫業とは人の疾病を診察，治療して，生活資料を得るために，反覆繼續する意思を以て，醫の行爲を常業とするを云ふ」と述べる。このように解すると，治療を直接的な目的としない行為は含まれないことになる。なお，市村・前掲注16）14頁の定義も同様であるが，もっとも同書は別の箇所で医師の「醫術ヲ行フ權利」のなかで対象者の同意を得なければなすことができない医術として「疾病ノ輕減」とともに「疾病ノ豫防」や「人ニ對スル試驗」を挙げており（同書100頁，104頁等参照），おそらく疾病予防のための行為が観念されていなかったわけではない。このことからも，医行為の定義づけの難しさを推し量ることができよう。結果として，医行為の射程を不当に狭めかねないとの考慮が働き，「治療」の文言は現在の定義から除かれることとなったのではないかと推測する。その後も磯崎＝高島・前掲注10）184頁が「医療及び保健指導をなすこと」と説明するが，近年では野崎和義『コ・メディカルのための医事法学概論』（ミネルヴァ書房，2011年）4－5頁などは治療目的であることを必ずしも要しないと説く。

19）以上で紹介した考え方について，大谷實「医師法一七条にいう『医業』の意義」福田平＝大塚仁博士古稀祝賀『刑事法学の総合的検討（上）』（有斐閣，1993年）449頁は，疾病の診療目的の行為とする説についても治療目的に加えてその方法が現代医学に基づき診療可能であるものとする説についても，医行為に予防行為は含まれず医業類似行為は含まれるとして「限定することができない」との理由でそれほど支持を集めるものではないとする。

20）この解釈に関しては佐伯仁志「『医業』の意義――コンタクトレンズ処方のための検眼とレンズ着脱」医事法判例百選（2006年）4頁が「すでに確立したもの」と評する。また，天田・前掲注4）179－180頁は，「医師法17条の趣旨から目的論的に規定するアプローチであ」り，「医師法17条と動詞の他の法規定とも，行政解釈とも整合的であ」ると述べる。

21）林良平＝辻正美＝錦織成史「医療行為とは何か――組織医療を求めて」日本医事法学会編『医療行為と医療文書（医事法学叢書第2巻）』（日本評論社，1986年）71頁［林良平］。

22）林＝辻＝錦織・前掲注21）71頁［林良平］。

23）米村・前掲注14）40頁。

24）薬剤の注射および医薬品の塗布については最判昭和29・8・20刑集8巻8号1287頁（なお国民医療法8条1項「醫師ニ非ザレバ醫業ヲ，齒科醫師ニ非ザレバ齒科醫業ヲ爲スコトヲ得ズ」の違反），聴診および触診については最判昭和30・5・24・後掲注40），湿布については小松簡判昭和34・1・31下刑集1巻1号227頁，コンタクトレンズの着脱に関しては最決平成9・9・30・前掲注12）を参照。

25）大判大正12・8・17刑集8巻8号1287頁。

26）東京地判平成14・10・30判例時報1816号164頁。なお，「医療用レーザー脱毛機器を使用して，両腕，両足，両脇，ビキニライン等身体のムダ毛を脱毛するにあたり，来店した患者を問診する等して体質をチェックした後，施術台に寝かせ脱毛個所を消毒用エタノールで消毒してカミソリで体毛を剃り落としてから，患者の目を保護するためにレーザー専用の紫外線防止眼鏡をかけさせるか目元をタオルで覆う等した後，従業員自身もレーザー専用の紫外線防止眼鏡又はレーザー用ゴーグルをかけてレーザー熱を毛根部分に照射し，毛乳頭，皮脂腺開口部等を破壊して脱毛した後，脱毛部分にアイスゲルを当てて冷やしてから脱毛部分に鎮静効果のあるキシロカイン等の薬剤や化膿止め等の薬剤を患部に塗布する行為」が「医師法に規定する医業行為に抵触する」との行政解釈も示されている（警察庁生活安全局生活環境課長あて厚生省健政局医事課長通知「医師法上の疑義について（回答）」平成12・6・9医事第59号）。

27）東京地判平成9・9・17判例タイムズ983号286頁。なお，植毛に関しては，「局部に麻酔注射をしてからハサミ，ピンセット，手術刃を使って皮膚を切除し，別の個所の植毛用の皮膚を切除したものを右の切除用部にあてて縫合針で縫い合わせる（痛みどめ，化膿どめの呑み薬を与える）」行為を医行為と認める行政解釈も示されている。東京地方検察庁刑事部検事あて厚生省医務局医事課長回答「医師法第十七条における『医業』について」（昭和39・6・18医事第44号の2）。

28）東京地判平成2・3・9判例時報1370号159頁。

29）なお，医行為から除外される行為については，厚生労働省医政局長通知「医師法第17条，歯科医師法第17条及び保健師助産師看護師法第31条の解釈について」（平成17・7・26医政発第0726005号）・前掲注15）において例示されている。

30) 曽我部・前掲注1) 752頁は「理容師の顔そり（理容師法1条の2第1項）が，保健衛生上の抽象的な危険があると思われるにも関わらず一般に医行為とは理解されていないのは，およそ医療関連性が認められないからではないか。」と述べるが，むしろ理容師法がその当初から理髪の内容として顔そりを明記し，理髪業の独占規定（理容師法6条）を備えているからこそ医行為かどうかが問題とされてこなかったと理解できよう。なお，柔道整復師がエックス線照射器を使用して患者らにエックス線を照射して撮影し，その読影により骨折の有無等疾患の状態を診断した事例に関する最高裁の判断（最決平成3・2・15刑集45巻2号32頁）においては，柔道整復師が業として放射線を人体に照射することにつき，昭和58年改正前の診療放射線技師及び診療エックス線技師法24条1項違反が成立するだけで，医師法17条違反はないと判示している。このことからすれば，顔そりについては理容師法の存在を前提に医師法17条の問題とはならなかったのではないかと思われる。

31) 米村・前掲注14) 39頁。

32) 小西・前掲注9) 9頁。なお，同37頁は「保健衛生上の安全性を担保するという考え方は約110年前からすでに重視されており，そして約110年後の今日に至っても，それは維持されていると言っていいだろう。とするのであれば，それは確かに医行為概念の目的とするところのものではあるが，もはやただ単に医行為概念の目的論のレベルに収めることができない時代を超えた普遍的な考え方あるいは価値観と位置づけるべきではなかろうか。」，さらには医事法領域においてこのような考え方は大原則ともいえるものであることからも，「医行為解釈論を展開するに際しては，まずこの医療の安全性の担保という原則から解釈論をスタートさせねばならない」と指摘する。

33) 山中敬一『医事刑法概論Ⅰ　序論・医療過誤』（成文堂，2014年）85頁。なお，医師免許を有さないインターンが診察治療を行ない，看護師に注射の指示をしたことが医師法17条に反するか否かが問われた最決昭和28・11・20刑集7巻11号2249頁の控訴審大阪高決昭和27・2・16刑集7巻11号2273頁は医師法17条の趣旨について，「医療行為が一般公衆衛生上重大な影響あるに鑑み，診療過誤等具体的事故発生の場合において責任を問うだけでは足りないとし医行為を業とする場合はすべて国家の免許を要することとし，無免許者の医業を一般的に禁止し，もって無免許医の冒すことあるべき社会保健上の危険を抽象的段階において防止しようとするにあるものと解すべきである。」と述べる。

34) 佐藤・前掲注4) 95頁。山中・前掲注33) 87－88頁は，「『危害を及ぼす行為』は，その行為自体が直接に人体に危険を及ぼす行為（直接的危険行為）を指し，『危害を及ぼすおそれのある行為』は，その行為が前提となって，次の人体に通常直接的に危険な行為をもたらす行為（間接的危険行為）およびその行為によって適切な治療を受ける機会が奪われ，存在する危険を防止することができず，あるいは後に人体に危害を及ぼす行為を必然的に誘発せざるをえなくなる行為（消極的危険誘発行為）をいう。」と分類する。

35) 平林・前掲注8) 205－208頁。なお，また，医師と看護師など他職種との業務の関係においては，その危険性により絶対的医行為，相対的医行為に区別されることがある。小西・前掲注9) 10頁，米村・前掲注14) 40頁。一般的には，絶対的医行為は他の医療スタッフに委ねることはできない医学的判断事項や危険性が高い行為であり，相対的医行為については他の医療スタッフが医師の指示に基づき分担しうると解される。

36) なお，医師が行なうのでなければ保健衛生上危害を生ずるおそれがあるとまではいえないが一定の危険性を有する行為として，医業類似行為がある。現行法上，あん摩マッサージ指圧，はり，きゅう，柔道整復が医業類似行為として認められている（あん摩マツサージ指圧師，はり師，きゆう師等に関する法律12条）。米村・前掲注14) 89－92頁など参照。さらにこの外郭には整体などの放任行為があるが，危険性などを検討したうえで法規の範囲外に置かれ放任されているのか，本来はきちんと検討するべきであろう。

37) 各都道府県知事あて厚生労働省医政局長通知「看護師等による静脈注射の実施について」(平成14・9・30医政発第0930002号)。

38) 各都道府県知事あて厚生労働省医政局長通知「救急救命士の気管内チューブによる気道確保の実施について」(平成16・3・23医政発第0323001号)。

39) 例外は看護師に認められる「療養上の世話」であるとされる (保健師助産師看護師法5条，同31条)。医師の指示について，詳しくは平林・前掲注8) 210－211頁。

40) 刑集9巻7号1093頁。調査官解説として，寺尾正二「医師法上，医行為に当る事例」最高裁判所判例解説刑事篇昭和30年度号1174頁以下，評釈として，門広繁幸「患者に対する聴診・触診・指圧と医行為」医事判例百選 (1976年) 140頁以下など。

41) 浦和地川越支判昭和63・1・28判例時報1282号7頁。

42) 判例集未登載 (LEX/DB文献番号25482352)。

43) 以上のようにみてくると，佐藤・前掲注4) 95頁が述べるように消極的弊害が生じえない行為を医師法によって禁止する必要はないとまでいえるかは疑問である。

44) なお，佐藤・前掲注4) 95頁は，むしろ医師法17条の解釈により導かれる「保健衛生上の危害」とは消極的弊害のことであると述べる。小西・前掲注9) 42－45頁は消極的弊害の取締りは当初，専ら警察犯処罰令2条18号が担っていたと言い，同66頁は「現行医師法時代になり，それと同様の役割を担う規定は存在しなくなった。ここからは推測でしかないが，その役割は，HS式無熱高周波療法事件と断食道場事件を媒介して医行為概念に滑り込んできたように感じられる」とする。ここでいわれるHS式無熱高周波療法事件は，無資格の者がHS式無熱高周波器による「治療」を自宅で行なったことが当時のあん摩マッサージ師，はり師，きゆう師及び柔道整復師法12条の医業類似行為の禁止規定に違反するとして有罪とされた事件。最大判昭和35・1・27刑集14巻1号33頁参照。他方，断食道場事件とは，断食道場において医師でないのにアレルギー症状や蓄膿症など疾病治療などの目的で訪れた6名の者に対して問診として断食道場への入療目的，入療当時の症状，病歴等を尋ね，入療日数，補食および断食の日数を指示し，下剤の投与などの診療行為をなしていた事案。最決昭和48・9・27刑集27巻8号1403頁。

45) タトゥー (入れ墨) の有する文化的背景などについては佐々木光信「ファッションタトゥ問題」保険医学総合研究所リサーチレビュー5巻3号 (2015年) 3－4頁，小山・前掲注1) 249頁など。このような経緯からみても，一般的にタトゥー施術は，明らかに医療の埒外にあるとの印象をもたれていると考えられるであろう。

46) 佐藤・前掲注4) 95－97頁参照。

47) 判例時報1370号159頁。

48) 警察庁生活安全局生活環境課長あて厚生省健康政策局医事課長通知「医師法上の疑義について」(平成12・6・9医事第59号)。

49) 医務局長医事課長発兵庫県衛生部長宛「医師法第17条の疑義について」(昭和47・10・3医事第123号)。

50) 前掲注3)。判決文の要旨は紙幅の関係もあり，最低限の引用にとどめる。

51) たとえば，高田・前掲注3) 19頁は「入れ墨の施術は，身体への侵襲を伴う点で医業と共通するが，弁護人が主張するように，表現活動として文化的・芸術的な職種に分類され得るとすれば，求められる職業の要件は医業と根本的に異なるはずである」と述べる。

52）前掲注4）。第1審判決同様，ごく簡単な紹介にとどめる。
53）なお，大阪高裁は，「大審院以来の判例の流れをみれば，最高裁判例は医療関連性を必要とする立場であると理解するのが妥当である」と述べるが，少なくともこれまでの理解とは異なるように思われる。飯田・前掲注12）170－171頁，「コンタクトレンズの処方のために行われる検眼およびテスト用コンタクトレンズの着脱の各行為と医師法一七条にいう『医業』の内容となる医行為（最高裁新判例紹介　刑事事件）」法律時報70巻2号（1998年）128頁もそのような理解はしておらず，後年の評価も髙山佳奈子「『医業』の意義」医事法判例百選〔第2版〕（2014年）4頁，山中・前掲注33）83－84頁など，同様である。
54）大審院刑事判例集6巻453頁。
55）高等裁判所刑事判決特報31号87頁。
56）東京高判昭和62・3・4判例タイムズ648号261頁も「医行為とは，主観的には人の疾病治療を目的とし，客観的には医学の専門的知識を基礎とする経験と技能を有する者がこれを用いて診断，処分，投薬，外科手術等の治療行為の一つもしくはそれ以上の行為をすることをいうと解すべき」と述べる。
57）前掲注40）。
58）髙山・前掲注53）4頁，山中・前掲注33）83－84頁。従前の判例の展開については，天田・前掲注4）179－180頁も参照。
59）なお，曽我部・前掲注1）749頁以下，城下・前掲注3）175頁以下，三重野・前掲注5）9頁以下，辰井・前掲注5）14頁以下など，同様の根拠からタトゥー施術行為は医行為には該当しないと述べる論者は多い。
60）佐藤・前掲注4）97頁も「被害者の承諾があれば多くの場合違法性がないと考えるべきであり，被害者の承諾の有無をまったく考慮せずに，しかも抽象的なおそれだけで，ある行為を禁止することはパターナリスティックに過ぎる」と述べる。
61）松宮・前掲注4）92頁も同旨。
62）佐々木・前掲注45）2頁。
63）この点については，小山・前掲注1）272頁，松宮・前掲注4）92頁がかえって保健衛生上の危険が高まることを指摘する。他方，小野・前掲注4）13頁は「刺青へのなお強い需要が市場にあれば，医師が刺青施術業に進出することは，健康保険が適用されない美容整形や審美歯科の興隆を見るかぎり，十分にあり得るだろう。」と述べる。
64）蛇足であるが，筆者は，プロフェッションたる医師の職能団体が存在すれば，この施術は医療ではないと表明することがひとつの解決となりうるのではないかと考えている。もっとも，現在，日本にはそのような団体はないとするのが一般的な理解である。また，2019年10月現在，日本医師会はタトゥー事件，タトゥー施術についてなんら反応を示していない。
65）この点についてはすでに有力な指摘が多くある。たとえば，松宮・前掲注4）91頁，天田・前掲注4）181－182頁など。
66）これは要するに社会通念による判断と理解できるだろうが，社会通念という概念による医療関連性の判断に対しては，天田・前掲注4）182頁の注27，および，神馬・前掲注4）155頁が疑問を呈するところである。
67）天田・前掲注4）182頁は「『医療』性の判断基準を明確化する必要があるが，医療という概念が『社会通念』や『常識』……に依拠している以上，その具体化には限界があろう」と指摘する。
68）アメリカ各州のボディーアート規制を概観すると，州によってはピアッシングとタトゥー施術を同じグループに分類して規制を行なっている例は一般的である。さらに，ピアッシングのなかでも耳たぶへのピアッシングは規制の対象としない場合もある（たとえば，Idaho Code §18-1523 (2004) など）。このことからすると，少なくとも耳たぶへのピアッシングについては原則として「医行為でない行為」として取扱うよう解釈の変更が行なわれる余地もありうるであろう。

69) 辰井・前掲注5) 258頁は「飲食に供することを前提としたふぐの調理は，相当の技能をもって行わなければ保健衛生上の危害を生ずるおそれのある行為であるが，これを医師が行わなければならないとする立場をわが法は採用しているのであろうか。食品衛生法6条1項2号および同法施行規則1条1項に関連して各都道府県が定めるふぐの取扱いに関する条例は，医師法17条の特別法に当たるという解釈は，法の解釈として採用可能なものであろうか」と述べる。

70) 曽我部・前掲注1) 752頁は「『医師が行うのでなければ保健衛生上危害を生ずるおそれのある行為』はすべて医行為であるとするならば，人体への侵襲を伴う行為がすべて医行為になってしまう。プロボクシングも医業に当たるが，違法性が阻却されると考えるのだろうか」と述べる。

71) このように考えたとして，タトゥーマシンによるタトゥー施術はおよそすべての者が行なっても抽象的危険を縮減できるのか，それともなんらかの要件を充たす者でなければならないのかという問題はあるであろう。たとえば，前述の理容師による顔そりは，医師がなせば仮に被施術者に傷をつけてしまったとしても適切に処置が可能であり危険を縮減できるともいえるが，定められた養成課程を修めた理容師であれば被施術者を傷つけずに顔そりができ，危険の縮減が可能であるため理容師の業務とされていると考えられる。養成課程等制度のないタトゥー施術に関して同様のことが言えるとは考え難いが，このような養成課程や免許の要否はまた別の問題である。また，免許と医師の指示になされる医療スタッフ，介護スタッフ間の医行為業務分担にこのような考え方がいかなる意味を有し，タトゥー施術に関する制度との関係はいかようになるのかは，また別問題として考える必要があろう。

72) したがって，一定年齢に満たない者への施術を許容することは難しいと考えるべきであろう。医療とは異なりタトゥー施術には生命や健康の維持のための直接的な必要性が認められないことから，原則として親権者等の同意があっても許容できないとすることも十分ありうると考える。

73) たとえば美容整形術や臓器移植ドナーからの臓器の摘出行為など，受け手の生命健康の維持に直接資さない行為であっても，その目的の実現に対して社会的承認を得て社会的に相当性のある行為であるとされていることが，その行為の正当化の要素となっている。岩志和一郎「臓器移植」宇都木＝平林編集・前掲注8) 90－91頁参照。

74) 近時話題となった公衆浴場やプールなどでの入れ墨・タトゥー露出拒否問題のみならず，生命保険への加入を謝絶されることもあるとされるが，佐々木・前掲注45) 4頁によると，この背景には「入れ墨＝犯罪者のイメージに加え，入れ墨＝反社会的勢力との認識が日本社会に定着していること」があるとされる。また，「一般国民における入れ墨文化は消失した。社会の水面下に存在することになった入れ墨は日本固有の社会的問題を孕む存在になっていたのである。そこへ，最近数年でファッションタトゥが普及しはじめ，多くの国民の理解と心情的許容を待たずに，新たな入れ墨文化として，その急激な隆盛が，社会的軋轢を生じさせている状況である」とも述べられている。

75) FDAによるタトゥー・アートメイクに関するファクトシートによると，「タトゥーに関するリスク」のひとつとして，「タトゥー顔料に対するアレルギー反応の報告はまれであるが，それらが発生すると顔料を除去するのが難しいため問題が大きい」旨が指摘されている。https://www.fda.gov/cosmetics/cosmetic-products/tattoos-permanent-makeup-fact-sheet（2019年8月31日閲覧）

を参照。

76) https://www.fda.gov/consumers/consumer-updates/think-you-ink-are-tattoos-safe（2019年8月30日閲覧）なお，日本においても刺青に伴い肉芽腫が形成された例が報告されている。高塚由佳ほか「黒と赤色の刺青に一致して肉芽腫を形成したサルコイドーシスの1例」皮膚科の臨床54巻4号（2014年）541頁以下参照。

77) C型肝炎対策等に関する専門家会議報告書「C型肝炎対策等の一層の推進について」（2005年）9－10頁，神谷尚志「小肝細胞癌におけるウイルスマーカーと背景因子からみた臨床像ならびに予後に関する検討――HBV陽性肝細胞癌とHCV陽性肝細胞癌の比較」千葉医学雑誌71巻2号（1995年）133頁以下。もっとも，同論文で「刺青」とされているものが現在のタトゥーとは異なるものである可能性はある。

78) 小山・前掲注1）267頁も，タトゥーの施術に医師免許を要求することは妥当ではないとの文脈においてではあるが，「彫り師に対して一定の教育・研修を行い，場合によっては届出制や登録制等，医師免許よりは簡易な資格制度等を設けるとか，タトゥー施術業における設備，器具等の衛生管理や被施術者に対する施術前後の説明を含む手順等に関する基準ないし指針を策定することなどにより，保健衛生上の危害の発生を防止することは可能である」とする。

79) タトゥー事件控訴審判決は「保健衛生上の危害を生ずるおそれがあることは否定できず，これに応じて，本件行為の施術者には，施術によって生じるおそれがある感染症やアレルギー反応等，血液や体液の管理，衛生管理等を中心とする一定の医学的知識及び技能が必要とされることも事実である」と述べるものであり，少なくともタトゥー彫り師の養成課程あるいは研修制度などを創設する必要性はありうるものと考える。

80) たとえば，「施術後から瘡蓋が取れるまでは，ワセリンや軟膏を1日数回薄く塗ってください（フィルムドレッシングシートの場合は3～4日目に剝がして以降）。軟膏は抗生物質が入っていないものを使用してください。抗生物質は皮膚の再生に必要なものまで殺菌作用で殺してしまうので，色が薄くなる恐れと傷の治りが遅くなります。」コルレオーネ　サクヤンアートスタジオ：アフターケア　URL http://corleone-tattoo.com/aftercare/（2019年11月20日閲覧）

81) なお，保健指導とは，あくまで保健師の保健指導業務の解説であるが，「健康を保持増進させるための指導である。……その指導内容は，対象者（個人，集団）が自ら健康の保持増進を図るように，日常生活の行動化とその習慣が身につき，健康に対する知識と価値観の確立ができるように図る」とされる。穴田秀男監修『医療法律用語辞典』（中央法規出版，1982年）421頁［内田郷子］。

82) https://www.fda.gov/consumers/consumer-updates/think-you-ink-are-tattoos-safe（2019年8月30日閲覧）

83) https://www.fda.gov/consumers/consumer-updates/think-you-ink-are-tattoos-safe（2019年8月30日閲覧）は，「顔料，その他の成分，タトゥーインクに含まれる可能性のある汚染物質の長期的な影響については，まだ多くの疑問がある」，「レーザー治療後の色素の分解による短期的または長期的な影響は不明」とする。

84) なお，佐々木・前掲注45）4頁は「EUは入れ墨用のインクに関する規制が主であ」り，「過去2度に渡って，インク成分の物質別規制案を公表しているが，新たに導入されるインクへの対応がカバーされていない状況になっている」と述べる。

85) ネヴァダ州においては一部の地域を除いてはタトゥーに関する規制がない。また，メリーランド州にも一部地域を除いてタトゥーに関する規則等はないが，皮膚を貫通する身体装飾手技に適用される一般規則 The Code of Maryland Regulations §10.06.01.06 がタトゥーにも適用される

（同様に，感染症予防に関する一般規則および広告に関する一般規則も存在する）。

86) 耳たぶへのピアッシングはこれと区別され，規制の対象外とされる例が多く見られる。

87) これに対して，県によっては青少年条例などで一定の年齢未満の者への入れ墨およびタトゥー施術を禁ずるのみである現在の日本における規制状況は，入れ墨やタトゥーをいわゆる反社会的なカルチャーとみなし，青少年をそういったものから遠ざけることが重視されているようにも思える。ちなみにアメリカにおいても，18歳未満など一定の若年者へのタトゥー施術は行なうことができないとする州，親権者の文書による同意がない場合には未成年者へのタトゥー施術を禁止する州など，一定の制限を課す州が多くみられる。たとえば，カリフォルニア州では18歳未満の者に対するタトゥー施術およびタトゥーの依頼をすることは犯罪を構成するとされる（Cal. PEN §653）。その他，未婚の18歳未満の者に対してはタトゥーを施術できないとするアイオワ州をはじめとして（Iowa Code §135.37），メイン州，ミシシッピ州，ニューハンプシャー州，ニューヨーク州，ノースカロライナ州，オクラホマ州，オレゴン州，ロードアイランド州（医療目的の場合は一定の条件下で許容されうる），ワシントン州，ウィスコンシン州などにおいても未成年者へのタトゥー施術は親の同意の有無にかかわらず原則なすことができない。

88) たとえば，フロリダ州ではタトゥー施術を行なうためには，タトゥーアーティストとして1年更新の免許を受けるか，あるいは一時的なゲストタトゥーアーティストとして登録が必要である（Fla. Stat. §381.00777）。それに加えて，認可された（licensed）施設でなければタトゥー施術は実施できない（§381.00777. もっとも，医師または歯科医師がなす場合にはこの限りではないとされる。§381.00773）。

89) アラバマ州，ワシントンD.C.，ジョージア州，イリノイ州，アイオワ州，ルイジアナ州，ミシガン州，モンタナ州，ウェストヴァージニア州など。その他，オハイオ州では刺青またはボディーピアスのサービスを提供する営業を行なう認可（approval to operate a business）が必要とされる（Ohio Rev. Code §3730.03）。施設が許可を得る際に各タトゥーアーティストが感染対策課程の修了証明書と，米国赤十字社発行の応急手当講習受講証明書などの提出が求められる（S.C. Code §44-34-20）。

90) ハワイ州，カンザス州（医師，医師の管理下にある人，認可された歯科医，認可された歯科医の管理下にある者による施術は除外），メイン州，ニューハンプシャー州（医師除外），ニューメキシコ州，ノースカロライナ州（医師等は除外），ヴァージニア州（医師等の有資格者は除外）など。

91) たとえばウェストヴァージニア州は，施設の登録に関する規定と別に，手洗いや使い捨て手袋の使用，顔料や道具の保管，用具の消毒，施設や設備の衛生管理などに関し詳細な規定を置く（WV Code §16-38-2 to §16-38-5）。また，サウスカロライナ州は，保健環境管理局に対して衛生安全基準を定めることを求める（S.C. Code §44-34-20）。

92) 佐々木・前掲注45）4頁。

93) 佐々木・前掲注45）4頁。

94) 学説も概ねこのような資格制度等の創設を否定していないように思われる。たとえば，三重野・前掲注5）15頁など。

95) この点，なぜ医療行為が正当化されうるのか，そしてそのための要件については様々な考え方があるが，①医学的適応性，②医術的正当性，③適切な説明を受けたうえでの患者の同意を要求するいわゆる三要件説が多数説であるとされる。天田悠『治療行為と刑法』（成文堂，2018年）390頁，田坂晶「治療行為の正当化における患者の同意」比較法雑誌51巻1号（2017年）108頁など。もちろん，タトゥー施術においても単に被施術者が同意することをもってその違法性が阻却されるのではなく，危険性も含めタトゥーにつき適切な説明がなされたうえでの同意が必要であると考えるべきであろう。

96）たとえば，樋口範雄「『医行為』概念の再検討」樋口範雄＝岩田太『生命倫理と法Ⅱ』（弘文堂，2007年）1頁以下，天野良「医行為概念の再検討」東京大学法科大学院ローレビュー8号（2013年）3頁以下など。また，小西・前掲注9）70－71頁は今日の医行為概念を形作る最高裁平成9年決定および行政解釈は包括的かつ抽象的な文言に終始し「いかなる危険をも悉皆的に包摂するという極めて射程範囲の広いものとなり，法的な輪郭がまったくみえなくなってしまっているのではなかろうか」と指摘する。

97）天田・前掲注95）9－10頁。

98）最決令和2・9・16（平成30年（あ）第1790号）裁判所ウェブサイト。

99）もっとも，最高裁はそのうえで「医行為に当たるか否か」は「目的，行為者と相手方との関係，当該行為が行われる際の具体的な状況，実情や社会における受け止め方等をも考慮した上で，社会通念に照らして判断する」と述べているが，これが②の要件を充足しているか否かの判断方法となるとは考えにくいため，これは実質的には①の要件を充足しているか否かの判断方法であるというべきであろう。

職業と資格
——彫師に医師免許を要求することの憲法適合性

小山　剛

本稿は，2019年7月に最高裁判所に提出した意見書に，最小限の補正を加えたものである。

Ⅰ　はじめに

本意見書は，彫師（タトゥーイスト）としての活動に医師法17条を適用し，これに医師免許を要求することが，職業選択の自由を保障する憲法22条1項に反しないかということについて検討するものである。

彫師に医師免許を要求することは，彫師の職業選択の自由に対して，強力な制限を加えるものである。もとより，そのような強い制限も，法律上の根拠があり（形式的正当化），かつ，その制限が内容において比例原則を充足していれば（実質的正当化），憲法22条1項に反するものではない。本意見書は，《ある職業活動に対して過剰な資格を要求することは，比例原則（特に，狭義の比例性）を充足せず，憲法22条1項に違反する》との理解から，職業活動の内容と要求される資格との間に不均衡がないかどうか，慎重な審査を求めるものである。

(a)　本意見書が対象とする事件（以下，「本件」という）に関連し，上述のほか，種々の憲法上・法律上の論点が生じうるが，本意見書では，それらの論点には基本的に立ち入らない。とりわけ，「医師でなければ，医業をなしてはならない。」と規定する医師法17条の「医業」の解釈は，本件の結論に直接的な帰結を及ぼしうるが[1]，本意見書ではこの問題には立ち入らない。医師法17条をどのように解するかは，後述のように（⇒Ⅵ(b)），憲法判断の要否や違憲判断の手法の相違をもたらすが，憲法適合性についての実体的判断に影響するものではないためである。

また，本件は，1948（昭和23）年以降自由に行うことができた彫師の職業を，2001（平成13）年に，厚生労働省医政局医事課長通知（医政医発第105号）によって事実上，禁止したものであるため，法律の留保に反するのではないかとの憲法上の疑義も生ずるが，この問題にも，本意見書では立ち入らない[2]。さらに，ある活動に対する資格の要求は，複数の憲法上の権利に対する制約に当たりうる[3]が，本意見書では，職業選択の自由が第一次的に関連する基本権[4]であるとして検討を進める。

(b) 次に，本意見書のあらましについて述べておきたい。

職業の自由に対する制約については，言うまでもなく，最高裁薬事法判決（最大判昭和50・4・30民集29巻4号572頁）が最も重要な先例となる。本件の1審判決および控訴審判決も，この先例を引用し，学説において厳格な合理性と呼ばれる[5]審査基準を用いている。本意見書も，この先例の意義に対して疑問を呈するものではない。

もっとも，「資格」の合理性が自明の前提となっていた最高裁薬事法判決の事案とは異なり，本件では，国が彫師に対して「医師免許」という資格を要求することの憲法適合性が問われている。資格制による職業選択の自由の制限は，許可の主観的条件によるものであるが，ドイツ法では，これは，最高裁薬事法判決で違憲とされた許可の客観的条件による制限とは区別され，違憲審査の観点も，資格要求に特化した内容となっている。このような関心から，本意見書は，基本的には最高裁薬事法判決の論理に従いつつ，ドイツ連邦憲法裁判所の諸判例を参照して，最高裁薬事法判決において争点とはならなかった問題——職業活動と要求される資格との間の比例性——に検討の重点を置くことにしたい。

Ⅱ　職業としての彫師

まず，職業の自由の意義および彫師が1個独立の職業であることの確認から始めたい。

1　憲法上の「職業」

(a)　明治憲法やワイマール憲法は，職業の自由を独立の基本権として保障しておらず，自由な職業・営業活動は，封建制・身分制の否定の中で，一種の公序として保障された[6)]。これに対し，最高裁薬事法判決は，個人の人格的価値との関連を強調することにより，自由な職業活動を個人の憲法上の自由として定位した[7)]。同判決は，職業活動の意義を次のように説いている。「職業は，人が自己の生計を維持するためにする継続的活動であるとともに，分業社会においては，これを通じて社会の存続と発展に寄与する社会的機能分担の活動」であり，また，それは，「各人が自己のもつ個性を全うすべき場として，個人の人格的価値とも不可分の関連を有する」。憲法22条1項の「職業選択」という文言にもかかわらず，「選択した職業の遂行自体，すなわちその職業活動の内容，態様においても，原則として自由である」と解されるのも，職業活動のこのような意義から導き出されている。

(b)　もっとも，何が「職業」であり，何が職業「選択」に対する制限なのかは自明ではない[8)]。

本意見書との関連で重要なのは，国が資格や届出制などにより対象となる職業の範囲を区切った場合である。それが合理的であることが大前提であるが，国による資格制等の採用は，その職業像を法的に固定し，その職業を定義するものとなる。とはいえ，何が1個の職業であるかは，国が創設した制度に依存するものではない。職業には，資格等により職業像が法的に固定された職業のほか，職業像が伝統的・社会通念的に形成された職業がある。さらに，職業選択の自由は，それら既存の職業のほかに，各人が自由に選択した，非典型的な活動の自由を含む。そのような活動から新しい職業（像）の生成もありうる。あるいは，「選択」ということでは，同じ資格であっても，例えば「弁護士」について，いわゆるイソ弁から自前の事務所を構えてボス弁になることは，職業

「選択」と捉えられる[9)]。

ドイツ連邦憲法裁判所の薬局判決（BVerfGE 7, 377）（以下，「ドイツ薬局判決」という）は，職業の自由の意義を説いたうえで，「職業の概念は『広く』解されねばならない」としている。この意味で，法制度に広く依存する財産権や婚姻の自由等[10)]と異なり，憲法上の「職業」は，自立的な権利である。

2　彫師と隣接職業

結局のところ，ある活動が1個の職業であるかどうかは，社会的な重みや一般人の考え方，その活動を行う人的集団の自己理解から判断されることになる。

(a)　彫師には長い歴史があるとされる[11)]が，明治政府は1872（明治5）年3月に市中風俗取締令で「ホリモノ」を禁止し，同年11月の違式詿違条例（東京）は「身体に刺繍をなせし者」を違式罪の対象とした。1880（明治13）年7月に布告された旧刑法中の違警罪（旧刑法第4編 425～429条）の428条は，「身体に刺文を為」す者に加え，施術者（「之を業とする者」）も違警罪の対象とした。施術禁止は，警察犯処罰令を経て，1948（昭和23）年の軽犯罪法の附則による警察犯処罰令の廃止まで続いた。

入墨の施術が再び禁止されたのは，2001（平成13）年の医政医発第105号によってである。同文書は，アートメイクの弊害を契機としたものであるが[12)]，入墨（タトゥー）とアートメイクを区別せず，「針先に色素を付けながら，皮膚の表面に墨等の色素を入れる行為」を医師以外の者が業として行えば医師法17条に違反するとしている。また，この間に，従来の典型的な入墨とは異なるタトゥーが広がるとともに，彫の技法も多様化しているなど，入墨（タトゥー）とアートメイクを区別しうるのか，換言すれば，彫師（タトゥーイスト）という独立の職業は存在しないのではないかとの疑念も生じうるところである。

しかし，上述のように，一般論として，国による資格付与等は一定の目安とはなりうるものの，職業は国が最終的に定義するものではない。とりわけ，国が資格付与ではなく，規制的な観点から活動Aと活動Bを同じに扱うことは，もとより正当な理由があれば許されるが，それによってAとBが職業として同一となるわけではない。

(b)　彫師がアートメイクと区別された独立の職業であるかどうかは，「針先に色素を付けながら，皮膚の表面に墨等の色素を入れる行為」[13)]という規制の便宜から判断されてはならない。規準となるのは，禁止の歴史を含む彫師の歴史や社会通念，彫師として活動する者たちの自己理解等である。

この点，確かに，一般社団法人アートメイク推進協会のウェブサイト[14]には，「アートメイク＝お顔の刺青」という表現がある。他方，一般社団法人日本タトゥーイスト協会会員規程の6条4項は「会員は，以上の如何を問わず，アートメイクの施術を行ってはならない。」と規定しており[15]，彫師（タトゥーイスト）の側では，入墨とアートメイクが明確に異なるものであることを自己理解としている。また，一般人において，眉やアイラインのアートメイクを目的に彫師（タトゥーイスト）を訪ね，入墨を目的にアートメイクサロンを訪れるという例は皆無であると思われ，社会通念上も入墨とアートメイクは明確に区別されていると思われる。歴史的にも，例えば眉については引眉や眉墨など，種々の化粧法があったが，彫師がそれに加わったという歴史は寡聞にして知らない。一方，アートメイクは，日本においては比較的新しい分野であるとともに，当初より，医師の手によって（も）行われてきた。この点でも，医師との接点のない入墨施術は，アートメイクから区別される。

これらにかんがみれば，「職業」のレベルで彫師（タトゥーイスト）とアートメイク従事者の区別を相対化するならば，すでにそのことによって憲法22条1項に反することになる。

Ⅲ　実質的正当化審査の視角

医師法17条を適用し，彫師の活動に医師免許を要求することは，彫師の職業選択の自由に対して，強力な制限を加えるものである。では，制限の比例性はどのような観点ないしは基準によって審査されるべきであろうか。

1　最高裁薬事法判決——厳格な合理性

本件の1審判決，控訴審判決も依拠する最高裁薬事法判決は，社会的相互関連性を理由に，職業の自由の制約に際して基本的に立法府の広い裁量を認める一方，合理的裁量の範囲には「事の性質上おのずから広狭がありうる」とした。

当該事案を念頭に置いた「事の性質」として，同判決は，①「一般に許可制は，単なる職業活動の内容及び態様に対する規制を超えて，狭義における職業の選択の自由そのものに制約を課するもので，職業の自由に対する強力な制限である」こと，②「自由な職業活動が社会公共に対してもたらす弊害を防止するための消極的，警察的措置である」ことを挙げ，学説において厳格な合理性と呼ばれる審査基準を定立した。それは，①「許可制に比べて職業の自由に対するよりゆるやかな制限である職業活動の内容及び態様に対する規制によっては右の目的を十分に達成することができないと認められることを要する」ものでなければならず，②「許可制の採用自体が是認される場合であっても，個々の許可条件については，更に個別的に右の要件に照らしてその適否を判断しなければならない」，というものである。

そのうえで，同判決は，①薬局の許可制を採用したこと自体は「肯認することができ」，②許可条件のうち，薬局の構造設備や薬剤師の数，許可申請者の人的欠格事由について定めたものは「いずれも不良医薬品の供給の防止の目的に直結する事項であり，比較的容易にその必要性と合理性を肯定しうる」が，距離制限については，これを違憲とした。

2　許可の主観的条件と狭義の比例性

ドイツにおいて職業の自由に関する裁判の先例となるのは，すでに言及したドイツ薬局判決[16]である。最高裁の薬事法判決に影響を与えたとも指摘される[17]同判決では，薬局開設の許可条件として，薬局新設により近隣薬局の経済的基盤を毀損しないことを求めた，バイエルン州薬局法の規定の憲法適合性が問題となった。許可の客観的条件による規制の事案であったが，判決理由の中で連邦憲法裁判所は，許可の主観的条件による制約を含む職業の自由全般についての包括的な説示を行っている。

それによれば，職業の自由に対する規制は，緩やかな順に，①職業遂行に対する規制，②職業開始に対して特定の資格等を要求する許可の「主観的」条件による制限，③当人の資格・能力と関わりのない「客観的」条件による制限の3段階に区別される。基本権制限を正当化するための比例性は，まず，どの「段階」の規制手段を選択すべきかについて要求される。すなわち，前段階における手段を用いたのでは，危惧される危険に効果的に対抗できないことが「高い蓋然性をもって証明」できる場合に初めて，より強力な次の段階の手段をとることが許される。続いて，比例性は，それぞれの「段階」における具体的規制手段について要求される。

詳述する余裕はないが[18]，ある業務について一定の資格を要求し，あるいは有資格者に業務を独占させる許可の主観的条件については，ドイツ薬局判決は，狭義の比例性を要求している。この審査は，許可の客観的条件（本人の資格・能力と無関係な条件）の比例性審査よりは全体として緩やかなものであるが，過剰な資格要求をあぶり出すものであり，本件の裁量の「事の本質」にもかなうものである。その基本理解を同判決から抜粋しておきたい（下線は本稿筆者による）[19]。

「職業開始の主観的条件についての規律は，職業像の法的秩序の一部分である。それは。職業への参入を，一定の――多くの場合，定式的な――方法で資格付与された志願者に限って認めるものである。そのような制約は，事の本質から正当化される。すなわち，制約は，多くの職業が一定の，理論的・実践的な習得によってのみ獲得される技術的知識や（広義の）技能を必要とし，また，そのような知識なしに行う職業の遂行は不可能もしくは事態に反するか，損害，さらには公衆に対する危険をもたらすであろうことに基づいている。立法者は，所与の生活事態（Lebensverhältnis）から生ずる必要条件を具体化し，『形式化した（formalisiert）』にすぎない。各人は，あらかじめ定められた形式上の職業教育によって，事の性質上，その職業を秩序だてて遂行しようとすれば，原則としてどのみち引き受けなければならないことが要求されるだけである。……このような自由の制約が不当ではないのは，さらに次の理由にもよる。この制約は，すべての職業候補者に対して平等で，また，事前に周知されており，各人は，要求された条件の充足が自分に可能であるか否かを，職業選択の前に判断することができるのである。ここでは，定められた主観的条件が職業活動の秩序ある充足という目的との均衡を失してはならないという意味での，狭義の比例原則が妥当する」。

3　両審査の異同

(a)　ここで，最高裁薬事法判決における厳格な合理性の審査と，ドイツ薬局判決における許可の主観的条件に対する狭義の比例性審査との異同について触れておくことにしたい。これら2つの審査は，全く別種の審査というわけではなく，（広義の）比例原則による審査に属するものである。

ドイツにおける比例原則は，①手段の適合性，②手段の必要性，③利益の均衡（狭義の比例性）という3つの審査を内容とする。まず，①手段の適合性は，その手段が立法目的（規制目的）の実現を促進するものである場合に肯定される。

その手段が立法目的の実現を阻害するか，目的を促進する作用を持たない場合には適合性が否定される。立法目的の完全な実現までは要求されない。次に，②手段の必要性は，立法目的の実現に対して等しく効果的であるが，基本権を制限する程度が低い他の手段が存在する場合に否定される。より制限的でない他の選びうる手段の有無が審査されることになる。その際，立法目的達成度が明らかに低い手段は，代替手段の候補とはならない。最後に，③狭義の比例性とは，「手段は追求される目的との比例を失してはならない」，あるいは，「手段は追求される目的と適切な比例関係になければならない」，という要請である[20]。

これを薬に例えるならば，次のように説明できよう。風邪を治すという目的で，薬を服用するとする。A，B，C，Dの4種の薬があるとし，Aは効き目がゼロで副作用が5，Bは効き目が5で副作用が4，Cは効き目が5で副作用が2，Dは効き目が7だが副作用が10であるとする。このうち，副作用のみで治療効果のない薬は，目的達成に不適合な手段であるため，その副作用を正当化しえない（適合性。Aは排除される）。また，同程度の治療効果を有する薬が複数存在する場合には，副作用の少ない薬が選択されなければならない（必要性。Bは排除される）。最後に，軽微な疾病を治療するために重大な副作用のある劇薬を用いてはならない（狭義の比例性。Dが排除される）ということになろう。

(b) 最高裁の薬事法判決は，比例原則を構成するこれら3要素について相当程度に厳しい審査を行い，一方，ドイツ薬局判決でいう許可の主観的条件に対する審査は，狭義の比例性に重点を置くものである。過剰な資格の要求は，上記の例では，薬Dのような姿で現れるためである。

狭義の比例性は，最高裁薬事法判決においても審査されている。「このような予防的措置として職業の自由に対する大きな制約である薬局の開設等の地域的制限が憲法上是認されるためには，単に右のような意味において国民の保健上の必要性がないとはいえないというだけでは足りず，このような制限を施さなければ右措置による職業の自由の制約と均衡を失しない程度において国民の保健に対する危険を生じさせるおそれのあることが，合理的に認められることを必要とする」との説示は，狭義の比例性について論じたものであると読むことができる。ここで指摘された職業の自由の制約との均衡の問題は，本件では，職業活動の内容と要求する資格との均衡の問題として現れる。医師免許が，彫師の「職業を秩序だてて遂行しようとすれば，原則としてどのみち引き受けなければならないことが要求されるだけ」（ドイツ薬局判決）なのかどうかが，狭義の比例性に照らして審査されることになる。

(c) なお，念のためであるが，最高裁薬事法判決もドイツ薬局判決も，目的が重要（国民の生命および健康に対する危険の防止）であることを理由とした審査密度（審査基準）の緩和は行っていない。審査密度は，もっぱら制約される憲法上の権利の意義，制約の強度を含む裁量の「事の性質」から定まるのである。

Ⅳ　資格の憲法適合性審査の具体例

彫師に対する医師免許要求について検討する前に，許可の主観的条件に係る若干の憲法判例を概観しておきたい。ドイツにおいて資格が問題となった事案には，業務独占の合憲性が争われた事案，過剰な資格の合憲性が争われた事案，2つの資格を1つに統合したことの憲法適合性が争われた事案，従前は2つの職業により営まれていた業務をその一方の職業に独占させたことの憲法適合性が争われた事案，などがある。本意見書では，そのうちのいくつかを紹介する。

1　鷹狩り決定

まず，一般的行為自由の事案であるが[21]，ある行為に対して過剰な資格を要求した法律が違憲とされた比較的初期の判例である，1980年の鷹狩り決定（BVerfGE 55, 159）を紹介する。

同決定で問題となったのは，1977年改正の連邦狩猟法の規定である。旧法では，鷹狩りを行う者は，狩猟許可証または鷹狩り許可証の交付を受ける必要があった。狩猟許可証を新規に取得するためには，銃器取扱いの知識および技能を含む狩猟試験に合格する必要があったが，鷹狩り許可証は，新規申請者についても特段の審査なしに交付されていた。ところが，法改正により，鷹狩りには，狩猟許可証と鷹狩り許可証の両方が必要となり，鷹狩りのみを行う者についても，銃器取扱いの知識および技能が審査されることになった。

連邦憲法裁判所は，次のように説いて，この法改正を違憲であるとした（下線は本稿筆者による）。

立法目的は，猟鳥の種の存続を保護し，猛禽類の飼育の際に生じる弊害に対処することである。この目的を達成するために，鷹狩り許可の要件を厳しくすることは，鷹狩りの完全な禁止よりも緩やかな手段であるため，許容される。しかし，猛禽の飼育および鷹狩りでは，銃器は一切使用しない。そのため，鷹狩りに対しては，銃器取扱いの知識・技能は必要ではない。にもかかわらず，許可に際して，規制の対象となる活動と何らの関連もない知識および技能が要求されるとすれば，それは，比例原則に違反することになる。

その際，同決定は，次のように説示している。「いずれにせよ，鷹狩りに際して銃器が用いられることはないという事実は，鷹狩りと一般の狩猟とを区別する『わずかな例外』である。それはしかし，顧慮しなくてよい瑣事ではなく，鷹狩りを決定的に刻印する事情なのである。それゆえ，この事実は，狩猟の許可を規律する際に看過されてはならないのである」。

2　装蹄法決定

次に，過剰な資格の要求が職業選択の自由に反するとされた，2007年の装蹄法決定（BVerfGE 119, 59）[22] を紹介する。1940年制定の装蹄法を全面改正した2006年制定の新装蹄法が違憲とされた事例である。

1940年の装蹄法は，馬の蹄鉄を鋳造し装着する装蹄師（Hufbeschlagschmied）を規律対象としていた。2006年の新装蹄法は，同法2条の定義規定の意味における「装蹄」（Huf- und Klauenbeschlag）は，資格試験に合格し，国家の認定を受けた装蹄師しか実施することができないとした（同法3条1項）。装蹄師とは，馬等の蹄に蹄鉄を打つ専門技術者であり，資格の取得には，蹄鉄の作成，蹄の削蹄，蹄鉄打付け等の理論，技能が審査される。しかし，この法改正により，第2次大戦後に現れた，蹄鉄以外の蹄保護具の装着やメンテナンスを行う蹄技師（Huftechniker）や，蹄靴を使うほかは裸のままの蹄の整形や治療を行う蹄保護士（Hufpfleger）に対しても，装蹄師の資格が要求されることになった。

連邦憲法裁判所は，目的の正当性，手段の適合性・必要性を肯定したうえで，以下のとおり狭義の比例性に欠け，違憲であると判断した。

決定理由を要約する。「蹄のメンテナンスを職業とするすべての人に，蹄鉄の鋳造・装着の技術を要求しなくても，その都度必要とされるメンテナンス方法を選択し，自分で実施できない方法については適切な者を紹介する理論的知識があることを証明させれば足りる。蹄のメンテナンスに携わる者全員に蹄鉄の技術を要求すれば，必要な場合に，質の高いメンテナンスが得られない危険は小さくなるという利益には重要性はない」。現に人間の医療の分野でも，医師の資格をもたない治療技術者による施療が認められている場合があり，その種の治療技術者には，必要に応じて患者に医師を紹介することが義務付けられている。この点について，立法者がさらに厳しい規制をしなければならないような濫用例は，過去数十年発生していない。蹄保護士の職は数年後には廃止され，蹄保護士学校の生徒と入学申込者には，職業的な活動の場所がないことになるが，このような重大な不利益と，必要な場合に質の高いメンテナンスが得られない危険は小さくなるという公衆の利益との間に，合理的な関係は見出されない。

2006年法が規定する主観的参入条件が憲法異議申立人に課す負担は，要求可能性のない負担であって，相当とはいえない。個人に課せられる負担の程度は，公衆にもたらされる利益と合理的な関係に立っていなければならない。受命者に要求不能な負担を課することは許されない。「法令が，個人が計画している職業活動とは無関係な知識・能力の証明を求めることは，比例原則に抵触する」。

蹄技師は，蹄のメンテナンス方法としての蹄鉄を否定し，それに代わる蹄保護具の装着を職業とする者であるから，伝統的な装蹄の知識・技能を必要としない。「蹄鉄による蹄保護の提供を望まない蹄技師は，装蹄師の資格取得の義務付けによって，自己の職業的チャンスと社会的評価の増大を何ら期待できない。動物の保有者たちも，蹄技師に対して蹄鉄の知識と技能を期待していない。にもかかわらず，新規定は，蹄技師という職業を装蹄師に統合した。したがって，蹄技師にとって新規定は要求されえないものである」。

3　法律補助人決定

もとより，合憲の判例も少なくない。ここでは，「消えゆく職業」，すなわち，ある資格を廃止し別の職業と統合する法改正が合憲とされた，1987年の法律補助人決定（BVerfGE 75, 246）を紹介しておく。

ドイツでは，1869年の営業法が法律顧問に対する完全な営業の自由を確立して以来，他者の法律問題に対する法律相談は，原則として弁護士資格を有さずとも自由に行うことができた。しかし，1935年の「法律相談の分野における濫用防止法」により，業としての法律相談については所管官庁（地裁または区裁判所所長）の許可を得た者が行うことができると規定され（同法1章1条1項），この許可を得た者は法律補助人（Rechtsbeistand）と呼ばれた。許可の内容に応じて，すべての法分野において法律相談を行うことが認められる法律補助人（Vollrechtsbeistand）と，特定の法分野に限定して法律相談を行うことができる法律補助人が区別される[23]。ただし，法律補助人は，代理人として法廷に立つことはできない。本決定で問題となったのは，1980年の「連邦弁護士報酬法を改正するための第5法律」2章6項により，法律補助人の資格が将来に向けて事実上廃止され，弁護士資格に一本化されたことの憲法適合性である。

法律補助人という，伝統的かつ法律上もはっきりとした職業像を有する独自の職業が将来に向けて廃止される――もはや誰にも選択されえない「消えゆく職業（auslaufenden Beruf）」となる――という事案であるが，本決定は，「基本法12条1項は伝統的に形作られてきた職業像へと立法者を硬直的に結び付けるものではなく，そして，基本法12条1項により，立法者はとりわけ，（部分的に）同一の活動領域を有するが，異なる参入要件を有する複数の職業を，いつまでも並存させることを強いられるものではない」とした。結論として，本決定は，こうした立法者による2つの職業の統合は比例原則を満たし，合憲であると判断した。

もっとも，本決定から，ある資格の廃止（あるいはある職業の廃止）を，立法者が容易になしうると誤解してはならない。

本決定の決定理由によれば，本件については，次のような事情が認められる。

①立法に先立ち，弁護士会の代表者と法律補助人会の代表者との間で協議が行われ，基本的な諸点についての合意が成立後，それが法律補助人会の総会において承認されている。

②連邦議会における審議で，議員から次のような発言があった。「依頼人には，法律相談の領域に全く異なる事前教育と活動範囲を持つ2種類の職業従事者が存在するのは，理解が困難なことである。1年または半年間法律補助人学校に通学しただけで，弁護士と混同される危険のある活動を行う資格を取得できるとすることは，常により高い資格を求める教育政策的風土と合致しない。法律補助人学校の劣悪な状態こそが法律相談を新しく規律することの主たる理由なのだ」（Kleinert議員）。

③この法改正によって，法律補助人の地位が向上する面もある。すなわち，すべての法分野の法律相談が認められる法律補助人は，弁護士会への所属が認められ，簡易裁判所における弁論に参加できるようになるなど，弁護士と同等に近く扱われる。

4　わが国の裁判例

管見の限り，最高裁の判例には，資格の沿革や要求される専門知識に立ち入った審査手法を実践したものは見当たらないが，最後に，ある資格への業務独占の合憲性が争われた，わが国の裁判例を紹介しておく。登記業務を司法書士にほぼ独占させ，行政書士を登記業務から締め出している司法書士法の規定の合憲性が争われた事案である。福島地郡山支判平成8・4・25(刑集54巻2号23頁)は，「公共性の強い登記業務を適正円滑に遂行せしめ，国民の登記に対する信頼性を高めるという立法目的を実現するために，原則として非司法書士が登記申請代理行為を業務とすることを規制したものであるが，右立法目的は，正当かつ合理的であることはいうまでもない上，その立法目的を実現する手段も不合理なものとはいえない」と結論付けた。もちろん，立法目的実現の手段として合理性があるかどうかは，登記制度を知らなければ判断できない。この判決は，登記制度の沿革，司法書士，行政書士資格の沿革に立ち入って検討を加えていることに特徴がある[24)]。

同判決は，次のように説示している(下線は本稿筆者による)。

「沿革上，登記に関する業務は，行政書士ではなく，司法書士に集中されたものとみられるが，その理由について考えるに，そもそも登記業務は，その公共性や技術性等からして，相当の法律的専門知識を有する者が取扱うことが公共性の強い登記業務を適正円滑に行わしめ，登記に対する国民の信頼を高めるという登記制度に内在する要請であるところ，司法書士は，資格取得に不動産登記法や商業登記法といった登記の専門知識の修得を必須とするなど登記に関し相当の専門知識を持つために登記業務を扱う十分な適格性を有する。これに対して，行政書士は，前身こそ司法書士と同じくするものの，行政書士制度の沿革等に照らし，主に行政官庁への提出書類の作成，私人間の権利義務関係や事実証明文書の作成等を専門とすること，行政書士としての業務を行うに当たっては，不動産登記法，商業登記法の知識が必ずしも必要的ではないこと，行政書士は，社会通念上，必ずしも登記等の専門家とはみなされていないこと等に照らせば，行政書士に対し登記業務を許さないことが不合理とはいえないのである」。

V　入墨施術と医師免許

以上の考察から，彫師に医師免許を要求することの憲法適合性を審査する際に顧慮されるべき，いくつかの観点が明らかになったと思われる。求められるのは，資格の沿革を踏まえた，活動内容と要求される資格の間の比例性に着目した審査である。

1　彫師と医師

この観点からすると，彫師に医師免許を求めることには，次のような憲法上の疑義がある。

(a)　まず，そもそも明治初期に始まる医師資格の制度化[25]は，入墨施術とは何の接点もないものであった。1875（明治8）年の医制37条に定められた医術開業試験制度は，解剖学大意，生理学大意，病理学大意，薬剤学大意，内外科大意，病状処方並手術，を試験科目としていた。そこからわかるように，「政府は，今後の日本の医学は西洋医学に徹し，漢方は廃止したいという考えに基づ」く制度であり，「漢洋闘争時代」と呼ばれる闘争の時代が始まったとされる。1883（明治16）年に医術開業試験規則ならびに医師免許規則が布告され，さらに，明治39年法律第47号として医師法が発布される。医術開業試験は，これにより廃止された（実際の廃止は1916〔大正5〕年）。その後は，医学教育機関からのみ医師が供給されることになる。

いずれにせよ，医術開業試験の導入と入墨禁止は時期的に近いが，それぞれの目的は全く異なる。入墨禁止の目的は，野蛮な風俗の廃止であり，入墨施術も，それと結び付いて禁止されたものと解される。現行の医師法は1948（昭和23）年に制定されたものであるが，医師法17条の前身となる規定は，すでに1906（明治39）年の医師法に置かれている[26]。入墨施術の保健衛生上の危害が今日に始まったものではないはずだが，その後，2001（平成13）年までの長きにわたり，医師免許と入墨施術との間には何の接点もなかったものと思われる。

(b)　次に，医師の資格を取得するための教育内容は，どのようなものであろうか。『医学教育モデル・コア・カリキュラム〔平成28年度改訂版〕』[27]では，「D 人体各器官の正常構造と機能，病態，診断，治療」において15にわたる様々な項目が挙げられているが[28]，「D-1 血液・造血器・リンパ系」および「D-3 皮膚系」以外の知識は，彫師には必要とされないであろう（もちろん，どの程度の知識が必要かという，別の問題もある）。

また，「E 全身に及ぶ生理的変化，病態，診断，治療」についても[29]，「E-1 遺伝医療・ゲノム医療」，「E-6 放射線の生体影響と放射線障害」，「E-7 成長と発達」，「E-8 加齢と老化」などは，入墨施術に関連する内容ではないと思われる。

さらに，診療科臨床実習のうち，必ず経験すべき診療科として，(1)内科，(2)外科，(3)小児科，(4)産婦人科，(5)精神科，(6)総合診療科，(7)救急科，が挙げられている[30]。他方で，皮膚科は必須とはされていない[31]。小児科，産婦人科等の臨床実習が，彫師に必要なのであろうか。

このように，彫師の職業活動と，医師免許取得に際して習得が求められる技能・知識との間には，明らかな開きがある。

2 医師免許要求の比例性

資格制度（許可の主観的条件）の設定に際して，国には相応に広い裁量が認められる。既存の資格（職業）の廃止や，複数の資格の統合も許される。また，従来，資格を要求されていなかった活動について，新たに資格を要求することも，当然に許される。

入墨施術が「保健衛生上の危害を生ずるおそれのある行為」であることは，1審判決がいうように，「明らか」であろう。また，「医学的知識及び技能」が必要だというのも，その程度や範囲を別とすれば，そのとおりであろう。しかし，そこから直ちに入墨施術に対する医師免許要求を正当化することには，明らかな飛躍がある。

(a) まず，そもそも資格の要求は，「職業の自由に対するよりゆるやかな制限である職業活動の内容及び態様に対する規制」では立法目的を十分に達成できない場合でなければならない（最高裁薬事法判決）。そして，立法目的が効果的に達成されえないことについては，「高い蓋然性をもって証明」されなければならない（ドイツ薬局判決）。

本件の事案についても，業界による自主規制や行政による指導等の手段を試みるべきことになり，少なくとも，単なる観念上の想定によって他の手段の有用性を否定することは許されない。

(b) また，要求される資格の比例性については，次のことが考慮されなければならない。すなわち，入墨施術者に医師免許を要求することにより，保健上の安全性は若干向上するだろうが，医師免許の要求が合憲であるためには，それが職業の自由の制約との均衡を失してはならないということである。すでに引用したドイツ装蹄法決定の次の説示は極めて重要である。「蹄のメンテナンスを職業とするすべての人に，蹄鉄の鋳造・装着の技術を要求しなくても，その都度必要とされるメンテナンス方法を選択し，自分で実施できない方法については適切な者を紹介する理論的知識があることを証明させれば足りる」,「蹄のメンテナンスに携わる者全員に蹄鉄の技術を要求すれば，必要な場合に，質の高いメンテナンスが得られない危険は小さくなるという利益には重要性はない」。

(c) 医師の職業と彫師の職業が全く別個のものとして並存していたとすれば，医師免許を彫師に要求することは，後者の前者への吸収という形で2つの職業を1つに統合することにほかならない。このように見れば，本件は，ドイツ法律補助人決定が合憲とした事案と同じ事案だと思われよう。

確かに，ドイツ法律補助人決定は，ある資格を廃止し，別の資格に統合することについて，立法者の裁量を認めていた。弁護士および法律補助人がいずれも職業像が法的に固定された職業であるのに対し，本件では医師が国によりその職業像が法的に固定された職業である一方，彫師はその職業像が伝統的に形成された職業であるという違いがあるが，基本的な考え方に差異をもたらすものではない。

しかし，ここで注意しなければならないのは，法律相談人が，訴訟代理ができないというほかは弁護士と業務内容が重複している資格であるということである。同決定は，同じような事案として，かつてドイツにおいて資格が統合され，それが合憲とされた歯科医（Zahnärzte）と歯科療士（Dentisten）（BVerfGE 25, 236）や，税理士（Steuerberater）と租税代理人（Steuerbevollmächtigten）（BVerfGE 34, 252）を挙げている。これに対し，本件で問題の彫師と医師の職域は，重なるところがない。

(d) なお，連邦憲法裁判所の簿記特権決定（BVerfGE 54, 301）[32]は，次のように説示している。「簿記記入補助者の職業を独立して遂行することの禁止が基本法12条1項に合致しないということは，相応の職業上の規律によってこの活動を詳細に規定し，固定することも許されないという意味ではない。むしろ，立法者は，適切な参入要件を定め，そのことによって，十分な専門教育および職業上の経験を有している者のみが日常取引の記帳を独立して請負うことができ，また，請負いが許されるよう，保障できるのである」。

入墨施術についても，自主的な管理が機能しないという立法事実があれば，然るべき資格を定めることは，立法者の当然の権限であり，責務であろう。

Ⅵ むすびにかえて

(a) 入墨施術に医師の資格を要求することは，彫師という職業を否定し，医師という職業の一部にそれを組み入れることにほかならない。立法者は，資格の創設および改変を通じて，その職業の職業像を固定し，あるいはこれを修正することが許される。さらには，ドイツ法律補助人決定が示すように，ある資格を廃止し，別の資格に統合する（ある職業を別の職業に統合する）ことも許されないわけではない。

入墨施術には種々の専門知識や技能が必要であり，これを全くの自由にできず，規制が必要であるというのは，首肯できることである。そして，ある職業活動について（禁止を含め）どのような規制が必要にして合理的かを第一次的に判断するのは，立法者である。ある職業活動に一定の知識と技術が要求されるとして，それに対する規制手段には，届出制や資格の創設を含め，種々のものが考えられる。どの手段を選択するかは，それこそ立法裁量に委ねられた事柄であるが，その裁量は，憲法が定める一定の枠内になければならない。

繰り返しとなるが，資格制によって各人は「事の性質上，その職業を秩序だって遂行しようとすれば，原則としてどのみち引き受けなければならないことが要求されるだけである」（ドイツ薬局判決）。最高裁薬事法判決は，「開業場所の地域的制限は，実質的には職業選択の自由に対する大きな制約的効果を有する」としている一方，主観的条件である薬局の構造設備，薬剤師の数等については「いずれも不良医薬品の供給の防止の目的に直結する事項であり，比較的容易にその必要性と合理性を肯定しうる」と説示しているが，この説示も，資格とは本来，その職業に必要な知識・技能等を要求しているはずだという，事の性質を前提としているためであろう。

彫師に対して医師免許を要求することが，資格制本来の姿とかけ離れたものとならないか，慎重な検討が求められる。その際，個人の人格的価値と直接に結び付く職業に貴賤はない。職業の自由は「社会のすべての階層にとって重要なものであり，『職業』としての仕事は，すべての者にとって等しい価値と等しい尊厳を持つのである。」（Das Grundrecht gewinnt so Bedeutung für alle sozialen Schichten; die Arbeit als “Beruf” hat für alle gleichen Wert und gleiche Würde.）[33] というドイツ薬局判決の説示が忘れられてはならない。鷹狩りと一般の狩猟とを区別する「わずかな例外」といえども，それが鷹狩りを決定的に刻印する事情なのであれば「狩猟の許可を規律する際に看過されてはならない」とするドイツ鷹狩り決定の説示も想起されるべきであろう。

(b) 医師法は，国民の生命・健康に奉仕する重要な法律であり，医師以外は医業を行うことができないとする医師法17条が基幹的な条項の1つとして必要不可欠であることについては，疑問の余地がない。しかし，その解釈・適用が，憲法に反してはならないことは言うまでもない。

医師法17条につき，「医師が行うのでなければ保健衛生上危害を生ずるおそれのある行為」のすべてが医行為に当たると解した場合，職業選択の自由に対する強力な制限が生じる。違憲との結論を回避するには，あらためて合憲限定解釈を行うか，適用違憲という手法を採るほかないが，もとより，医師法のような基本的な法律については，規定の文言，趣旨，目的や規制される憲法上の権利の意義や規制の強度に加え，これが刑罰法規の構成要件となることを考慮して，17条にいう「医業」を解釈すべきである。そのような慎重な解釈の結果，医師法が17条で規制する医行為につき，「医師が行うのでなければ保健衛生上危害を生ずるおそれのある行為」であり，かつ，「医療関連性」を持つものと解した場合，彫師との関係で憲法22条1項違反の問題は生じず，そのような解釈が憲法に反しないことの確認で足りる。本件の控訴審判決は，いわゆる合憲限定解釈を採ったものではなく，その手法は，むしろ最高裁堀越事件判決の手法[34]に近い。憲法を顧慮した慎重な法律解釈を実践したものであるということができる。

1）本件の1審（大阪地判平成29・9・27判時2384号129頁）は，業として行うことが禁止される医行為とは「医師が行うのでなければ保健衛生上危害を生ずるおそれのある行為」であるとしたうえで，これを彫師に対して適用しても，職業の自由を保障する憲法22条1項等に違反するものではないとした。一方，控訴審（大阪高判平成30・11・14判時2399号88頁）は，医行為について「医師が行うのでなければ保健衛生上危害を生ずるおそれのある行為」に，「医療関連性」の要件を加え，入墨施術は医療関連性に欠けるため医師免許を要求される「医業」に当たらないとし，そのため，職業の自由との関係において憲法上の疑義は生じないとした。

2）通知・通達による規制対象の拡大について，最高裁パチンコ玉遊器判決（最判昭和33・3・28民集12巻4号624頁）は，「本件の課税がたまたま所論通達を機縁として行われたものであっても，通達の内容が法の正しい解釈に合致するものである以上，本件課税処分は法の根拠に基く処分と解するに妨げがな」いと説いているが，長年の慣行を法律によらず，通達で変更することに批判が強い。平岡は，物品税法の解釈として正しいか否かはともかく，従前の非課税慣行を修正することについては，①慣習法成立の有無，②信頼保護・信義則違反，③法的安定性の阻害などの観点から，法律改正によるべきであるとしている（平岡久「パチンコ球遊器に関する通達」行政判例百選Ⅰ〔第6版〕（2012年）114頁以下，115頁を参照）。さらに，職業の自由の観点からは，パチンコ玉遊器課税は，（その額が極めて高額でない限り）せいぜい営業の自由の制約にとどまるものであるのに対し，本件事案は職業に対して禁止に等しい制約を加えるものであることに留意しなければならない。この点で本件は，委任立法の限界についての判例であるが，最高裁医薬品インターネット販売訴訟判決（最判平成25・1・11民集67巻1号1頁）と通底する。同判決は，立法者ではない行政が職業活動に対して禁止に等しい制約を加える新しいルールを創造することを，厳に戒めているのである。

3）彫師としての活動については，職業の自由のほか，表現の自由が問題となりうる（本件1審判決を参照）。

4）複数の憲法上の権利が関連する場合にどの権利を規準とするかは，講学上，基本権の競合と呼ばれる問題である。第一次的に規準となる基本権の決定の仕方については諸説あるが，本意見書では，問題となる事案に対して，より強い関連性を持つ基本権が規準となるとの見解を採る。本件では，資格要求による従来営んできた職業活動の，事実上の禁止が問題となることから，職業の自由を規準とした検討を行う。基本権の競合につき，小山剛『「憲法上の権利」の作法〔第3版〕』（尚学社，2016年）30頁以下。また，詳しくは，杉原周治「職業の自由と表現の自由――ドイツにおける職業の自由と意見表明・プレスの自由の基本権競合をめぐる議論」東京大学大学院情報学環紀要 情報学研究73号（2008年）1頁以下を参照。

5）芦部信喜（高橋和之補訂）『憲法〔第7版〕』（岩波書店，2019年）235頁。

6）営業の自由が「公序（public policy）」として追求されたものであり，（人権としての）職業選択の自由とは区別されるべきであるとする考え方は，経済史学者である岡田与好によって唱えられ，憲法学者との間で「営業の自由」論争が繰り広げられた。岡田与好『独占と営業の自由――ひとつの論争的研究』（木鐸社，1975年）31頁以下を参照。

7）職業の自由の意義を個人の人格的価値との関連に求めた場合，法人の職業（営業）活動をどのように評価するかが問題となる。八幡製鉄事件判決との関係を含め，石川健治「30年越しの問い――判例に整合的なドグマーティクとは」法学教室332号（2008年）58頁以下，62頁（脚注13）参照。

8）よく挙げられる例が，プロ野球のドラフト制である。プロ野球選手が職業であれば，どの球団が交渉権を獲得するか（これに伴い，他の球団には入団できない）は，「職業」選択に対する制約ではない。一方，特定球団への入団を「職業」であるとすれば，ドラフト制は，職業選択に対する強力な制限となる。井上典之「職業としてのスポーツと労働」赤坂正浩＝大沢秀介＝井上典之＝工藤達朗『ファーストステップ憲法』（有斐閣，2005年）157頁以下，162頁以下を参照。

9）後述するドイツ連邦憲法裁判所の薬局判決は，薬剤師として勤務する者が独立し，薬局を経営することを，職業「選択」であるとしている。同判決は，次のように説いている。「一般的な見解によれば，職業構成員自身の見解もそうであるように，『薬剤師（Apotheker）』という1つの身分（Stand）の中に，それぞれ異なった『職業』が存するのである」。

10）婚姻につき，最高裁夫婦同氏制判決（最大判平成27・12・16民集69巻8号2586頁）を参照。同判決では，夫婦同氏制を定める民法750条について「婚姻の効力の一つとして夫婦が夫又は妻の氏を称することを定めたものであり，婚姻をすることについての直接の制約を定めたものではない」としたうえで，「婚姻及び家族に関する事項は，関連する法制度においてその具体的内容が定められていくものであることから，当該法制度の制度設計が重要な意味を持つものであるところ，憲法24条2項は，具体的な制度の構築を第一次的には国会の合理的な立法裁量に委ねるとともに，その立法に当たっては，同条1項も前提としつつ，個人の尊厳と両性の本質的平等に立脚すべきであるとする要請，指針を示すことによって，その裁量の限界を画したもの」と述べられている。婚姻の自由をめぐる権利と法制度の関係については，小山剛「夫婦同氏制を定める民法750条の合憲性」平成28年度重要判例解説（2017年）21頁以下，22頁以下も参照。

11）本稿において彫物（規制を含む）の歴史についての記述は，山本芳美『イレズミの世界』（河出書房新社，2005年）に依拠している。なお，表記は適宜現代文に改めてある。

12）「医師免許を有しない者による脱毛行為等の取扱いについて」と題した医政医発第105号では，「最近，医師免許を有しない者が行った脱毛行為等が原因となって身体に被害を受けたという事例が報告されており，保健衛生上看過し得ない状況となっている。これらの行為については，『医師法上の疑義について』（平成12年7月13日付け医事第68号厚生省健康政策局医事課長通知）において，医師法の適用に関する見解を示しているところであるが……」と述べられているが，この「平成12年7月13日付け医事第68号厚生省健康政策局医事課長通知」とは，どのような文書であったか。これは，警察庁生活安全局生活環境課長による照会に対する回答であり，「医師免許のないエステサロン従業員が，来店した患者に問診する等して眉，アイラインの形をアイブロウペンシルで整えた後，患者を施術台に寝かせ，電動式のアートマシンに縫い針用の針を取りつけたアートメイク器具を使用して，針先に色素をつけながら，皮膚の表面に墨等の色素を入れる行為をした後，患部をアイスゲールで冷やし，更に鎮静効果のあるキシロカイン等の薬剤，化膿止め薬剤を患部に塗布している」という行為が医師法に違反しないかという問いに対し，「御照会の行為を業として行えば医業に該当する」と答えたものである。

13）医政医発第105号，第1(2)を参照。

14）JAMS（一般社団法人アートメイク推進協会）のウェブサイト（https://artmake-society.jp/about）（最終閲覧2020年9月29日）。

15）一般社団法人日本タトゥーイスト協会会員規程（https://tattooist.or.jp/当協会について/会員規程/）（最終閲覧2020年9月29日）。

16）評釈として，覚道豊治「薬局開設拒否事件」ドイツ判例百選（1969年）66頁以下，野中俊彦「薬事法距離制限条項の合憲性」ドイツ憲法判例研究会編『ドイツの憲法判例〔第2版〕』（信山社，2003年）272頁以下を参照。

17）富澤達「薬事法6条2項，4項（これらを準用する同法26条2項）と憲法22条1項」最高裁判所判例解説 民事篇 昭和50年度（1979年）199頁以下，208頁，覚道豊治「薬事法6条2項，4項（これらを準用する同法26条2項）と憲法22条1項」民商法雑誌74巻2号（1976年）301頁以下，306頁以下，宮崎良夫「薬局開設の距離制限と職業選択の自由」昭和50年度重要判例解説（1976年）6頁以下，7頁以下。

18）当判決は，次のように説いている。

―― 職業遂行の自由は，合理的な公共の福祉の考慮によりそれが合目的的とみなされる限り，制限できる。基本権保障は，例えば過度の負担を課したり，不適切であるような，それ自体違憲の負担の防止に限定される。

―― 職業選択の自由は，特に重要な共同体の利益の保護のためにどうしても必要とされる場合にしか制限できない。そのような制限が不可避である場合でも立法府は基本権を最小限にしか制限しない形態を選ばなければならない。職業選択の自由の制限手段として許可条件を定める場合には，主観的条件と客観的条件とが区別されなければならない。主観的条件には，職業活動の秩序ある充足という目的との均衡を失してはならないという意味での狭義の比例原則が妥当する。他方，許可の客観的条件による制限は，それを充たすかどうかは，個人の力の及ばないところであるから，基本権の意味と鋭く対立する。客観的な許可条件の必要性の証明には特に厳格な要件が設定されなければならない。一般的には，極めて重要な共同体の利益に対する証明可能なあるいは高度に蓋然性の高い重大な危険の防止だけが，この手段を正当化できる。……

19）BVerfGE 7, 377 (406 f.).

20）下の例も含め，比例原則については，小山・前掲注4）69頁以下を参照。より詳しくは，クラウス・シュテルン（井上典之ほか編訳）『ドイツ憲法Ⅱ 基本権編』（信山社，2009年）313頁以下を参照。

21）鷹狩りは，もとより職業として営まれるとは限らない。基本法2条1項が保障する人格の自由な発展と12条1項の保障する職業の自由との関係は，一般に，後者は前者を個人的貢献と生存維持の領域において具体化したものであり，できる限り規制のない職業活動を指向するものであると位置付けられている。

22）評釈として，赤坂正浩「装蹄法による職業規制の合憲性」ドイツ憲法判例研究会編『ドイツの憲法判例 Ⅳ』（信山社，2018年）198頁以下を参照。判旨は原則として赤坂訳に依拠した。下線は本稿筆者による。

23）「法律相談の分野における濫用防止法」は，第2次大戦後に「法律相談法（Rechtsberatungsgesetz）」へと名称を改め，法律相談法1章1条およびその第1施行令2条が，法律補助人の許可について規律していた。

24）同じような手法は，弁護士による登記業務が問題となった事案でも用いられている。「弁護士法は，…… 司法書士法19条1項但し書の『他の法律』に当たる」とし，弁護士による登記業務を認めた浦和地判平成6・5・13判時1501号52頁を参照。

25）以下につき，酒井シヅ『日本の医療史』（東京書籍，1982年）418頁以下を参照。

26）辰井聡子「医行為概念の検討」立教法学97号（2018年）14頁以下，16頁。

27）モデル・コア・カリキュラム改訂に関する連絡調整委員会＝モデル・コア・カリキュラム改訂に関する専門研究委員会『医学教育モデル・コア・カリキュラム〔平成28年度改訂版〕』（2017年）。下記URLからダウンロード可能である：http://www.mext.go.jp/component/b_menu/shingi/toushin/__icsFiles/afieldfile/2017/06/28/1383961_01.pdf

28）挙げられているのは，D-1 血液・造血器・リンパ系，D-2 神経系，D-3 皮膚系，D-4 運動器（筋骨格）系，D-5 循環器系，D-6 呼吸器系，D-7 消化器系，D-8 腎・尿路系（体液・電解質バランスを含む），D-9 生殖機能，D-10 妊娠と分娩，D-11 乳房，D-12 内分泌・栄養・代謝系，D-13 眼・視覚系，D-14 耳鼻・咽喉・口腔系，D-15 精神系，である。

29）E 全身に及ぶ生理的変化，病態，診断，治療，E-1 遺伝医療・ゲノム医療，E-2 感染症，E-3 腫瘍，E-4 免疫・アレルギー，E-5 物理・化学的因子による疾患，E-6 放射線の生体影響と放射線障害，E-7 成長と発達（E-7-1）胎児・新生児，E-7-2）乳幼児，E-7-3）小児期全般，E-7-4）思春期），E-8 加齢と老化（E-8-1）老化と高齢者の特徴），E-9 人の死（E-9-1）生物的死と社会的死）。

30）前掲注27）『モデル・コア・カリキュラム』88頁以下。

31）前掲注27）『モデル・コア・カリキュラム』90頁以下。

32）証憑への事務的な記帳が税理士に独占され，商業上の（商工会議所による）徒弟期間修了検定審査（kaufmännische Gehilfenprüfung）の合格者に禁止される点で，税務相談業務に関する簿記特権は基本法12条1項に適合しないとされた事例。税務上の相談業務における重点は，年度末の決算にある。これに対して，日常の取引を記録することは，なんら特別な商法および税法上の知識を必要としない。日常の取引を記帳するには，簿記のシステムについての知識が必要であるが，税務上の相談業務と異なり，記帳に際して個人的な法的評価が加えられるわけではなく，ルーティーンどおりに帳簿に仕分けるという業務である。記帳を，税務相談業務（steuerberatender Beruf）という簿記特権へと取り入れることは，職業像を法的に決定するという立法者の権限の枠内にとどまっておらず，基本法12条1項と合致しない。

33）BVerfGE 7, 377 (397).

34）最高裁堀越事件判決（最判平成24・12・7刑集66巻12号1337頁）および同判決の千葉勝美裁判官補足意見を参照。

第3章
比較法の中のタトゥー施術規制

韓国——職業と資格

閔 炳老

Ⅰ　はじめに

最近，日本で医師免許のないタトゥーイストがタトゥー施術を行った嫌疑で起訴された事件で，大阪高等裁判所が無罪判決を下しており（大阪高判平成30・11・14判時2399号88頁），その後，最高裁判所が本件上告を棄却した（最決令和2・9・16裁判所ウェブサイト）。それにより，タトゥーを不法行為とし処罰する国は韓国だけとなった[1)]。それにもかかわらず，韓国において入墨は芸能人やスポーツ選手らのみならず，若者を中心に流行している。ある新聞の記事によると，半永久入墨（眉，唇）の利用者が1,000万人，タトゥー（全身）の利用者も300万人に達すると言う。それに対応して，半永久入墨の施術者が30万人，タトゥーの施術者も5万人に達すると推定される[2)]。

しかし，韓国においては，大法院（＝最高裁判所）の1992年の判例に基づいて入墨は医療行為に該当し，非医療人の施術は不法行為となる。大法院は，「医療行為というのは，疾病の予防と治療行為だけではなく，医療人が行わなければ保健衛生上の危害が生ずるおそれがある行為」と判示し，原審が「自動入墨用機械を用いて色素を入れて入墨を施術した行為は，その施術方法が表皮に色素を入れることによって痛む症状もなく出血やその副作用も発生しないため人の

生命，身体または一般公衆衛生に密接かつ重大な危険が発生するおそれがある行為ではないので医療行為ではない」と判示した原判決を有罪の趣旨で破棄差戻した（大法院1992. 5. 22. 宣告91도3219）[3]。

その上，大法院は，「果たして表皮のところのみに色素を入れて永久入墨を施術することが可能か，またその施術方法がいかなるものかを顧慮しておらず，施術者の誤りなどで真皮を刺激することや真皮に色素が注入されることがあり，入墨用の針によって疾病が伝染するおそれがある点を見逃した」と原審を批判した。裁判所は，大法院が下した1992年の判決を根拠とし，非医療人のタトゥー施術を医療法違反として判示してきている。一方，憲法裁判所も「医療行為とは，人の生命，身体または一般公衆衛生に密接かつ重大な関係がある行為として疾病の治療と予防に関する行為は勿論，医学上の技能と知識を有する医療人が行わなければ保健衛生上の危害をもたらすおそれがある一連の行為」であると判示し，無免許医療行為を禁止する医療法第27条第1項を全員一致で合憲と判示した（憲裁1996. 10. 31. 94憲가7）。

また，タトゥーイスト以外に医療法上の資格が問題になったのは鍼灸師である。医療法第27条第1項は，「医療人でなければ，何人も医療行為をしてはならない。医療人も許可されている以外の医療行為をしてはならない」と定めている。したがって，漢医師の資格がない者が鍼や灸を使用して行う治療行為は，タトゥーイストと同様に無免許医療行為に該当し保健犯罪取締法及び医療法の違反として処罰される。大法院も「一般に免許または資格なしに行う鍼術は無免許医療行為に該当し処罰されるものである」と判示した。さらに「その鍼術行為が普遍化されている民間療法であり，その施術によって危険性が少ないという事情だけではそれが直ちに社会常例に違反しない行為とは」見がたいとした（大法院2002. 12. 26. 宣告2002도5077）。憲法裁判所も，これらの法律条項が「医療人ではない者の医療行為を全面的に禁止することは，かなり重大な憲法的法益である国民の生命権と健康権を保護し，国民の保健に関する国の保護義務を移行するための適切な措置」であるとした（憲裁2010. 7. 29. 2008憲가19〔併合〕）。

以上でみるように，韓国においては医療法によってタトゥー以外に鍼灸も，医療法によって許可されている者以外は施術してはならないとされる。しかし，ある職業活動についてどのような規制が必要であり合理的かを判断するのは第一次的には立法者であるが，その規制が憲法上の職業の自由を侵害してはならない[4]。したがって，タトゥーイストや鍼灸師に医師免許を要求することは，彼らの憲法上の職業選択の自由に対して強力な制限を加えることになるので，法律留保原則と比例原則を充足しなければならない。そこで，本稿においては，職業選択の自由と資格の関係について考察する。

Ⅱ　職業の自由規制と違憲審査基準

医療業を含む職業について資格を要求することは，職業選択の自由に対する制約として正当化されなければならない[5]。憲法第15条は，「すべての国民は，職業選択の自由を有する」とし，職業選択の自由を保障している[6]。憲法裁判所は，職業選択の自由について，「人間の生きがいであり生活の基盤である職業を個人の創意と自由な意思に従い選択させることによって，自由な人格の発展に資するものである一方，自由主義的経済・社会秩序の要素となる基本的人権でもある」とした（憲裁1989. 11. 20. 89憲가102）。かかる職業の性格と意義に照らしてみると，職業はその選択において自由であるのみならず，選択した職業の遂行自体，つまり，その職業の内容・形態においても原則的に自由が要請されるものである[7]。それゆえ，職業選択の自由は，自分が決定した方式で自由に遂行しうるという職業遂行の自由を含む概念である（憲裁1993. 5. 13. 92憲마80; 憲裁1996. 8. 29. 94憲마113; 憲裁1997. 4. 24. 95憲마273）。詰まるところ，憲法第15条は職業選択の自由のみならず，職業行使の自由を含む職業の自由を意味する職業に関する総合的かつ包括的自由であるといえる（憲裁1996. 2. 29. 94憲마13）。

しかし，憲法上保障される基本権は絶対的保障ではなく，憲法第37条第2項から国家の安全保障・秩序維持・公共の福祉のために必要かつ不可避である場合には，法律によりその本質的内容を侵害しない限り，それが制限されることがある（憲裁1989. 11. 20. 89憲가102; 憲裁1990. 10. 15. 89憲마178; 憲裁1993. 5. 13. 92憲마80）。憲法裁判所と学界では，これを過剰禁止の原則（＝比例原則）[8]と言う。かかる過剰禁止の原則では，ある特定の基本権を制限する場合だけではなく，原則的にすべての基本権の領域において違憲審査の基準として幅広く適用されてきた。また，その際に各事件ごとに審査の厳格度が異なっており，審査の方法も，それぞれの事件において過剰禁止の原則の要素である部分原則が厳格に適用される場合から完全なる無視に至る場合まで多様である。それゆえ，過剰

禁止の原則は憲法上保障されている基本権を一元化しているのではないか，裁判所の恣意的支配の危険が内在しているのではないか，という批判を受けてきた[9)]。また，過剰禁止の原則は，適用者の主観に左右されることによって個別的正義の追求に陥りやすいので法的安定性が害されることにならざるをえないとされる。

そこで，憲法裁判所は，職業の自由規制に関する合憲性審査の基準として過剰禁止の原則（＝比例原則）を適用しながら，その具体的適用においてドイツの連邦憲法裁判所が1958年の薬局判決（BVerfGE 7, 377）で提示した「段階理論（Stufentheorie）」を採用したと評される[10)]。いわゆる「段階理論」とは，職業の自由を職業選択の自由と職業遂行の自由とに区分し，制限の程度と限界に差異を置くべきであるという理論である。憲法裁判所も，職業の自由には職業決定の自由・職業遂行の自由・転職の自由などが含まれるが，職業選択の自由と転職の自由に比べて職業遂行の自由については，より広範な法律上の規制が可能であると判示している（憲裁1993. 5. 13. 92憲마80）[11)]。

その根拠として憲法裁判所は，職業選択の自由の「制限の範囲及び限界について，一般的にみると選択された職業の遂行を制限することは，職業選択を制限する場合よりは個性伸張に対する侵害の深刻さが小さいので，職業選択に対する制限は職業の遂行に対する制限よりも厳格な制約を受ける。なお，職業選択の自由を制限する場合，その制限事由が基本権の主体に一定の資格を要求する主観的条件による制限よりは，基本権主体とは全く関係なく，要件を充足させる方法がない客観的条件による制限の方が，職業の自由に対する侵害の深刻さが非常に大きいため，このような場合には，かなり厳格な要件を備えた場合にのみ許容されうる」と提示した（憲裁1990. 10. 15. 89憲마178）[12)]。

そこで，段階理論について，より具体的にみると，第1の規制段階は，職業遂行の自由に対する規制である。職業遂行の自由は，職業決定の自由に比べて相対的にその侵害の程度が小さいと言えるので，これに対しては公共福利など公益上の理由で比較的幅広い法律上の規制が可能であるが，その場合にも憲法第37条第2項で定める制限の限界である過剰禁止の原則は保たなければならない（憲裁1995. 4. 20. 92憲마264）。第2の規制段階は，主観的条件による職業選択の自由に対する規制である[13)]。ここでは，特定の資格が要求される職業（医師，弁護士など）についてである。主観的許可条件を設定するためには，重要な公共の

利益が必要とされる。そして，当該規制の条件を満たさなければ職業遂行が「不可能または現実的ではない」場合や，さらに公共に危険や害悪をもたらすような場合にのみ規制が正当化される[14]。第3の規制段階は，客観的条件による職業選択の自由に対する規制である。当事者の能力や資格とは無関係に，国家安全保障・秩序維持・公共福利のような客観的事由による職業選択の自由を規制する方法（業種の適正分布，業種の数の制限など）である。客観的許可制限が設定されるには，特に重要な公共の利益が必要とされる。この種の制限が正当化されるのはきわめて重要な公益のために「明白かつ確実な危険」を防止するために必要な場合にのみである（憲裁2002. 4. 25. 2001憲마614）[15]。

こうしたことから，憲法裁判所は，職業の自由について，ドイツ連邦憲法裁判所が1958年のいわゆる薬局判決から発展させた「段階理論」を受容し適用したと評される[16]。しかし，かかる段階理論についてドイツにおいても様々な問題点が指摘されていると言われる[17]。それらのなかで韓国で指摘されている主な問題点は次のようなものである。第1に，職業選択と職業行使の区別が明確ではないということである。たとえば，特定の職業活動が禁止された場合，単に特定された一部の活動領域が禁止された職業遂行の自由に対する規制であるか，もしくは，禁止が特定の職業の活動領域の全体を包括する職業選択の自由に対する規律かという問題が提起される[18]。憲法裁判所は，地上波放送事業者について放送広告の販売代行を禁止した法令の合憲性審査において，職業遂行の自由に対する制限であるが，その実質が職業遂行の自由を形骸化させる場合には，それが職業選択ではなく職業遂行の自由に対する制限であっても厳格な審査基準が適用されるべきであると判示した（憲裁2008. 11. 27. 2006憲마352）。

第2に，段階理論にはかなり不確定的な概念が用いられるため，広い解釈の余地と決定の余地があるということである[19]。たとえば，職業の自由に対する制限を正当化する法益として公益の多様性（合理的公益，重大な公益，非常に重大な公益）が前提とされているが，その評価についていかなる内容的基準も示されていない。それゆえ，憲法裁判所の主観的評価と価値判断に左右されるおそれがあるという[20]。したがって，段階の確定によって基本権制限の正当性に対する要請が形式的に決定される段階理論の問題点を克服するためには，基本権の制限規定が基本権の主体に与える実質的効果が判断基準として取り入れられるべきであるとされる[21]。すなわち，職業の自由は，個人の人格的価値に直結

する自由である（憲裁1989. 11. 20. 89憲가102）から，公権力による規制がもたらす実質的な規制効果を顧慮する実態的観点によって判断しなければならないということである。

それでは，次に，かかる段階理論のなかで，医師免許が要求されるという施術者の資格や能力にかかわる事案である憲法裁判所の2つの判決を検討する。

Ⅲ　資格規制と違憲審査

1　タトゥー判決

既に述べたように，韓国において医師免許のない者がタトゥー施術を行うことは，大法院の1992年の判決に基づいて医療行為に該当し不法行為となる。その後，1996年に，無免許医療行為を禁止しそれを処罰する根拠法律である医療法の条項そのものが憲法裁判所に問われるようになった。それは，医師免許もない者が立て看板を掛けて被施術者らに灸などの治療行為の営業を行ってきたところ，その治療を受けてきた1人である肝硬変の被施術者が死亡し医療法違反などで起訴された事件である。この起訴事件の裁判が継続されるなかで，裁判所が職権で憲法裁判所に裁判の前提となる医療法の条項の違憲性について違憲法律審判を提起した事件である（憲裁1996. 10. 31. 94憲가7）。

この事件で憲法裁判所は，医療法には「医療行為」についての定義規定がないという理由で，大法院が1992年の判決で示した「医療行為」についての定義を用いている。つまり，「医療行為というのは，疾病の予防と治療行為だけではなく，医療人が行わなければ保健衛生上危害が生ずるおそれのある行為」であり（大法院1992. 5. 22. 宣告91도3219），医療行為であるか否かの決定基準は，「疾病の予防と治療に使用される機器が医療機器がどうかではなく，医学的専門知識がない者がこれを疾病の予防と治療に使用することによって人の生命，身体や公衆衛生に危害を発生させるおそれがあるか否かによって決定されるべきである」という大法院の判決（大法院1989. 9. 29. 宣告88도2190）を継承している[22]。結局，医療行為というのは，人の生命，身体や公衆衛生について現実的，具体的危害を及ぼすものではなくでも，「そうした危害を生じさせるおそれ」があれば，規制の対象となることを示す。したがって，憲法裁判所は，医師ではない者が医療行為を行った場合にはその治療結果とは関係なくそれを規制する必要があ

ると判示した。

なお，この事件で憲法裁判所は，無免許医療行為を一律的かつ全面的に禁止する規制手段を採っている医療法の条項が過剰禁止の原則に違反しないと判示した。すなわち，憲法裁判所は，形式的側面では，立法裁量論を用いて立法目的の設定と手段の選択において立法者の判断が著しく立法裁量の限界を超えないものであり，実質的側面でも，医療行為は人の身体と生命を対象にすることであり，科学的に検証されていない方法や無免許医療行為は人々に致命的危害を与えるおそれがあるので，全面禁止以外には他の規制方法がないと判示した。その後の判決においては，罪刑法定主義の明確性原則を適用し[23]，「医療行為の概念は，健全な一般常識を有する者が一義的に把握しにくいとか，裁判官による適用段階で多義的に解釈されるおそれがあるとは見がたいので，罪刑法定主義の明確性原則に違反しない」と判示した（憲裁2016. 10. 27. 2016憲바322）。

ところで，憲法裁判所は，この事件において医療法の条項が医師免許がない者の医療行為を全面的に禁止することが憲法上の職業選択の自由を侵害するか否かを取り上げ初めて判断した。そこで，多数意見は，主観的条件による職業選択の自由を規制していることから段階理論による憲法論やそれに関する狭義の比例性については論ずることなしに，医療行為を医療人のみに許可するか，一部の医療行為を医療人ではない者に認めるかは，立法政策の問題であると判断した。それゆえ，国民の生命権と健康権を保護するために，医師免許がない者の医療行為を全面的に禁止する方法以外の他の選択手段では効率的に実現できないと判示した。

しかし，この事件の憲法裁判所の判決において，注目すべき憲法裁判官２人の反対意見が出された。それによると，「医療行為の範囲が広く規定されると非医療人に禁止される行為の範囲もそれにより広くなるため医療人のみが行う医療行為の範囲の設定は，その専門性と危険性を考慮して適正な範囲に限定する必要がある」とした。したがって，医療行為によっては医学的専門知識の要求程度や，生命・身体に対する危険性に応じて多様な医療人の資格を設定する必要があるとした。結局，「保健衛生上の危害が生ずるおそれがあるとしても，医師免許を要する程度の専門的知識と技能が必要であるとは見がたい行為について，医師免許より低い水準の医療資格を取得可能にし，その範囲内で医療行為を行うよう許容」すべきであると述べた。それによって，生命・身体や公衆衛生に対する危害の発生を防止することは勿論，医療人ではない者の職業選択の自由も保護できるとした。

ところで，憲法裁判所の反対意見においても，段階理論や狭義の比例性などは論じられてはいないが，タトゥー行為に医師免許を要求する主観的条件が職業活動の秩序ある充足という目的との均衡を失してはならないという意味での，狭義の比例原則が適用されていると解されうる。しかし，国民の生命・身体の安全という公益とタトゥーを職業として選択しようとする人々の私益との比較衡量の手法だけではどちらを優先すべきかを判断しにくいところがある。そこで，狭義の比例性審査を行う前に手段の最小侵害性審査をしなければならないと思われる。最小侵害性審査とは，立法者が選択した基本権制限の手段が立法目的の実現に対して等しく効果的であるとしても，基本権を制限する程度が低い他の手段が存在する場合に否定される。より制限的でない他の選びうる手段の有無が審査される手法である[24]。そこで，2人の反対意見では，保健衛生上の危害が生ずるおそれがあるとしても，医師免許より低い水準の医療資格を取得しその範囲内で医療行為を行うよう医療行為の範囲を限定すべきであるとした。すなわち，より制限的でない他の選びうる手段である医師免許より低い水準の医療資格を取得するという手段があるので，最小侵害性の違反であり，タトゥー施術とそれに要求される資格との比例性にも違反することになる。

2　鍼灸師判決

韓国やアジア諸国において伝統民間療法である鍼灸は，日本，ドイツ，アメリカなどでは免許制度によって一定の領域で施術が許容されているのに対し[25]，韓国では未だにタトゥー同様に医療行為に該当し不法行為とされる。伝統医術である鍼灸は，朝鮮時代まで鍼灸専門の試験を通じて選抜された医生と呼ばれた者が施術し，日本植民地時代に至り鍼灸師とその名称が変更した。当時，医療供給の不足を解決するために伝統漢医が存置されるようになったが，それは暫定的であって新たに許可されることは制限された。その反面，日本総督部は，1914年10月，按摩術，鍼術，灸術の営業取締規則を公布し，それぞれの免許について警務部長の許可を得るようにさせた。戦後，韓国では，1951年に国民医療法を制定し，それ以前から存在した按摩術，鍼術，灸術などの医療類似業者制度を存置させた（国民医療法第59条）。

その後，1960年11月28日，保健社会部令第55号の医療類似業者令を制定し，資格，業務，養成資格試験を規定し，鍼灸師制度を本格的に法制化した[26]。しかし，ほどなくして1962年の医療法改正によって鍼灸師制度は廃止された。その代わりに漢医師制度が導入されるようになった。それゆえ，その後絶え間なく鍼灸師制度を復活させるための様々な立法活動があったが，漢医師協会と医師会の反対にあって挫折し今日に至った。ここでは，憲法裁判所のタトゥー判決の多数意見と同様の立場にたって鍼灸施術も医療行為に該当するため，その施術は漢医師の資格がなければならないと判示した憲法裁判所の判決について検討・分析する。

鍼灸師に関する憲法裁判所のリーディング・ケースは，6つの事件を併合して決定した2010年7月29日の判決である（2008憲가19など）。この事件は，医療人ではない者が被施術者を対象にし，鍼と灸の施術などの無免許医療行為を行った嫌疑で起訴された事件で，裁判所で裁判継続中に被告人が無免許医療を禁止する医療法の条項の違憲性に関して憲法裁判所に申し立てられた違憲法律審判事件である。被告人である申請人は，「医療人でなければ，何人も医療行為をしてはならない。医療人も許可されている以外の医療行為をしてはならない」という医療法の条項が患者の生命権，健康権，治療を受ける権利及び請求人の職業選択の自由などを侵害し，罪刑法定主義に違反すると主張した。この事件では，憲法裁判官4人が合憲意見を，5人が違憲意見を出し，合憲と判示された[27]。

まず，憲法裁判官4人の合憲意見では，罪刑法定主義の明確性の原則に違反しないとした。合憲意見は，大法院の多数意見[28]に従い「医療法上の医療行為には必ず疾病の治療と予防に関する行為だけに限定されずに，それとは関係がなくても医学上の機能と知識を有する医療人ではなければ保健衛生上の危害をもたらすおそれがある一連の行為が含まれる」とした。こうした医療行為の概念は，「健全なる一般常識を有する者によって一義的に把握しにくいとか，裁判官による適用段階で多義的に解釈されるおそれがない」ため，明確性の原則に違反しないとした。そして，非医療人の職業選択の自由ないし医療消費者の医療選択における自己決定権の侵害の有無については，“立法政策”の問題であるので憲法に違反しないとした。すなわち，この事件の法律条項が医療人ではない者の医療行為を全面的に禁止したことは，かなり重大な憲法的法益である国民の生命権と健康権を保護し，国民の保健に関する国の保護義務（憲法第36条第

3項）を移行するための適切な措置であり，代替手段のない唯一の選択として実質的にも比例原則に合致するものであるとした。こうした合憲判決の内容は，従来の憲法裁判所の合憲決定を受け継ぐものである（憲裁1996. 10. 31. 94憲가7; 憲裁2002. 12. 18. 2001憲마370; 憲裁2005. 3. 31. 2001憲바87; 憲裁2005. 5. 26. 2003憲바86; 憲裁2005. 9. 29. 2005憲바29）。

次に，5人の違憲意見では，この事件の医療法の条項が「人々の生命・身体や公衆衛生に対する危害発生の可能性が低い医療行為まで一律的に禁止することは，医療消費者の医療行為の選択権と，こうした医療行為を行う者の職業選択の自由を侵害する」ものとして違憲と判断した。すなわち，医療行為の領域を広く解釈すれば，医療人が独占的に活動する領域が拡張される代わりに，非医療人に禁止される行為の領域が広くなる。したがって，医療行為の領域は，医療行為の専門性と危険性を考慮し必ず医療人が行わなければならない行為に限定すべきであるという。そうすることによって，医療消費者である国民が適正な費用や接近性に適う医療行為を選択することが可能であるという。その具体的事例として，ドイツの治療師（Heilpraktiker），日本の医業類似業者，アメリカの一部の州における鍼術制度などが挙げられている。そして，保健衛生上の危害が生じるおそれがあるが，医師程度の専門的知識と技能が必要ない行為について，医師免許より低い水準の医療技能だけで資格を取得しその領域内で医療行為を可能することによって，非医療人の職業選択の自由を保障すべきであるとした[29)]。

この事件で，憲法裁判官5人が違憲意見を出したことは，大きく評価できるものである。5人の違憲意見では，タトゥー判決の2人の違憲意見と同様に，より制限的でない他の選びうる手段である，医師免許より低い水準の医療資格の取得という手段があるにもかかわらず，それを手段として選択しなかったので最小侵害性の違反であり，鍼灸施術とそれに要求される資格との比例性にも違反することになる。

Ⅳ　タトゥー立法の動き——彫師と医師免許

韓国においてタトゥーは，大法院の1992年の判決から不法行為とされてきたが，その後にタトゥーが大衆化して，非医療人のタトゥー施術を合法化する文身師法（＝彫師法，以下，「彫師法」とする）案が，2010年2月の国会に初めて提出された。しかし，医療人協会の強い反対のために第18代国会の立法期満了によって廃案となった。また，その後にも，第19代国会である2013年に同一の法律案が，第20代国会である2019年にほぼ同様の彫師法案が国会に提出されたが，医療人協会の強い反対のために国会の立法期満了よって廃棄された。ここでは，国会に提出された法案の主な内容を検討する。

彫師法案には，医療法第27条にもかかわらず，彫師の免許を取得した者に彫師業を行うことを可能にし，彫師業の範囲及び限界に関する必要な事項については大統領令で定めるよう委任している。そして，未成年者などを対象にする入墨を禁止している（案3条）。彫師の資格（案4条）については，①専門大学またはこれと同等以上の学歴があると認められる機関において保健福祉部令で定めるタトゥー関連の学問を専攻し卒業した者，②国家技術資格法に従い彫師の資格を取得した者（2019年の法律案に追加された），③保健福祉部長官が認める外国の彫師の免許を有する者，④その他に大統領令で定める資格を有する者で，各号のどれか1つに該当する者は，保健福祉部長官から免許を得られるようにしている。

かかる法案は，現実的に入墨の多くが医療人ではなく非医療人によって行われてきたことから，彫師の免許と業務範囲，彫師の衛生管理義務とタトゥー業の申告と廃業などに関する事項を規定することによって入墨を合法化させる一方，これに対する管理・監督を強化しタトゥー業の健全な運営と国民の健康増進を目的とするものであると評価できる。また，憲法裁判所の5人の違憲意見で指摘されているように，保健衛生上の危害が生ずるおそれがあるとしても，医師免許より低い水準の医療技能だけで資格を取得しその領域内で施術行為を可能にするべきだという趣旨に適うものである。しかし，これらの法案には具体的にタトゥーに関連のある学科でどのような科目やいくつの単位をとるべきか，彫師の国家資格試験にどのような学科科目と実技を要求しているのか，また，どのような資格を有する者が大統領令によって彫師の資格が認められるかは必ずしも明確ではない。

そこで，彫師の資格に必要なことは何か，どのような内容が法律で定められるべきであるのかについて日本のタトゥー裁判とそれに関連する論文を参考にし検討する。彫師に医師免許が必要かどうかは，医行為の概念と密接にかかわっている。医師でないのにタトゥー行為を業として行ってきた被告人の行為に関して日本の第1審判決は,「医師が行うのでなければ保健衛生上危害を生ずるおそれのある行為であるから，医行為に当たるというべきである」と解した。それに伴い,「入れ墨の施術に当たり，その危険性を十分に理解し，適切な判断や対応を行うためには，医学的知識及び技能が必要不可欠である」と判示した。これに対し，第2審と最高裁判所は,「医行為とは，医療及び保健指導に属する行為のうち，医師が行うのでなければ保健衛生上危害を生ずるおそれのある行為をいうと解するのが相当である」と判示した[30]。すなわち,「保健衛生上危害を生ずるおそれのある行為であっても，医療及び保健指導と関連性を有しない行為は，そもそも医師法による規制，処罰の対象の外に位置づけられるというべきである」と判示された。

こうした点からタトゥー施術行為は,「装飾的ないし象徴的な要素や美術的な意義がある社会的な風俗として受け止められてきたものであって，医療及び保健指導に属する行為とは考えられてこなかったものである」という。また,「歴史的にも，長年にわたり医師免許を有しない彫り師が行ってきた実情があり，医師が独占して行う事態は想定し難い」と述べた。したがって，タトゥー施術に伴う保健衛生上の危険については，医師免許を有する者に独占させる以外の方法によって防止する方策を探るべきであるとされる。そこで，タトゥー施術がいかなる保健衛生上の危害を生ずるおそれがある行為なのかを大阪地裁の第1審判決が適切に指摘している点を参考にする。

> 被告人が施術した入墨は「必然的に皮膚表面の角層のバリア機能を損ない，真皮内の血管網を損傷して出血させるものであるため，細菌やウィルス等が侵入しやすくなり，被施術者が様々な皮膚障害等を引き起こす危険性を有している。……また，前記のとおり，入れ墨は色素を真皮内に注入するものであることから，施術に使用される色素に重金属類が含まれていた場合には(……)，金属アレルギー反応が生じる可能性があるし，重金属類が含まれていなくとも，色素が人体にとって異物であることに変わりはないため，アレルギー反応が生じる可能性がある。さらに，入れ墨の施術には必然的に出血を伴うため，被施術者が何らかの病原菌やウィルスを保有していた場合には，血液や体液の飛散を防止したり，針等の施術用具を適切に処分するなどして，血液や体液の管理を確実に行わなければ，施術者自身や他の被施術者に感染する危険性があるのみならず，当該施術室や施術器具・廃棄物等に接触する者に対しても感染が拡散する危険性もある。」

しかし，すでに述べられてきたように，タトゥー施術が上記のような保健衛生上の危害を生ずるおそれのある行為であるとはいえ，それに必要とされる医学的知識と技能は医師ほど高い水準のものではなく，より限られた範囲の基本的なもので足りるとされる[31]。すなわち，どのような医学的知識と技能が必要かは立法によって決められるべきであるが，タトゥー施術で必要とされる医学知識と技能は，「医学部の教育や医師国家試験で要求されるほど広範にわたり，かつ，高水準のものではなく，より限られた範囲の基本的なもので足りる」[32]ということである。韓国の彫師法案では，所定の教育を受けた者と，国家試験に合格し資格を取った者，外国の彫師の免許を有する者，大統領令で定める資格を有する者に対しタトゥー業が許可されるように定められた。ここで，所定の機関で一定の教育を受けた者については，所定の学科試験と実技試験をもなしに資格を取得することが可能であると解される。しかし，タトゥー施術は，保健衛生上の危害を生ずるおそれのある行為であるから，医学的知識と技能は医師ほど高い水準のものではなくても，社会的に許容されうる水準の安全性を確保しなければならない。そのためには，オーストリアのようにタトゥー施術を行うためには一定の国家試験（専門実技試験，専門口頭試験，専門筆記試験，企業者試験）に合格し資格を取得するように立法することも1つの方策であるだろう[33]。韓国においても，1960年に法制化された後に廃止された鍼灸師制度をみると，高校以上の学歴の有する者で，保健社会部長官が指定する養成機関で3年以上所定の過程を修了してから学科試験と実技試験に合格した者に資格を付与したことがある[34]。

V　むすびに

韓国においては，タトゥー施術のみならず長い伝統を有する鍼灸施術が医療行為の範囲に含まれると解されるので，医師や漢医師の免許のない者が行うと不法行為となり処罰される。それにもかかわらず，タトゥーや鍼灸は医師免許や漢医師の免許がない者によって一般的に広く行われている。こうしたなかで，無免許者によるタトゥーと鍼灸の施術を処罰する根拠である医療法の条項が憲法裁判所にその違憲性が数回にわたり問われるようになった。そこで，憲法裁判所は，大法院が「医療行為というのは，疾病の予防と治療行為だけではなく，医療人が行わなければ保健衛生上危害が生ずるおそれがある行為」であると定義した医療行為の概念を継承し，立法裁量論を用いて保健衛生上の危害を防止するためには無免許医療行為を一律的かつ全面的に禁止する以外には方法がないとし医療法の条項を合憲と判断した。

しかし，憲法裁判所の合憲判決は，2つの点から批判することができる。その1つは，医療行為の概念の範囲が幅広く定義されていることである。すでに本文で検討したように，日本の大阪高等裁判所と最高裁判所が判示したように，医療行為の概念は，「医行為とは，医療及び保健指導に属する行為のうち，医師が行うのでなければ保健衛生上危害が生ずるおそれのある行為」と限定して解するのが相当である[35]。もう1つは，職業選択における資格という主観的条件による制限について立法裁量論を採択したことである。立法者は多様な職業のなかでその遂行や選択に対する制約の手段を決定する権限を第一次的に有するが，制約の範囲や限界については比例の原則によって正当化されなければならない。そこで，職業選択に対する制約は，職業の遂行に対する制約より職業の自由に対する侵害の深刻さが大きいので，立法裁量は縮小されかなり厳格な要件を備えた場合にのみ許容される。

したがって，本文では，狭義の比例性審査だけでは公益と私益の均衡を判断しにくいことから，タトゥーや鍼灸に医師免許を要すると解される医療法の条項の違憲性の判断について，より制限的でない他の選びうる手段があるか否かという手段の最小侵害性審査を行った後に，狭義の比例性を判断するという手法をとればより明確になるのではないかという観点を示した。

1）身体に図柄を彫る行為は，「彫り物」「入（れ）墨」「刺青」「タトゥー」「文身」「鯨」と様々な呼び名を持つという。辰井聡子「医行為概念の検討――タトゥーを彫る行為は医行為か」立教法学97号（2018年）16頁，注2 参照。韓国では，「文身」と「タトゥー」という用語が一般に使用されるが，本稿では，「入墨」と「タトゥー」を区別せず，同様の意味として使用する。

2）Today新聞，2020年8月19日。

3）同様の見解は，日本の大阪地方裁判所の判決（大阪地判平成29・9・27判時2384号129頁）でも示された。大阪地裁は，「入れ墨の施術は，医師の有する医学的知識及び技能をもって行わなければ保健衛生上の危害を生ずるおそれのある行為なのであるから，これを医師免許を得た者にのみ行わせることは，上記の重要な公共の利益を保護するために必要かつ合理的な措置というべきである」と判示した。小山剛「職業と資格――彫師に医師免許は必要か」全南大学人権法評論23号（2019年）218頁。

4) 彫師や鍼灸師に医師免許という資格を要求することは，彼らの職業選択の自由に対する制限となるので，法律上の根拠があり（形式的正当化），かつ，その制限が内容において比例原則を充足しなければ（実質的正当化），憲法違反となる。小山剛「職業と資格――彫師に医師免許を要求することの憲法適合性」本書147頁。

5) 本稿のⅡについては，閔炳老「職業の自由と合憲性審査基準」全南大学法学論叢34輯1号（2014年）271－279頁を参照し再構成したものである。

6) 韓国では，1962年の第3共和国憲法において初めて職業選択の自由が明文で規定された。その後，1972年の憲法改正ではその条項に法律留保が加えられており，1980年の憲法で法律留保条項が削除された。

7) 日本の最高裁判所も，薬事法事件判決（最大判昭和50・4・30民集29巻4号572頁）において，「職業は，人が自己の生計を維持するためにする継続的活動であるとともに，分業社会においては，これを通じて社会の存続と発展に寄与する社会的機能分担の活動たる性質を有し，各人が自己のもつ個性を全うすべき場として，個人の人格的価値とも不可分の関連を有するものである」ことから，日本国憲法第22条第1項には，広く職業遂行の自由まで含まれると判示している。

8) 比例の原則とも呼ばれる過剰禁止の原則（Übermaßverbot）は，国家権力は無制限に行使されるものではなく，必ず正当な目的のために，そしてその目的を達するために必要な範囲内においてのみ行使されるべきだという憲法上の原則である。梁三承「過剰禁止の原則――特にドイツにおいての理論と判例を中心に」憲法裁判所編『憲法論叢 第1輯』（憲法裁判所，1990年）114－116頁。過剰禁止の原則の源泉であるドイツにおける比例原則は，①手段の適合性，②手段の必要性，③利益の均衡（狭義の比例性）という3つの審査を内容とするが，韓国では，これらに加えて，「目的の正当性」審査が含まれる。

9) 金炯盛「過剰禁止の原則と適用上の問題点」憲法実務研究会編『憲法実務研究 第3巻』（博英社，2002年）68－72頁。

10) 権寧星『憲法学原論〔2010年版〕』（法文社，2002年）580－581頁，許營『韓国憲法論〔全訂15版〕』（博英社，2019年）511－512頁，成楽寅『憲法学〔2020年版〕』（法文社，2020年）1401－1406頁。

11) 韓国において段階理論は，過剰禁止原則と区別される別の基本権制限の限界法理ではなく，過剰禁止の原則（特に，最小侵害性，法益均衡性）が職業の自由の領域で特殊化・具体化されたものとして評価される。成・前掲注10）1401頁。

12) ドイツにおける資格制と職業選択の自由に関する連邦憲法裁判所の基本的立場については，栗島智明「ドイツ――職業の自由の憲法的保障の観点から」本書227－229頁参照。

13) 憲法裁判所は，資格制について，「立法府が一定の専門分野に関して資格制度を備えることにおいては，その制度を設置した目的を考慮して政策的判断に従い自由に制度の内容を構成することができ，その内容が明白に不合理で不公正でない限り原則的に立法府の政策的判断は尊重されなければならない」とし，明白の原則を適用している（憲裁1996. 4. 25. 94憲마129）。

14) 第2の規制段階では，ドイツの薬局判決における許可の主観的条件に対する比例性審査である狭義の比例原則が妥当であるとされる。狭義の比例性とは，「手段は追求される目的との比例を失してはならない」，あるいは，「手段は追求される目的と適切な比例関係になければならない」という要請である。小山剛『「憲法上の権利」の作法〔第3版〕』（尚学社，2016年）69頁以下。韓国では，狭義の比例性は「法益の均衡性」とも呼ばれ，立法によって保護しようとする公益と侵害される私益を比較衡量して保護される公益がより大きくなければならないという。

15) 段階理論とは，職業行使の自由制限（第1段階）と，主観的条件による職業選択の自由制限（第2

段階）と，客観的条件による職業選択の自由制限（第3段階）に分けて，第1段階から第3段階にいくほど個人の人格と密接な関係にあるため立法裁量は少なくなるということである。すなわち，職業行使の自由に対する制限は恣意的でななく合理性があれば充分であり，職業選択の自由に対する制限は特に重要な社会的利益を保護するために必要な場合にのみ許容されるということである。洪性邦『憲法学（中）〔第2版〕』（博英社，2015年）134－135頁。

16）しかし，憲法裁判所は職業の自由に関する多くの事件において，段階理論に直接基づいて判断するというよりは，基本権制限の一般原則を職業の自由に適用し判断していることから，ドイツの段階理論を間接的に認める程度に止まっているという指摘もある。実際に，憲法裁判所は，職業の自由に関する多数の判決において，段階理論に言及さえせず，一般的な過剰禁止の原則を適用して判断していることもある反面，明示的に段階理論を適用しようとする判決もある。成・前掲注10）1248頁。

17）栗島・前掲注12）229頁。そのなかで頻繁に指摘される問題点として，職業遂行に関する規制が事実上，職業選択の自由そのものの侵害にあたるような場合が挙げられるという。

18）韓秀雄『憲法学〔第9版〕』（法文社，2019年）671－673頁。洪・前掲注15）116－117頁。

19）洪・前掲注15）116－117頁。しかしながら，3段階理論は個人の人格の発現とともに，自由主義的経済秩序・社会秩序の礎となる職業の自由について限界を提示することによって，職業の自由に対する制限は最小侵害の原則に従い行われるべきだという点を明らかにしたところにその意味があるといわれる。同177頁。韓・前掲注18）673頁。

20）ドイツ基本法の体系によって形成された段階理論を無批判的に援用しているという批判がある。すなわち，ドイツ基本法は具体的法律留保を基本権制限の根拠とするが，韓国憲法は基本権制限について憲法第37条第2項の一般的法律留保の規定を置いている。憲法第15条の「すべての国民は，職業選択の自由を有する」という規定は，ドイツ基本法第12条第1項1文の文句と類似の内容を有しているが，憲法第37条第2項の一般的制限規定によって制限することができるようになっている。したがって，比例の原則を段階の区分なしに職業の自由の制限の基準として確立することができるという。というのは，立法者は比例衡量の原則の範囲内でその形成の自由が与えられており，それを通じてその制限の目的を十分に達成することができるからであるという。表明煥「職業の自由の制限原理とその問題点」公法学研究3巻2号（2002年）213－215頁参照。

21）韓・前掲注18）675頁。

22）憲法裁判所は，医療法や保健犯罪取締法上の「医療行為」に該当するか否かの問題は，個別事件における事実認定とそれに基づく法律の解釈，適用上の問題でこれに対する判断は，裁判所の固有の権限であるとし，その後のタトゥーや鍼灸師の判決においても大法院が判示した医療行為の定義を引き続き用いている。憲裁2007. 4. 26. 2003憲바71; 憲裁2016. 10. 27. 2016憲바322; 2010憲마658; 2017憲바174; 2013憲마514; 2015憲바51。

23）明確性の原則とは，法治国家原理と罪刑法定主義から導かれる憲法上の原則で，基本権を制限する法規範が，その規範の意味内容から何が禁止される行為であり，何が許容される行為であるかを示し一般人には予測可能性を与え，法執行者には恣意的執行の防止をする原則である。判断基準としては，健全たる常識と通常の法感情を有する者であれば，処罰法規の適用対象者が誰であり，具体的にいかなる行為が禁止され，どのような刑罰を受けるのか充分に知ることができれば，罪刑法定主義の明確性の原則に違反しないという。憲裁2012. 12. 27. 2012憲바46; 憲裁2016. 9. 29. 2015憲바65。

24）小山・前掲注14）110頁。

25) 日本においては，医師以外の者で，あん摩，マッサージ若しくは指圧，はり又はきゅうを業としようとする者は，鍼灸系専門学校や，鍼灸学科のある4年制大学，または3年制短大を卒業し，あん摩マッサージ指圧師免許，はり師免許又はきゅう師免許を取得しなければならない。「あん摩マッサージ指圧師，はり師，きゆう師等に関する法律」参照。

26) KIM Tae-Yong「伝統鍼灸医術の活性化方案に対する研究」民族思想7巻2号（2013年）185－186頁参照。

27) 憲法裁判で，法律の違憲決定には，憲法裁判官9人中，7人の出席で6人の賛成が必要となる（憲法裁判所法第23条）。

28) 大法院2000. 2. 25. 宣告99도42; 大法院1999. 6. 25. 宣告98도4716。

29) 国内的な例として，現行医療法第81条が，医療法が施行される以前に資格を取った接骨師，鍼師，灸師については，医師免許がない者は医療行為を禁止している医療法第27条にもかかわらず，例外的に施術を業として行うことができるということを挙げている。

30) 同様の見解としては，小山・前掲注3）233－235頁，辰井・前掲注1）39－43頁参照。

31) 小山・前掲注3）237頁。

32) 小山・前掲注3）237頁。

33) 栗島・前掲注12）238頁。

34) 韓国の保健社会部令第55号（1960年）の「接骨師，鍼師，灸師，按摩師資格試験規定」によると，鍼師の理論試験は，解剖学，生理学，病理学，衛生学，症候概論，漢方概論，鍼理論，医師法規の科目が，灸師の理論試験には同一の科目で鍼理論の代わりに灸理論が含まれた。

35) 小山剛によると，第2審の判決は，いわゆる合憲限定解釈を採ったものではなく，その手法は，むしろ憲法を顧慮した慎重な法律解釈を実践したものであるとされる。小山・前掲注4）164頁。この点に照らしてみると，韓国の憲法裁判所も，医師以外は医療行為をしてはならないという医療法の条項それ自体を違憲とすることはできないので，「……と解釈する限り合憲」という合憲限定解釈を採ることも可能であったと思われる。韓国の憲法裁判制度における合憲限定解釈の意義については，閔炳老「韓国の違憲審査制の現況と課題――違憲審査基準を中心にして」全南大学法学論叢25輯（2005年）27－32頁参照。

アメリカ――タトゥー施術の医療系資格要件とゾーニング規制の合憲性

小谷順子

Ⅰ　はじめに

アメリカにおいて，従来，タトゥーはタブー視される傾向が強かったものの，近年では徐々に受容される傾向がみられるが，未だなお社会のあらゆる場面で許容されるまでには至っておらず，たとえば就業等の場面ではタトゥーの露出が許容されない傾向があると言われる[1)]。一般人の意識においても，たとえば2010年に実施された世代別調査では，当時の18歳から29歳の世代の38%，30歳から45歳の世代の32%，46歳から64歳の世代の15%，65歳以上の世代の6%が自己の身体にタトゥーを入れていると回答している一方で，世代を問わずタトゥー保持者の約7割は他者から見えない箇所に入れていると回答しており[2)]，アメリカ社会のタトゥーに対する許容性の進展と非許容の継続の両側面をうかがうことができる。

アメリカのタトゥーに関する規制は，州又は自治体レベルで設けられており，連邦政府による規制は，タトゥーやアートメーク（permanent makeup）の染料に関する規制にとどまる。染料については，連邦食品医薬品及び化粧品法（Federal Food, Drug, and Cosmetic Act）の規制対象である化粧品（cosmetics）に含まれると解釈されており，連邦の食品医薬品局（Food and Drug Administration〔FDA〕）

の管轄下に置かれている[3]。もっとも，食品医薬品局は，タトゥー染料に含まれる色素（pigments）が同法の下で市販前の許可を要するものに該当することを認めつつも，タトゥー染料の色素の規制よりも優先される他の公衆衛生上の事項が存在することや，タトゥー染料の色素自体の安全性の問題を示す証拠が存在していないことを理由に，伝統的に規制権限を行使していない[4]。

一方，州レベルにおけるタトゥー施術行為に関する諸規制の変遷は，近年の日本の状況に示唆を与える点も多い。詳しくは後述するが，アメリカでは1960年代前後からタトゥーに起因する肝炎の発症例が問題視されるようになり，諸州がタトゥーの施術を医師免許又は他の医療系資格（以下，両者をまとめて医療系資格と記す）に限定する規制を導入したが，そうした規制の導入が推進された背景にはタトゥーへの根強い嫌悪感もあったようである[5]。その後，効果的な感染症対策が定着していく一方で，タトゥー自体に対する社会の嫌悪感が弱まり，むしろ無資格者による施術が水面下で広がることに伴うリスクが認識されるようになる。こうした状況を背景に，諸州で医療系資格を要求する規制を廃止し，より現実的な免許制，許可制又は登録制等に移行するようになり，2000年の時点では，タトゥー施術に医療系資格保持を要求するのは5州のみとなっていたとされる[6]。その後，これら5州についても規制が廃止又は停止され，医療系資格を要求する州はなくなった。

こうして，今日，州レベルでのタトゥー施術行為の規制については，身体の特定部位への施術や16歳未満又は18歳未満の者への施術を禁止する規定を除き，主に，衛生管理等に重点を置いた施術者又は施術施設に関する免許制，許可制又は登録制などの形態に移行しているが，そうした規制を設けていない州もある[7]。一方，州レベルの規制の有無にかかわらず，市町村単位でゾーニング条例を制定してタトゥー施術施設の出店を規制する例もみられ，全米の各地の規制状況は多種多様である。

本稿では，以下，今日の日本の状況に示唆を与えうるタトゥー施術に医療系資格を求める法規制に着目し，法制度と裁判の変遷を確認したうえで，さらにタトゥー施術施設の出店に関するゾーニング条例をめぐる判例法を見ていく。

Ⅱ　医療系資格保持者以外によるタトゥー施術の禁止の変遷

1　1960年代以降の医療系資格要件の導入

(1)　医療系資格要件の導入に伴うタトゥー施術者の苦境

前述のとおり，アメリカでは，1960年代前後にタトゥー施術に起因する肝炎の感染が広がり，その防止のためにタトゥー施術者に医療系資格を要求する規制を導入する州や自治体が見られたが，こうした規制が導入された州や自治体では，それまでタトゥー施術業に従事していた者が合法的に営業を継続する途を失うことになり，新規制によって自己の諸権利を侵害されたと主張して裁判所に救済を求める事例が生じた。こうした訴えに対し，この時期の裁判所は，タトゥーが感染症の原因となることを認めたうえで，州又は自治体の有する広範な一般福祉の規制権限を前提に，感染症防止のための規制を合憲とする判断を下している。以下，この時期の裁判例として，ニューヨーク市，フロリダ州，インディアナ州の規制を合憲と判断した事案を紹介する。

(2)　ニューヨーク市規則

ニューヨーク市は，1959年にタトゥーを原因とする血清肝炎（B型肝炎）が15件発生したことを受け，施術に用いる機材等の消毒等の衛生管理を義務づける保健規則を導入したが，当該規則は順守されないことも多く，その後も肝炎の発症が相次いだため，1961年に当該規則を改正し，医師が医療上の目的で施術する場合を除いて身体への一切のタトゥー施術行為を禁じた[8)]。これを受けて従前のタトゥー施術業者が当該規則の違憲性の確認を求めた事件において，1964年，ニューヨーク州控訴裁判所は，タトゥー施術行為が肝炎の拡散（spread）の原因であることは示されており，そうである以上はその規制は社会の健康の維持のための規制権限に含まれると述べたうえで，素人によるタトゥー施術行為の禁止は生命と健康の維持のための賢明な手段であると述べ，当該規則の違憲性を否定した[9)]。

なお，同判決は，タトゥーを身体に施すことが「我々の文化においては，しばしば病的又は異常な性格と結びつく粗野な遺物」であると述べたうえで，その施術行為は「必要性，有益性又は好感性を有する職業」には該当しないと述べており[10]，この描写からは，感染症の防止という観点に加えて，タトゥーそのものへの嫌悪感が当時の規制の背景にあったことを読み取ることができる。

その後，医師免許を有しない施術者が同市においてタトゥーの施術を行ったとして当該保健規則違反で有罪判決を受けた事件では，当該規則が合衆国憲法修正１条の表現の自由の保障に反するとの主張が為されたが，1978年，ニューヨーク州控訴裁判所は，タトゥー施術は「表現」にも「象徴的表現」にも該当しないと述べたうえで，たとえ純粋な表現に該当したとしても公共利益のための合理的な規制に服するのであって，公衆衛生の促進のための本件規制によって付随的に生じうる自由や財産への制約は憲法違反にはならないと判断した[11]。

(3) フロリダ州法

フロリダ州では，1960年代までは，18歳未満の者へのタトゥーの施術を禁止する一方で，18歳以上の者への施術については州内自治体の営業許可（occupational license）の取得を義務づけるにとどまっていたが，1969年の法改正によって，1970年１月以降は，医師，歯科医師，又はそれらの者の監督（direction）の下にある者以外によるタトゥー施術を禁止した[12]。この法改正を受け，それまで25年間以上にわたり自治体の営業許可を受けてタトゥー施術業に従事してきた者が，州法の新規定は自己の職業の継続を違法化し，公衆の健康，安全，福祉又は道徳との合理的関連性を有さず，タトゥー施術に従事しうる者を恣意的に分類するものであって平等保護に違反すると主張し，宣言的及び暫定的救済を求めた。

この事件でフロリダ州最高裁は1976年，契約及び財産権については一般福祉の促進に関する州の権限に基づき健康，安全，善良な秩序，一般福祉の維持のための合理的で必要な規制に服するという前提を確認したうえで，タトゥー施術は公衆衛生に直接影響を与える行為であって州の規制権限に服するものであると述べ，当該規制も公衆衛生の維持のための合理的な規制であると判示した[13]。

なお，当該規制の文言中の，医師又は歯科医師の「監督の下にある」者による施術という箇所の解釈について，後の1981年の州控訴裁判決では，医師又は歯科医師以外の者が施術する場合については，医師又は歯科医師が顧客と直接接触して施術行為が同人の健康を害さないことを判断したうえで施術が衛生的になされるよう施術中も常時立ち会う必要があると述べており，この時点でも規制の厳格な運用が確認されている[14]。

⑷ インディアナ州法

ところで，20世紀後半は連邦最高裁が合衆国憲法修正1条の表現の自由を強固に保障する判例を次々と打ち出し始めた時期であり，タトゥーの施術に関する規制についても，それを表現の自由の制約の問題として位置づけたうえで，タトゥー施術者又は被施術者の表現の自由を侵害するという論理で提訴する事例がみられたが，先の1978年のニューヨーク州控訴裁判所の判決においても，次に示すインディアナ州控訴裁判所においても，タトゥー施術行為は表現の自由の保障を受けないと判示されている。

インディアナ州法は，医行為に従事する資格又は許可を有しない者がこれらの行為に従事することを禁止したうえで，タトゥー施術等の行為も医行為に含まれるとする規定を置いていた[15]。同規定の下，1985年，同州医師免許委員会（Medical Licensing Board of Indiana）は，医師免許を保持せずにタトゥー施術店を営業しつつ自らタトゥー・アーティストと称して宣伝を行っていた者に対し，タトゥーの施術を行うことによって違法な医行為に従事しているという理由で，タトゥー施術行為の差止めの申立てを行った[16]。これをうけ，当該施術者は，タトゥー施術行為は医行為には該当しないと主張するとともに，アートの一形態であるタトゥー施術行為の禁止は修正1条に反すると主張し，当該規定の適用の差止めを求めた[17]。

この事件において，州地方裁判所は，アートの一形態としてのタトゥー施術行為は「医行為」には該当しないと述べて委員会の申立てを認めなかったが，州控訴裁判所は1986年，これを覆し，立法府の意図が疾病の感染又は伝播のリスクを有する一定の施術行為をそうした事態を防止するよう最適に訓練された者のみに限定することであったのは明らかであって，そうした施術行為の1つとしてタトゥー施術を明示的に規定したのだと述べた[18]。そして，修正1条の主張に関して裁判所は，ニューヨーク州等の法域の裁判例においてもタトゥー施術行為は表現にも象徴的表現にも該当しないと判示されていることを指摘し[19]，タトゥー施術行為は修正1条の保護対象に含まれないと述べ，委員会の申立てを認めるよう指示を付して原審に差し戻した。

⑸ 安全衛生管理の向上と規制廃止

今見てきたように，この時期の裁判例は，タトゥーの施術が感染症の原因となることを認めたうえで，公衆衛生の維持を目的とする政府の広汎な経済的自由の規制権限を根拠に，タトゥー施術に医師免許等を要求する規制を正当化している。また，タトゥーの施術行為が修正1条に保障されると主張された事件においても，裁判所は修正1条の射程には入らないと判断したうえで，合理性の審査の下で，感染症対策を含む州の幅広い規制権限にタトゥー施術行為も服するものと評価している。

ところで，こうした医師免許等を要求する規定の維持された法域においては，タトゥーの施術を受けたい者は非合法の施術者から受けざるをえないこととなるが，他方，この時期，感染症等を防止するための衛生管理の手法は徐々に確立してゆき，一定の手法を講じることによって感染症のリスクを極めて低く抑えられることが明らかになっていく。しかし，地下に潜った非合法の施術者に対して一律に衛生管理の基準を満たすよう求めることはできない。こうした状況のなか，タトゥー施術の根強い需要や，タトゥーへの社会的受容の高まりなどもあり，多くの法域において，施術行為を医療系資格保持者に限定する規制を廃止したうえで，施術者の免許制や衛生管理の基準の充足を求める規制を導入するようになったようである。

たとえば，前述のニューヨーク市の規則は1997年に廃止され[20]，2020年現在は，ニューヨーク州法の下，18歳未満の者への施術が禁止される一方で[21]，18歳以上の者への施術については，州健康局によるタトゥー施術師及び施術店の許可を受けたうえで諸基準を満たした施術を行うことが義務づけられている[22]。また，インディアナ州法における18歳以上の者への医療目的以外のタトゥー施術行為の禁止規定についても，1997年に廃止され，現在は，医療専門職以外の者による眼の鞏膜（きょうまく）へのタトゥー施術が禁止されるほか[23]，保護者又は法定後見人の同意及び立会いを受けない18歳未満の者への施術も禁止される一方で[24]，18歳以上の者の鞏膜以外の身体部位への施術については，許可制や登録制ではなく，衛生管理に関する州規則の諸条件の充足を求める制度が導入されている[25]。一方，フロリダ州法の医師又は歯科医師資格を要求する部分については，2010年に廃止され，現在は，16歳未満の者への施術については医療又は歯科医療目的で医師又は歯科医師が施術する場合を除き禁止し，16歳以上18歳未満の者への施術については保護者又は法的後見人の同意及び立会い等のある場合を除き禁止しつつ[26]，18歳以上の者への施術については，タトゥー・アーティストの免許制度を設けている[27]。

2　2000年の時点で医療系資格を要求していた5州とその後

(1)　2000年時点の各州の状況

このようにタトゥー施術に医療系資格を要求する州は徐々に減り，2000年の時点では，マサチューセッツ，サウスカロライナ，オクラホマ，フロリダ，コネチカットの5州のみとなっていたと言われる[28]。そして，次に紹介するとおり，これらの5州についても，2000年にマサチューセッツ州法が州裁判所で違憲と判断された後，残りの4州の規制も改廃等が進み，今日，実務上，医療系資格を要求する法域はなくなっている。ここでは，これらの5州に着目して，それぞれの経緯を見ていく。

(2)　マサチューセッツ州

マサチューセッツ州は，1962年に肝炎の防止を目的に医師免許を保持しない者によるタトゥー施術行為を禁止する法改正を行い[29]，2000年の時点でも当該規定は有効であったが，州内にはアートとしてのタトゥー施術を行う医師は存在せず[30]，州内で合法的に施術を受けることはできなかった。このような状況の下，タトゥー・コンテストの受賞歴を有してニューヨーク市のタトゥー施術師免許（license）を保持する男性と，当該施術師から施術を受けることを希望したマサチューセッツ州民とが，医師以外の者によるタトゥー施術を禁止することは表現の自由を保障する合衆国憲法修正1条及び州憲法16条に違反すると主張して違憲の宣言を求めた事件において，州事実審裁判所は，原告2名のうちの施術師のみの当事者適格を認めたうえで，次のように述べて当該規制が合衆国憲法修正1条及び州憲法16条の表現の自由の保障に違反すると判断した[31]。

第1に，裁判所は，作品としてのタトゥーが修正1条の保護を受けるか否かという論点につき，次のように述べてこれを肯定した[32]。裁判所はまず，タトゥー施術が数千年にわたりあらゆる文化圏で行われてきた古典的なアートの形態であったこと，一方で現代では社会の一部の人々の反社会的行為として見られることが多いこと，他方でここ数十年の間でタトゥーの文化的地位が堅調に進展して今では社会のより広い人々に許容されるようになっていることを指摘した。そのうえで，タトゥーが今日，米国における成長産業であって，最も一般的に購入されるオリジナルのアート作品であると考えられており，他者，組織，宗教的信念，政治的信念又は個人的信念への自己の献身を示すために身につけられていること，タトゥーに関連する芸術作品が美術館又はギャラリーのテーマになることもあること，タトゥーが専門誌，新聞，雑誌又は文化誌においても確立されたアートの形態として認められていることを挙げたうえで，いかなる媒体にイメージが描かれているのかという点はそのイメージの表現性を判断する際に関連性を有しないのであって，タトゥーそのものは修正1条の保護を受ける象徴的表現であると述べた。

次に，裁判所は，タトゥーの施術行為が修正1条の保護を受けるか否かという論点について，新聞紙の出版に用いられる紙とインクの購入への課税が出版の自由に負荷を課すとした連邦最高裁判例を引用しつつ，修正1条に保障される表現物の頒布の権利は表現物を創り出す権利が同等に保障されないのであれば無意味になるとしたうえで，タトゥーを創り出す行為はアートの表現的要素から切り離せない一側面として修正1条の保護を受ける表現であるがゆえに，タトゥーの施術工程に対する規制は憲法上の諸要請に従わなければならないと述べた[33]。

裁判所は，このように完成品としてのタトゥーとその施術行為の双方が修正1条の保障を受けることを確認したうえで，本件規制を表現内容中立規制として位置づけ，次のように述べた[34]。まず，裁判所は，州の主張する規制利益がいずれも市民の健康に関するものであって，それは①タトゥー施術施設の衛生的運営，②タトゥー施術行為による疾病の拡散の可能性，③タトゥー染料による被施術者への有害反応の可能性に関するものであると述べたうえで，このような市民の福祉に関する州の規制利益は重要かつ実質的なものであるが，それらは衛生的な施設で一般的な予防措置を講じることによって回避できるものであって「免許制と諸規制」(licensing and regulation) という手法でも十分に対処できるものであるとした。そして，免許制と諸規制ではタトゥー施術に伴うすべての危険を完全に回避することはできないが，他方で，医師以外の者による施術を禁止しても，違法なタトゥー施術師や隣接州のタトゥー施術師から施術を受ける可能性があるのであって，すべての危険を完全に回避することはできないこと，また，免許制と諸規制を設けることによって感染症の危険を完全に回避できるわけではないとはいえ医師以外の者による施術の認められるボディ・ピアス，採血，鍼治療と同等の許容しうる程度に危険性を軽減することはできることを指摘したうえで，タトゥーの施術を医師のみに限定する規定は疾病や感染症の防止という州の規制利益の促進のために必要な程度以上に表現の自由を制約しており憲法違反であると述べた。

裁判所はまた，タトゥー染料の有害反応について，染料の規制権限をもつFDAが染料のリスクを微小（minimal）であると説明していることを指摘し，そもそも特定の染料がアレルギー反応等の有害反応を生じさせる傾向があるのであれば，州は染料そのものを規制するか，染料のリスクを消費者に開示することを要求するという手法をとることができるのであって，染料の有害反応の回避のために医師以外の者によるタトゥー施術を全面禁止するという手法は必要な程度を相当程度超えた表現規制に当たると述べ，本件規定は合衆国憲法修正1条及びマサチューセッツ州人権宣言16条に違反し，無効であると宣言した[35]。

なお，当該規定が違憲と判断されたことを受け，同州公衆衛生局（Department of Public Health (Mass.)）は州内の自治体等に向けてボディ・アート施術施設に関するモデル規制（Model Regulations for Body Art Establishment）等を発表するなどの対応を行っている[36]。しかし，2020年現在，裁判所で違憲とされた州法規定自体は削除されないままとなっており，州レベルでは許可制や免許制も導入されておらず，州内の自治体単位で規制が行われている[37]。

(3) サウスカロライナ州

マサチューセッツ州の例とは対照的に，サウスカロライナ州においては，「免許を有する内科医又は外科医（licensed physician or surgeon）」（以下，医師と記す）以外の者によるタトゥー施術を禁止した州法規定が2002年に州最高裁判所によって合憲と判断された[38]。この事件では，医師免許を持たずにタトゥーの施術を行った施術師に対して当該規定を適用したことの合憲性が争われたが，同州最高裁は，まず，タトゥー施術行為の表現性につき，たとえタトゥー施術行為の意図がコミュニケーションであったとしても，染料を注入してタトゥーをつくり出すというタトゥー施術の工程は修正1条の保護を受けるほどのコミュニケーション性を有さないと述べた。そのうえで，本件規制を公衆衛生と一般福祉の保護に関する立法権限の問題として位置づけ，同州の判例法では本件規制が恣意的かつ不合理であることの立証責任は施術師側にあると述べたうえで，本件施術師も適切な感染防止措置が講じられない場合に肝炎等の感染の危険が生じうることを認めており，他方で本件規制が公衆衛生の保護のための合法な目的に寄与しないことが示されておらず，合憲性の推定は解除されないと述べた。

この事件では，裁判所がタトゥー施術の表現性を否定したことにより，施術師側に違憲性の立証責任が課されたものの，十分な立証がなされなかったことから合憲の判断に至ったとも言いうるが，いずれにせよ，同州は，合憲という司法判断を得たにもかかわらず，2004年に法改正を行い，タトゥーの施術を医師免許保持者に限定した規定を廃止した。そして，18歳未満の者への施術を禁止しつつ[39]，18歳以上の者への施術については，州当局の承認を受けた感染症等の講習受講などの所定要件を充たしたタトゥー・アーティストによる施術のみを認めたうえで[40]，タトゥー施術施設の免許制を設け，安全衛生上の諸基準を充足すべきことも法定した[41]。

(4) オクラホマ州

オクラホマ州は，1963年にタトゥーの施術行為を違法化した後，2000年の時点でも，医療系資格保持者による医療目的での施術（medical micropigmentation）と「ヒーリング・アート」の資格保持者による実践の一環としての施術の場合をのぞき，身体へのタトゥー施術を禁止していた[42]。もっとも，こうした規制の存在にもかかわらず，タトゥー施術業者の事実上の営業は行われていたとされ，2000年以降，非衛生的なタトゥー施術に関連するとされる肝炎の発症事例の増加が指摘されるなか[43]，同州は2006年に法改正を行って当該規制を廃止した。2020年現在，同州の州法は，18歳未満の者への施術を禁止する一方で，18歳以上の者への施術については，眼の鞏膜への施術及び薬物又はアルコールにより判断能力が低下した者への施術のみを禁止したうえで[44]，タトゥー施術業者及び施術師（artist）の免許制度を設けている[45]。

(5) フロリダ州

前述のとおり，フロリダ州最高裁は1971年の判決で，医師，歯科医師，又はそれらの者の監督の下にある者以外の者によるタトゥー施術を禁止する州法を合憲と判断しており，以後，当該規定の下，タトゥー施術固有の資格要件は設けられないまま，医師又は歯科医師の監督の下で施術行為を行うという法制が形式的には維持された。その後，同州は，2010年の改正法により，医師又は歯科医師資格の要件を廃止し，2020年現在は，16歳未満の者への施術については医療又は歯科医療目的で医師又は歯科医師が施術する場合を除き禁止し，16歳以上18歳未満の者への施術については保護者又は法的後見人の同意及び立会い等のある場合を除き禁止しつつ[46]，18歳以上の者への施術については，タトゥー・アーティストの免許制及び訪問タトゥー・アーティストの登録制に加え，タトゥー施術施設の免許制も設けたうえで[47]，行政規則による安全衛生上の基準等を定めている[48]。

(6) コネチカット州

コネチカット州法は，2000年の時点では，医師本人，医師の監督等の下にある医療資格保持者，又は医師の監督下にある「テクニシャン（technician）」以外の者によるタトゥー施術を禁止していたが，「テクニシャン」については定義をしていなかった[49]。このような規定の下，形式上は，医療系資格を有しないタトゥー施術者については（「テクニシャン」に該当するとの前提の下で）医師の監督の下においてのみ施術を行うことが認められていたが，実質的な規制は行われていなかったとされる[50]。当該州法規定は，2014年に廃止されるとともに新たな規定が設けられ，2020年現在では，保護者又は後見人の同意の無い18歳未満の者への施術が禁止される一方で，18歳以上の者への施術については免許制及び暫定許可（temporary permit）制が設けられたうえで，諸基準の順守が求められているほか，免許保持者のみに「タトゥー技師（tattoo technician）」，「タトゥー・アーティスト」，「タトゥー師（tattooist）」等の肩書の使用が認められるなどの規制が設けられている[51]。

(7) 小括

今見てきたように，2000年の時点で5州が実質的又は形式的にタトゥー施術に医療系資格を求めていたとされるところ，同年のマサチューセッツ州裁判所の判決は，完成品としてのタトゥーそのものに加え，タトゥーの施術行為についても修正1条の保障を受ける完全な表現行為であると述べて厳格審査を行い，政府の主張する公衆衛生上の規制利益の重要性を認めつつも，それはタトゥーの全面禁止ではなく，タトゥー施術の登録制やサロンの衛生基準の設定などの手法で達成することが可能であると述べて規制を違憲と判断した。その後，他の4州も議会主導で規制を廃止するに至った。

Ⅲ ゾーニング条例によるタトゥー施術施設の規制

1 今日の各州の規制

今日，タトゥー施術行為に医療系資格を要求する州はなくなり，各州は州法で施術者や施術施設の免許制等を設けたり，立法ではなくガイドラインの策定で一定の基準を要求したりしているが，州レベルの規制の有無や形態にかかわらず，州内の自治体によって独自の規制が設けられている場合もあり，全米各地の規制の状況は極めて多様である。また，これまで見てきたとおり，低年齢者への施術についても，16歳未満又は18歳未満の者への施術を一律に明文で禁止する州がある一方で，保護者又は後見人の同意を条件に施術を認める州もあるほか，眼の鞏膜等の特定部位への施術についても，これを禁止する州がある一方で，禁止しない州もある。

こうしたなか，州内の自治体レベルでタトゥー施術店舗の出店を禁止又は制限するゾーニング規制を設けている例もあり，近年こうした規制の合憲性が裁判所で争われる例がみられる。ゾーニング規制によるタトゥー施術店の出店規制は，学校や住宅地等からの距離制限という形で設けられる場合もあるが，次に紹介するハモサビーチ市条例のように市内全域で一律に禁止するものもある。2010年の第9巡回区連邦控訴裁判所判決では，同市の条例が違憲と判断され，同判決の判旨はその後の類似の規制をめぐる事件でも踏襲されている。ゾーニング条例によるタトゥー施術施設の出店規制の合憲性については，連邦最高裁が未だ判断を行っていないなかで，2010年の同判決は一定の影響力を有しているため，以下，詳しく紹介する。

2　ゾーニング規制の合憲性をめぐる裁判例

(1)　カリフォルニア州ハモサビーチ市のゾーニング規制

カリフォルニア州法は，保護者の同意の有無にかかわらず18歳未満の者へのタトゥーの施術を禁止したうえで[52]，タトゥーを含むボディ・アートの適切な工程の実践と器具等の交差汚染の制御を通して施術者と被施術者の双方を感染症から保護することを目的に，タトゥー施術の経営又は施術に従事する者に適用される最低限の基準を設定している[53]。そして，タトゥー施術業の従事者には事業地の郡の健康当局への登録を義務づける[54]。

ハモサビーチ市は，同州のロサンゼルス郡内に位置する市であり，同郡内には当時300軒近くのタトゥー施術施設と850名以上のタトゥー施術師が存在しており，いずれも郡当局への登録が義務づけられていたが，郡政府による施設の視察等の実質的な規制執行は行われていなかったとされる[55]。一方，同郡内のハモサビーチ市は，市内の土地と建物の用途をゾーン毎に制限するゾーニング条例を設けており，同条例では，多様な業種を網羅的に列挙して各々の業種に関してゾーン毎に許可不要，禁止又は許可制という3つの規制態様に分類していたが，そこにはタトゥー施術店舗は列挙されておらず，ゆえにタトゥー施術店舗については全域において禁止されると解されていた[56]。

本件は，同郡ロサンゼルス市内のタトゥー店舗の共同所有者である原告が，ハモサビーチ市内に新たな店舗を出店することを希望し，タトゥー店舗を全面的に禁止するハモサビーチ市条例の規定が表現の自由を保障する合衆国憲法修正1条等に文面上違反すると主張して宣言的及び暫定的救済等を求めた事件である。

⑵　第9巡回区連邦控訴裁判所判決

第9巡回区連邦控訴裁は，2010年，同規定を憲法違反であると判断したが[57]，その際，修正1条の射程に入る表現的な諸活動を，文章記述又は口頭表現に代表される「純粋な言論（pure speech）」，「純粋に表現的な活動（purely expressive activity）」，及び「表現的要素を有する行動（conduct that contains an expressive component）」に分類したうえで，タトゥーについては，タトゥーそれ自体，タトゥーの施術工程（tattooing process），及びタトゥー施術ビジネス（tattooing business）の3つの側面すべてが修正1条の完全な保護を受ける「純粋に表現的な活動」に該当すると述べたうえで，合理的な時・場所・手段に関する審査を適用しており，この判旨は以後の裁判例でも引用されている。以下，詳しく見ていく。

(a)　タトゥーの各側面の表現性と修正1条の保障の程度

第1に，タトゥーそれ自体の表現性について，同判決は，連邦最高裁が筆記表現や口述表現だけでなく幅広い様式の表現についても純粋な表現であると述べていること，タトゥーは一般的に単語，実在的・抽象的イメージ，象徴又はそれらの混合体であってそれらはいずれも修正1条の完全な保護を受けること，さらに，タトゥーは装飾的，宗教的，魔術的，懲罰的な機能を果たしうるものであって個性，地位，職業，所有等を示すものとなることを指摘しつつ，タトゥーそれ自体が純粋な表現であることにほぼ異論はないようであると述べた[58]。そのうえで，同判決は，現代のタトゥー師が示してきた技術，芸術性，心くばり（care）は「公知の事実（judicial notice）」として認められると述べ，タトゥーが紙等の表面ではなく個人の肌に描かれているという事実はタトゥーの憲法上の地位を弱化させるものではないと述べた。そして，肌に描かれるという点とその施術工程の特性ゆえに，他の視覚的芸術とは異なる重要な健康上及び安全上の懸念を生じさせることは認めつつも，その懸念は，規制を正当化する理由とはなりえても，その表現が憲法上の保護を受けるか否かの検討には関連しないと述べ，タトゥーは完全な憲法上の保護を受ける純粋な表現の一形態であると述べた。

第2に，タトゥーの施術工程について，同判決は，これまで連邦最高裁が修正1条の保護に関して純粋な表現を創り出す工程（たとえば書くことや描くこと）とその工程の成果物（エッセーや芸術品）とを区別したことは無いことを指摘したうえで，タトゥー施術工程は，人の肌に施されるという点を除いて言葉を書き留めたり絵を描いたりする工程と同様なのであって，タトゥー施術工程は純粋な表現物であるタトゥーと切り離せない程度に一体化しており，それ自体が修正1条の完全な保護を受けると述べた[59)]。また，タトゥーが施術者と被施術者との間の契約によって共同で創られていることについても，契約に基づく絵画等の共同創造工程の場合と同様に，施術者と被施術者が共に表現活動に従事していると考えることになると述べた。

第3に，タトゥー施術ビジネスについて，同判決は，アーティストが自己の作品を販売する行為は作品の創出工程に緊密に結びついている（intertwined）がゆえに完全な憲法上の保護を受けるとした先例を踏襲し，有償での販売であることによって修正1条の保護が縮減するものではなく，タトゥー施術ビジネスの規制は，表現に対する合理的な時・場所・手段の規制の審査に服することになると述べた[60)]。

(b)　表現の時・場所・手段に関する規制の審査

このように同判決は，タトゥーそれ自体，タトゥーの施術工程，及びタトゥー施術ビジネスという3つの側面のすべてが修正1条の完全な保護を受ける「純粋に表現的な活動」であると述べたうえで，本件規制は表現内容とは無関係に適用される表現内容中立規制であると述べ，表現の時・場所・手段に関する合理的な規制に該当するか否かの審査を行った[61)]。そして，タトゥーについては，その施術工程に存する健康及び安全上の懸念に対処するという重要な規制利益が認められるものの，一定の条件の下で施されれば安全な工程であるにもかかわらず，全面禁止以外の手法では政府利益を達成できないことを市が示すことができていないと述べて，本件禁止は政府利益の達成のために必要な程度よりも相当程度に広汎な規制になっていると判断した。

また，（身体への侵蝕を伴わない）ヘナ・タトゥーや他の媒体を通した表現といった代替表現手段が存在しているとする市の主張についても，同判決は次のように述べてこれを否定した[62]。まず，同判決は，タトゥーが音楽と同様に人類の最も古い表現様式であるとともに世界で最も普遍的に実施されている芸術（artwork）様式でもあって近年は社会に普及して洗練性も増していること，そして，恒久的なタトゥーの最大の特性はタトゥーの文字群や絵柄がたとえ他の媒体のものと同一であったとしても他の媒体の場合とは相当程度異なるメッセージ性を有することが多く，その表現者のアイデンティティについての情報を伝えるものであることを指摘した。この点について同判決はさらに詳細に論じ，自己の肌になんらかのフレーズやイメージを恒久的に刻印することによって，タトゥーを身につけている者はそのフレーズやイメージが自己にとって非常に重要であるがゆえに残りの人生の毎日そのフレーズやイメージを表示することを選択したことを示唆するのであって，タトゥーを身につけている者は自己の身体に表示しているメッセージに関して高度にコミットしていることを示唆すると述べた。そして，同判決は，タトゥーの相対的恒久性等の要素は（ヘナなどの）一時的なタトゥーや伝統的なキャンバスには存在しないものであると述べて，肌にデザインを施すことに本来的又は顕著に表現的な要素はないとする市の主張を退けた。

(c) 結語

以上のように述べたうえで，第9巡回区連邦控訴裁判所は，タトゥーそのもの，タトゥーの施術工程，及びタトゥー施術ビジネスのすべてが修正1条の完全な保護を受ける純粋な表現様式であるにもかかわらず，タトゥー店舗を全面的に禁止する本件規定は，健康と安全に関する重要な利益を達成するために必要な範囲を相当程度超えて規制するものであるうえ，1つの独特で重要な表現手段を完全に禁止するものである点において，合理的な時・場所・手段の規制であると言うことはできないと述べた[63]。

(3) 第9巡回区法域内の他の自治体のゾーニング規制をめぐる争い

同判決で示されたタトゥーの表現性とゾーニング規制に関する分析は，その後，第9巡回区内に位置する他の自治体のゾーニング規制の合憲性をめぐる争いにおいても踏襲され，いずれもゾーニング規制の緩和につながっている[64]。

まず，カリフォルニア州ロングビーチ市のゾーニング条例は，市内の大部分の地域におけるタトゥー施術店の出店を禁止しつつ，出店可能な地域についても，タトゥー施術店の営業を許可制として申請毎に「公衆衛生，安全，一般福祉，環境の質又は生活の質」に関して地域社会の環境悪化（detrimental）とならないことを市が判断する制度を設けたうえで，既存の成人向け娯楽施設，ゲームセンター，占い施設，タトゥー施術施設，酒場（tavern）から1,000フィート（約305メートル）以内での営業を禁止していた[65]。同市内でのタトゥー施術店の出店を希望した施術師が当該規制の違憲性の確認を求めた事件において，2017年，第9巡回区連邦控訴裁判所は，タトゥーそのもの，タトゥー施術工程及びタトゥー施術ビジネスのすべてが修正1条の完全な保障を受ける純粋な表現的活動であるとしたハモサビーチ市条例判決を踏襲したうえで，ロングビーチ市条例は市の無制約の裁量を認める許可制であって事前抑制に該当し検閲となりうるうえ，不合理な時・場所・手法の規制にも該当しうるにもかかわらず，原審でこれらの点が審理されていないと述べて，下級審に差し戻した[66]。この判決では規制が違憲であるとの判断がなされたわけではないが，それでもなお，同市は2018年にゾーニング条例の改正を行い，商業地区のほぼ全域に関し，既存店舗や小中学校から700フィート（約213メートル）以内の距離制限へと規制を緩和した[67]。

一方，カリフォルニア州モンテベロ市条例は，タトゥー施術業については許可制としつつ，住宅，学校，宗教施設，図書館，公園又は市立施設から1,000フィート（約305メートル）以内におけるタトゥー施術店を含むボディ・アート施術店の営業を禁止しており，その結果，実質的には市内の2つの小規模な商店街においてのみ営業が可能となっていたが，それらの商店街は立ち寄り客の少ないタトゥー施術店の出店に好意的ではないという実情があった[68]。こうした状況の下，タトゥー施術店の営業許可を求める者が当該規制の執行の暫定的差止めを求めた事件において，連邦地裁は2019年，ハモサビーチ市条例とロングビーチ市条例に関する連邦控訴裁判所の判決を踏襲して暫定的差止めを認めた[69]。この司法判断を受け，モンテベロ市はゾーニング条例の改正を行い，既存の施術店からの距離制限については500フィートに緩和した[70]。

(4) その他の法域内の自治体のゾーニング規制をめぐる争い

ハモサビーチ市条例判決は，第9巡回区以外の法域の裁判所においても肯定的に引用されており，ゾーニング規制の緩和等につながっている。ここでは2つの自治体の条例の合憲性をめぐる事案を紹介する。

イリノイ州ノースシカゴ市のゾーニング条例は，タトゥー施術を含むボディ・アート施設の市内での営業を認めていなかったが，当該規制の合憲性が争われた一連の訴訟のなかで，2014年，連邦地方裁判所（第7巡回区管内）は，ハモサビーチ市条例判決を引用し，タトゥーそれ自体，タトゥー施術行為，及びタトゥー施術ビジネスのすべてが修正1条の完全な保護を受けることを確認した[71]。この判決もまた，当該規制自体の合憲性の判断を行ったものではなかったが，それでもなお，同市は同年中にゾーニング条例を改正し，タトゥー施術を含むボディ・アート施設の全面禁止を取り止め，既存の店舗，学校，公園，免許を受けた保育施設，公共・政府施設又は宗教施設等から500フィート以内の出店を禁じる距離制限へと規制を緩和した[72]。

一方，フロリダ州キーウェスト市のゾーニング条例は，タトゥー施術店については一般商業地区の土地区画についてのみ個別審査による条件付き利用許可（conditional use permit）を認めており，観光客の集まる歴史地区では新規の利用を認めていない[73]。こうしたなか，歴史地区内におけるタトゥー施術店の条件付き利用許可を求める原告が当該規制の暫定的差止めを求めた事件において，連邦地裁は2014年，ハモサビーチ市条例判決のタトゥーの表現性に関する分析を踏襲しつつも，当該規制が歴史地区の保存のための必要最小限のものであるとする市側の主張を認め，表現に対する合理的な時・場所・方法の規制であるとして差止めを認めなかった[74]。しかし，2015年，控訴審の第11巡回区連邦控訴裁判所は，タトゥーの表現性についてハモサビーチ市条例判決の分析を踏襲したうえで，タトゥー施術店の増加が歴史地区の「性格と基盤（character and fabric）」に悪影響を及ぼして観光にも悪影響を及ぼすとする市の規制利益が重要であることは認めつつも，市の条例がそのような規制利益を促進するという推測を超えた合理的な証拠が示されていないと述べ，原審に差し戻した[75]。なお，同市のゾーニング条例はその後も改正されてはいないが，当該訴訟については，市が原告（施術師）に425,000ドルを支払うことで和解が成立している[76]。

(5) 小括

ゾーニング条例によるタトゥー施術店舗の出店規制については，表現内容中立規制として司法審査が行われているが，ハモサビーチ市条例判決にみられるとおり，その規制目的が感染症等の防止という公衆衛生上のものである場合，規制目的自体が肯定されたとしても，その目的は今日では衛生管理等に関する規制によって達成しうると考えられていることから，市内全域における出店を禁止する方式（たとえばハモサビーチ市条例）や市内全域での出店が事実上不可能となる方式（たとえばモンテベロ市条例）を維持することは困難となる。また，タトゥーが特殊な表現手法であるがゆえに，代替の表現手法が確保できないという観点からも，全面禁止の維持は困難となる。

ところで，自治体のゾーニング規制という規制手法そのものが肯定されている状況下において，これまでの裁判例でも，学校や住宅地等の周辺における出店規制については否定されていない。一方，自治体によっては，アルコールや薬物等の摂取によって判断能力の低下した状態でタトゥー施術を受けてしまうことを防止というする観点から，アルコール等を提供する飲食店や繁華街の周辺において出店制限を設ける例もみられる。本稿で言及した条例のうち，ロングビーチ市条例は酒場からの距離制限を設けていたほか[77]，キーウェスト市条例についても，同市内に基地を有する合衆国海軍が，バーやレストランの立ち並ぶ歴史地区で酒に酔った海軍兵士がタトゥー施術を受けてしまって酔いが覚めて後悔するという事態を回避するために当該地区での出店禁止を市に求めてきたとも指摘されている[78]。

この点につき，オクラホマ州法は「薬物又はアルコールによって判断能力の低下している（impaired）者」に対するタトゥー施術を禁止したうえで，このような者については「タトゥー施術に同意する意思能力」も「タトゥー施術手順及び事後ケア提案を理解する能力」も有しないものと看做すことを規定している[79]。酒に酔った勢いで施術を受けてしまう事例を防止することが目的なのであれば，ゾーニングではなく，被施術者の意思能力の有無に着目した規制を設けるほうが狭義かつ合理的であろう。

Ⅳ　おわりに

本稿で見てきたとおり，アメリカではタトゥー施術に関する連邦レベルの規制は設けられておらず，全米各州がそれぞれ独自の対応を行っており，州法レベルで被施術年齢や部位等に関する禁止規定を設けている場合や，施術者や施術施設に関する許可制度等を設けている場合もある一方で，そうした制度を州では設けずに自治体レベルで設けている例や，自治体のゾーニング規制で出店規制を行っている例も見られる。このように，全米各地のタトゥー規制の状況は多種多様であるなか，本稿では，とくに日本の現行規制と類似するものとして，タトゥーの施術行為に医療系資格を要求する州法規定の合憲性をめぐる問題と，近年議論の生じているゾーニング規制の合憲性をめぐる問題に焦点を当てたが，これらの論点以外にも，タトゥーの知的財産性[80]や職場におけるタトゥー露出の規制[81]などの問題も指摘されている。

ところで，タトゥーをタブー視しているかぎり，タトゥーは「見せてはならないもの」や「見てはならないもの」にとどまり，個々のタトゥーに込められたメッセージも，タトゥーの反社会性という性格のなかに埋没することになる。しかし，タトゥーを自己表現の一形態として理解したとき，それが人間の肌に恒久的に埋め込むものであるがゆえに，それを身に着けている者がそのタトゥーの表すメッセージに高度にコミットしていることが示されることとなる。たとえば，「恒久平和」と書かれたバッジを衣服に付けることと，「恒久平和」という文字列のタトゥーを入れることとを比較した場合，本人の主観においても，他者による理解においても，タトゥーの方が遥かに強くその者が「恒久平和」という理念を信奉していると考えられるはずである。こうしたタトゥーの特性ゆえに，第9巡回区連邦控訴裁もタトゥーは他の表現手段では代替できない表現であると判断している[82]。

本稿で見てきた裁判で争点となった規制は，いずれも個々のタトゥーの伝えるメッセージには無関係に適用される表現内容中立規制であったために厳格審査の対象とはならなかったが，個々のタトゥーのメッセージ性に着目して規制を行う場合，それは表現内容規制として厳格審査の適用を受けることになることにも留意が必要である。

1) *See, e.g.*, Alexia Elejalde-Ruiz, *Go Ahead, Get the Neck Tattoo; Study Finds That Employment and Earnings Are Unaffected by Tattoos*, CHI. TRIB., Aug. 12, 2018, at C1. アメリカ社会におけるタトゥー施術の人気は戦時中には上昇し，平和時には停滞する傾向にあるとも指摘される。Ann K. Wooster, *Regulation of Business of Tattooing*, 67 A.L.R. 6th 395, at *2.

2) PEW RESEARCH CENTER, MILLENNIALS: A PORTRAIT OF GENERATION NEXT (Feb. 2010), https://www.pewresearch.org/wp-content/uploads/sites/3/2010/10/millennials-confident-connected-open-to-

change.pdf.

3) FDA, *Tattoos & Permanent Makeup: Fact Sheet* (Oct. 2019), https://www.fda.gov/cosmetics/cosmetic-products/tattoos-permanent-makeup-fact-sheet.

4) FDAは，タトゥーの施術によって生じうる健康上の諸問題（感染症，除去の困難さ，アレルギー反応，肉芽腫〔granulomas〕，ケロイド形成，MRI検査の問題）を指摘するにとどまる（*Ibid.*）。

5) 詳しくは，本稿Ⅱ1参照。*See also*, Michael Baker, *Tattooing: Banned in Oklahoma since 1963; Senate Bill Seeks to Legalize, Regulate Businesses that Practice in Pinpricks*, OKLAHOMAN, Feb. 9, 2004, at 1A.

6) 詳しくは，本稿Ⅱ2参照。

7) 詳しくは，本稿Ⅱ2以降参照。各州の規制の状況については，National Conference of State Legislatures, *Tattooing and Body Piercing State Laws, Statutes and Regulations* (Mar. 13, 2019), https://www.ncsl.org/research/health/tattooing-and-body-piercing.aspx 参照。

8) N.Y.C. HEALTH CODE §181.15. 経緯については，Grossman v. Baumgartner, 242 N.Y.S.2d 910, 911-12 (Sup. Ct. 1963) 参照。

9) Grossman v. Baumgartner, 254 N.Y.S.2d 335, 337-38 (App. Div. 1964).

10) *Id.* at 338.

11) People v. O'Sullivan, 409 N.Y.S.2d 332, 333 (App. Div. 1978).

12) FLA. STAT. §887.04 (1970). 現在は，§381.00787.

13) Golden v. McCarty, 337 So. 2d 388, 390-91 (Fla. 1976).

14) Piperato v. Zuelch, 395 So. 2d 1231, 1232 (Fla. Dist. Ct. App. 1981).

15) IND. CODE ANN. §25-22.5-8-1 (1982).

16) State *ex rel.* Medical Licensing Bd. v. Brady, 492 N.E.2d 34, 35 (Ind. Ct. App. 1986).

17) *Ibid.*

18) *Id.* at 38-39.

19) *Id.* at 39. 先述のニューヨーク州控訴裁判所の1978年の判決及びミネソタ州のイベントにおけるタトゥー店舗の出店をめぐる事件の連邦地裁判決を指す。後者の事件で，施術者はタトゥーの施術工程が修正1条の保障を受けると主張したが，連邦地裁は，施術行為は修正1条の保護を受ける程度の十分なコミュニケーション性を有しないと述べた。Yurkew v. Sinclair, 495 F. Supp. 1248, 1255 (D. Minn. 1980).

20) Randy Kennedy, *City Council Gives Tattooing Its Mark of Approval*, N.Y. TIMES, Feb. 26, 1997, at B1.

21) N.Y. PENAL LAW §260.21.

22) N.Y. PUB. HEALTH LAW §§460-66.

23) IND. CODE ANN. §25-1-19-2.

24) IND. CODE ANN. §35-45-21-4.

25) IND. CODE ANN. §16-19-3-4.1; IND. STATE DEP'T OF HEALTH RULE 410 IAC 1-5-35.

26) FLA. STAT. §381.00787.

27) FLA. STAT. §381.00775.

28) Lanphear v. Commonwealth, 2000 Mass. Super. LEXIS 711, at *2. (Mass. Super. Ct. Oct. 20, 2000).

29) MASS. ANN. LAWS ch. 265, §34 (1962).

30) Lanphear v. Commonwealth, 2000 Mass. Super. LEXIS 711, *2.

31) *Id.* at 5-21.

32) *Id.* at 5-9.

33) *Id.* at 9-12.

34) *Id.* at 13-17.

35) *Id.* at 19-22.

36) Model Regulations for Body Art Establishments (Mass. 2001), https://www.mass.gov/lists/body-art-community-sanitation#regulations.

37) たとえばボストン市のボディ・アート施設・施術者の許可制度（https://www.bphc.org/workingwithus/permits/Pages/Body-Art-Establishment-Permits-and-Practitioner-Licenses.aspx〔日本からはアクセス不可〕)，ケンブリッジ市のボディ・アートの規制等（https://www.cambridgepublichealth.org/services/regulatory-activities/body-art/body-art-regulations.php)。

38) State v. White, 348 S.C. 532 (2002).

39) S.C. Code Ann. §44-34-60.

40) S.C. Code Ann. §44-34-50.

41) S.C. Code Ann. §44-34-20.

42) Okla. Stat. tit. 21, §§841 (2000); 841.5 (2000).

43) *See, e.g.*, Tim Talley, *Oklahoma Tattoo Artists Ready to Make Their Mark*, Associated Press, May 8, 2006.

44) Okla. Stat. tit. 21, §842.1.

45) Okla. Stat. tit. 21, §842.3. *See also* How to Get a Tattoo or Body Piercing Artist License (Okla. State Dep't of Health), https://www.ok.gov/health/Protective_Health/Consumer_Health_Service/Body_Piercing_and_Tattooing/How_to_Get_a_Tattoo_or_Body_Piercing_Artist_License.html（日本からはアクセス不可).

46) Fla. Stat. §381.00787.

47) Fla. Stat. §381.00775.

48) Fla. Admin. Code Ann. rs. 64E-28-003; 64E-28-004; 64E-28.005; 64E-28.007.

49) Conn. Gen. Stat. §19a-92a (2000). 同規定は医療系資格を分類し，①医師（physician)，②医師の指示（direction）の下で施術を行う上級実践看護師（advanced practice registered nurse)，③医師の監督（supervision)，統制（control）及び責任（responsibility）の下で施術を行う登録看護師（registered nurse)，④医師の監督，統制及び責任の下で施術を行う医師助手（physician assistant)，⑤医師の監督の下で施術を行う「テクニシャン」についてのみタトゥー施術を認めていた。

50) Vanessa Santos, *The Art and Business of Tattoos*, Conn. Post Online, Aug. 8, 2008.

51) Conn. Gen. Stat. §20-266o.

52) Cal. Penal Code §653; Cal. Health & Safety Code §119302.

53) Cal. Health & Safety Code §119300.

54) Cal. Health & Safety Code §119303(a) (2010). 登録につき，現在は，§119306。

55) Anderson v. City of Hermosa Beach, 621 F.3d 1051, 1056 (9th Cir. 2010).

56) *Id.* at 1057; Hermosa Beach, Cal., Municipal Code §17.06.070.

57) Anderson v. City of Hermosa Beach, 621 F.3d 1051 (9th Cir. 2010).

58) *Id.* at 1060-61.

59) *Id.* at 1061-62.

60) *Id.* at 1062-63.

61) *Id.* at 1063-65.

62) *Id.* at 1065-68.

63) *Id.* at 1068.

64) 同判決のタトゥーの表現性に関する分析は，タトゥー店舗のゾーニング規制に関する州裁判所の判決でも踏襲されている。*See, e.g.*, Coleman v. City of Mesa, 230 Ariz. 352 (2012).

65) LONG BEACH, CAL., MUNICIPAL CODE §§21.32.110 (2017); 21.52.273 (2017); 21.25.206(2017). *See also* Real v. City of Long Beach, 852 F.3d 929, 931-32 (9th Cir. 2017).

66) *Id.* at 933-36.

67) LONG BEACH, CAL., MUNICIPAL CODE §21-45.166 (2018). 同条例は，距離制限のほか，営業時間の制限（午前7時から午後10時まで），店舗内へのアルコール飲料等の持ち込み禁止，店舗の入口や窓等のガラスの目隠しや飾り等の禁止等の諸条件も規定する。

68) Weaver v. City of Montebello, 370 F. Supp. 3d 1130, 1133 (C.D. Cal. 2019).

69) *Id.* at 1135-39.

70) MONTEBELLO, CAL., MUNICIPAL CODE §17.08.835; Footnote 62 for Appendix A.

71) Jucha v. City of North Chicago, 63 F. Supp. 3d 820, 823-30 (N.D. Ill. 2014). 市内での出店許可を求める訴えに対する市の訴え却下の申立てを却下した事案。

72) NORTH CHICAGO, ILL., ZONING ORDINANCE §5.4.3.13.

73) KEY WEST, FLA., CODE §§42-6(a); 122-418(21).

74) Buehrle v. City of Key West, 2014 U.S. Dist. LEXIS 186067 (S.D. Fla. 2014).

75) Buehrle v. City of Key West, 813 F.3d 973, 976-80 (11th Cir. 2015).

76) *Key West Settles Lawsuit with Tattoo Artist for $425K*, ORLANDO SENTINEL, Feb. 18, 2018, at B3. なお，訴訟はムート。Buehrle v. City of Key West, 2018 U.S. Dist. LEXIS 54633 (S.D. Fla. 2018).

77) LONG BEACH, CAL., MUNICIPAL CODE §21.52.273 (2017).

78) Buehrle v. City of Key West, 813 F.3d 973, 975-76 (2015).

79) OKLA. STAT. TIT. 21, §842.1B.

80) *See, e.g.*, Aaron Perzanowski, *Tattoos & IP Norms*, 98 MINN. L. REV. 511 (2013).

81) *See, e.g.*, Gowri Ramachandran, *Freedom of Dress: State and Private Regulation of Clothing, Hairstyle, Jewelry, Makeup, Tattoos, and Piercing*, 66 MD. L. REV. 11 (2006); Mark R. Bandsuch, *Dressing Up Title VII's Analysis of Workplace Appearance Policies*, 40 COLUM. HUMAN RIGHTS L. REV. 287 (2009).

82) 本稿Ⅲ２(2)(b)参照。

フランス――公衆保健法典の仕組みを中心に

磯部　哲

はじめに

タトゥー規制に関するフランスの法的仕組みを紹介することが，本稿に課せられた課題である。

そうであれば，関連する法令の諸規定やその他の自主規制等の状況を概観すればよさそうであるが，何と言っても本書の刊行が企画された背景には，わが国でタトゥーを彫る行為が医師法違反事件としてクローズアップされた経緯があるわけであり，したがってフランスについても，まず，ごく簡単ではあるが同国の医業規制を概観し，医業を医師に独占させる仕組みの定まり方，医師でなければ行うことができない「医業」の内容が具体的にどのようなものとされているのかを概観する。これにより，フランスの医業規制がタトゥーの施術とは無関係であることを示すことができるであろう（Ⅰ）。次いで，タトゥーの施術に対する法令による規制の内容（衛生講習受講義務，施術所に関する県庁への届出等）を概観し（Ⅱ），自主規制の動きについても若干ではあるが言及したい（Ⅲ）。

以下L. 4111-1，R. 1311-3などと表記する条文は「公衆保健法典[1)]」のそれである。

Ⅰ　フランスにおける医業規制の概要

1　非医師による医療への従事の禁止

フランスにおいて医師の職務を行い得るのは，医師免許を受け，フランス又はEU加盟国の国籍を有し，さらに医師会の医籍に登録された者のみである（L. 4111-1。医学生又は非EU加盟国における医師免許を有している者等について例外規定あり。L. 4111-1-1以下）。非医師による医療への従事は，明文で禁じられている（L. 4161-1）。L. 4161-1条第1項は，以下のように定めている（抄訳）。

> 以下の者は，違法に医療に従事している：
> 1. 誰であっても，たとえ医師の目前であっても，習慣的に又は継続的な管理により，個人な行為，口頭又は書面による相談並びにいかなるものであれその他のあらゆる方法によって，先天的であれ後天的であれ，真正であれ疑似症であれ，病気の診断又は治療の確立に参与している場合か，又は，国立医学アカデミーの意見を聴いたうえで健康担当大臣のアレテによって定められた一覧表に掲げる職業的行為の1つを実施した場合であって，それについて，L. 4131-1条に規定され，医師の職業に従事するために要求される学位，証明書又はその他の資格を保持せず，CSPのL. 4111-2からL. 4111-4条，L. 4111-7，L. 4112-6，L. 4131-2からL. 4131-5条の適用がないもの
> 2. 第1項の定める諸活動に従事するあらゆる者で，本編の規定とりわけL. 4111-7条とL. 4131-4-1条によってもたらされる適用除外を考慮したL. 4111-1条第2項の定める条件に合致しないもの［注：結論的には，フランス国籍，EU加盟国国籍又はそれに相当するものとして認められる国籍を要求］
> 3. 〈略〉
> 4. 必要な資格を有するが，医師会の定める医籍に登録しない者，又は医業停止処分期間中の者〈抄〉

以上，とりわけ第1項はやや分かりにくい直訳のままとしているが，この規定により，非医師が違法に医療に従事した場合，軽罪（délit）として追及され得ることとなる。その際の構成要素のポイントは，①病気の診断又は治療であること，又は医師によってしかなし得ない医療行為としてアレテで定める一覧表に掲げられた行為であること，②習慣的又は継続的な管理であることと，③実

施者の資格欠如の3つであると指摘できよう。

以下，もっとも重要な①要件を中心に，敷衍する。

2　医師でなければ行うことができない医療行為の内容

⑴　病気の診断又は治療

ある行為が診断又は治療に該当する場合には，非医師がそれを行えば違法となる。

判例上，いかなる行為が「診断」又は「治療」に該当するかはしばしば争いになるが，診断行為とは，一般的な語感そのままに，ある者が罹患している疾患の性質を特定する行為であり，診断の確立にあたっては，数多くの作業を伴うこととして理解されていると言えよう。一方，治療行為とは，治療のための手段の総合であり，疾患の治癒を目的として実施され得る衛生上の処置を意味するものと解されていると，ひとまずは言ってよいように思われる。概して判例では，診断，治療ともに，広義にこれを理解していることがうかがえる。

以下若干の具体例を挙げてみよう。

診断行為該当性が問われたものとして，保険者への説明のためとして病気の者の鑑定を行う行為（破毀院刑事部2010年1月12日判決09-82.380），治療行為を行う前ではあったが診察し，その症状から患部の臓器を特定する行為（破毀院刑事部2004年9月21日判決04-80.526），エネルギー収支から病気の兆候を探知し，衛生栄養学的な助言を行い，ホメオパシー薬を処方する行為（破毀院刑事部1990年1月18日判決89-81.959），触診及びマッサージを行い，筋肉のコリを確認する行為（破毀院刑事部1995年4月5日判決94-80.938），治療実施前とはいえレントゲン写真を読影し機械による診断を行う行為（破毀院刑事部1987年4月28日判決86-93.308）等がある。

治療行為該当性が問われたものとして，鍼療法ないしそれに相当するツボ部分に臓器に作用を及ぼし得るレーザー機器を利用する行為（破毀院刑事部2010年9月7日判決09-87.811），診断行為を含み得るだけでなく，用いられる手法及びそれによって臓器に惹起される作用等にかんがみて治療行為に相当する鍼療法（破毀院刑事部2010年2月9日判決09-80.681P），電気脱毛（破毀院刑事部2008年1月8日判決07-81.193P。なお，毛抜き〔ピンセット〕又はワックスによるものは治療に該当しない），（特定の状態の者に対して）痛みを和らげる姿勢を探究する行為（破毀院刑事部1995年4月5日判決94-80.938），眼鏡屋が視力機能回復指導として矯正体操を行う行為（破毀院刑事部1988年5月10日判決87-81.855P）等がある。

(2) 「一覧表」

医師に留保される医療行為のうち（医師の指示の下で医師以外のパラメディカル等が実施することはあり得る），L. 4161-1条にいう一覧表については，1962年1月6日アレテ[2)]によって定められている。

> 医師並びに医師以外のパラメディカルないし医学系解析試験所の長によってしかなし得ない医療行為のリストを定める1962年1月6日アレテ
>
> 第1条 〈略〔旧アレテの廃止宣言等〕〉
>
> 第2条 以下の医療行為は，公衆保健法典372条第1項の定めるところに従い，医学博士によってのみしか実践され得ない。
>
> 1）関節に対するあらゆる強制授動，骨転位（脱臼）に対するあらゆる整復，脊椎マッサージ又はその他あらゆる方法によるいわゆるオステオパシー（整骨療法），脊椎療法（又は脊椎矯正術）並びにカイロプラクティック（脊柱指圧療法）と呼ばれる治療法
>
> 2）前立腺マッサージ
>
> 3）婦人科系マッサージ
>
> 4）あらゆる理学療法行為で，それがどんなに限定的であっても，外皮の破壊に至るもの。とりわけ，寒冷療法，電解法，電気凝固法及び短波凝固療法（温熱療法）
>
> 5）毛抜き（ピンセット）又はワックスによるものを除く，あらゆる脱毛行為
>
> 6）機械により外皮を剥離するあらゆる行為であって，流血を惹起し得る機器を用いるもの（鉋かけ，研磨，フライス削り）
>
> 7）[2007年5月2日アレテにより］削除［眼屈折を測定する器具の操作]
>
> 8）調性又は声による聴力測定のうち，公衆保健法典L. 510-1［L. 4361-1］条に基づき聴覚障害者の人工装具のために実践される措置を除いたもの［1973年5月2日アレテにより挿入]
>
> 第3条 以下の医療行為は，医師の責任及び直接の監視のもとにおいて，資格のあるパラメディカルによって遂行され得る。当該医師は随時これを監督し，介入し得る。このリストは限定的である。
>
> 1）削除
>
> 2）手動電動問わず器械による椎骨牽引療法

3）削除

4）医学的電気療法行為であって，以下の使用を含むもの：赤外線，紫外線，超音波，高周波電流（とりわけジアテルミー，短波），イオン浸透療法，直流電流（誘導電流及びガルヴァーニ電流）

5）エックス線の使用

6），7）及び8）削除

第4条 〈以下，略〉

近時はさらに，例えば美容目的の紫外線照射機の使用について，18歳未満の者への使用や，商業的広告における特定の誘引的な記載を禁ずる等を定めた法律が制定されたことがある（2016年1月26日法律第2016-41号）。

このようにフランスでは，医療従事者間の役割分担あるいは医業類似行為との関係で疑義が生じ得る諸行為について，医師にしかなし得ない医療行為を法律又は命令で具体的に例示し，それを非医師が実施すれば違法とされる仕組みを採用しつつ，実施の方法，対象等によって疑義が生じ得る行為等として新たに問題が発生した場合には，その都度，法令により明示的に対応していることが理解できる。なお，かかる仕組みのうち，医師に留保される医療行為の定義の詳細を命令で定められる一覧表に委ねている点について，医療の違法な実施の範囲は明白かつ明確と言えるとして，憲法に違反しないことが確認されている（破毀院刑事部2012年12月4日判決12-90.059P）。

3 その他

(1) ②③について

その他の要素についても若干述べておくと，②習慣的又は継続的な管理については，ある1人の患者に3回繰り返し同じ行為を施したケースで習慣的かつ継続的として違法な医業の実施と判断されたものがある（破毀院刑事部1967年7月24日判決66-92.836P）ほか，2回でも違法であるとした事例もある（破毀院刑事部1990年3月15日判決87-82.456）。

③実施者の資格欠如とは，必要な学位等を有しない非医師はもちろん，必要な国籍要件の欠如や，さらには医師会県評議会の医籍への登録を怠った場合など，適法な医療の実施に必要とされる要件を欠如したケースがこれに当たる。

仮に資格を有する者であっても，その資格に認められた権限を逸脱した場合にも，これに該当する。

より端的に，非医師によることで違法な医療の実施とされたケースとして，催眠療法，交霊術の類は判別が難しい場合もあるが，やはりそれが，診断又は治療の確立に相当する場合には，違法となり得るであろうとの指摘もある[3]。

(2) 罰則

上記の各要件を満たさない場合には，医療を違法に実施したこととなる。かかる場合には，2年の自由刑及び3万ユーロの罰金に処せられる（公衆保健法典L. 4161-5条）。同条はさらに，かかる場合，刑法131-27条に定めるところに従い，医業の全部又は一部の禁止ないしは最長5年の停止処分などを科すことができるとし，判決による禁止決定に違反して当該活動を行った場合にも，同様の罰則が科せられるとしている。

(3) オステオパシー及びカイロプラクティック，鍼療法等について

フランスでは，2002年3月4日法律2002-303号によって，オステオパシー及びカイロプラクティックが認可され，特別な教育研修制度と資格が創設された（最低3,520時間の受講等を行い，免許を得ることなど，詳細は命令が定める）。法改正前までは，異論なく，違法な医療の従事とみなされていた行為であったが，現在では，前掲リストに掲げる形で，非資格者による禁止行為と位置付けられている。法令によって明示的に承認され，制度化された例である。なお，その後，2011年1月7日デクレ2011-32号によって，非医師の登録カイロプラクティック師が実施する際の要件等が明確化されているが，同デクレの交付前にカイロプラクティック行為を施術した者について，当該行為の実施ではなく，カイロプラクティック行為に伴って，医師に留保されている行為（健康診断，検査の指示とその結果の解釈）をも同時に実施したとして有罪となった事案がある（破毀院刑事部2013年2月26日判決12-82.143）。

他方，用いられる手法及びそれによって臓器に惹起される作用等にかんがみて治療行為とみなされている一例が，鍼療法（l'acupuncture）である。それゆえ鍼療法は，然るべき医師団のメンバーによってのみ実施され得ると解されているが（破毀院刑事部1987年2月3日判決86-92.954以来の判例である。前掲・破毀院刑事部2010年2月9日判決も参照），このように，診断又は治療があるという理由によって，法令によって定められていない（リスト化などがされていない）一部の活動

ないし団体についても，医療の違法な実施を理由として処罰されるおそれがある状態である。

4　小括

以上から，（適切な資格を持たない）非医師による違法な医療の実施が罰せられる範囲として，医師（及び医療従事者）に留保されるべきとして法令でリスト化された行為を実施した場合と，リスト外の行為であっても当該行為が病気の「診断行為」又は「治療行為」に該当する場合があり，それらに限られている様子が看取できたであろう。換言すれば，非医師に禁止される行為＝医師に留保される行為は，医師が自ら実施すべき行為であり，かつ，実際に実施することが通常想定される行為に限られていると解することができる。

さらに，ここでいう医師とは，適切な資格を有する医師のことであり，フランスでは原則として，医師会（県評議会）の医籍に登録することが必要である。以下，医師会の機能等についても，項を改めて概観しておこう。

5　フランス医師会制度[4)]から

(1)　概観

フランスには強制加入の「医師会（l'Ordre des médecins）」が存在する。たとえ医学部を卒業しても，医師会（県評議会）の医籍に登録しなければ医師としての業務を実施できない仕組みである。

1945年オルドナンス（Ordonnance nº 45-2184 du 24 septembre 1945 relative à l'exercice et à l'organisation des professions de médecin, de chirurgien dentiste et de sage-femme, S. 1945, p. 2021; J.O. 28 septembre 1945, p. 6083）によってほぼ現在の形に整えられた医師会制度の基本的特徴としては，①法律により設置され，フランスで医療を行う医師は原則として加入を義務付けられること，②「医師の職業上の義務の遵守を確保する」等の医師会の担う任務が法律上明記されていること，③その任務の範囲内において，医師会には一定の公権力の行使，すなわち，(a)医師の名簿への登録（業務免許の付与に相当），(b)医師に適用される「医師職業倫理法典（Code de déontologie médicale）」の起草（コンセイユ・デタの議を経たデクレとして公布される），(c)懲戒裁判等の諸権限が付与されていること，④公権力の行使に対しては，必ず何らかの形でコンセイユ・デタが統制を及ぼす構造になっていること等を指摘できる。

フランスの医師会は，これらの権限行使を通じて医師の「職業上の規律（discipline professionnelle）」を行い，医師の業務の質について社会に対し責任を負っている。医師が医療の業務を独占するのは，医師会に加入した医師によるのでないと，医療の質を確保できないからである。公衆保健法典L. 4121-2が定める医師会の任務にも，その趣旨が読み取れる。その第1項によれば，医師会は，医療の遂行に不可欠な道徳性，誠実，見識，献身の諸原則が維持され，公衆保健法典L. 4127-1による医師職業倫理法典が規定した規則としての職業上の諸義務が，そのすべての構成員によって遵守されるよう監視に当たることとされている。

(2) 医師職業倫理法典の規定から

医師の行うべき業務の内容としても，医師職業倫理法典の定めは参考になる。

医師職業倫理法典70条は，「医師免許の全能性と限界（Omnivalence du diplôme et limites）」と題して医師会が逐条解説を付している条文であるが，「医師は原則としてあらゆる診断，予防そして治療を行うことができる。しかし，例外的場合を除いて，医師は，自身の知識，経験，とり得る処置内容を超える処置を検討し遂行してはならず，処方をしてもならない」と定め，医師の行い得る行為として，診断，予防及び治療を挙げている。

また，医師職業倫理法典7条では，「医師は，すべての人に対して，彼らの出身，習慣，家庭状況，ある民族に帰属しているか否か，国籍，特定の宗教，障害，健康状態，彼らに対する評価や感情がいかなるものであれ，同じ良心をもって聴き，診察し，助言し，治療を行わなければならない。/医師は，どのような事態においても，彼らに協力を傾けなければならない。/医師は，彼が診察する人に対して，正確かつ注意深い態度を決して失ってはならない。」と定めている。いわゆる応招義務に相当する条文であるが，ここで医師会自身，「医師の務め（fonctions du médecin）」として，以下の各行為について説明を加える。すなわち，1979年制定の旧法典では「治療する（soigner）」の語しか条文に見られなかったのであるが，1995年法典では，まず，医師は「聴く（écouter）」ことから始め，ついで患者を「診察する（examiner）」。これによって診断（diagnostic）を下し，爾後は，医師は決定するのでも命じるのでもなく，「助言する（conseiller）」こととされ，最後に，医師は「治療する（soigner）」という。

病気の診断又は治療が医師の業務の中心であるとみられていることは，上記から言うまでもないことのように思われる。

Ⅱ　フランスにおけるタトゥー規制の概要

1　制度の概観

まず，1つのサンプルとして，フランス中部のロワール地方衛生局のwebサイトを紹介してみたい[5]。一般の人々向けに，制度の概要が簡潔に示されている。

タトゥー施術者の留意事項

◎タトゥーと身体ピアス：実施の条件（Les conditions d'exercice – Tatouage et perçage corporel）

http://www.crsa-pays-de-la-loire.ars.sante.fr/Les-conditions-d-exercice-Ta.132692.0.html

これらの活動を業として開始するためには，タトゥー施術者及びピアス施術者は，以下の2つの義務的条件を満たさなければならない。

―― 公衆衛生上の諸条件に関する研修を受けていること

―― 当該活動について事前にロワール地方衛生局へ届け出ること

これらの義務は，以下の技術を実施しようと希望する者に適用がある。

―― 皮下侵入を伴うタトゥー行為（tatouage par effraction cutanée）

―― 恒久的メーキャップ（maquillage permanent）

―― 身体ピアス（perçage corporel）

◎タトゥー及び身体ピアス活動において遵守されるべき諸規範（Les règles à respecter dans l'activité – Tatouage et perçage corporel）

http://www.crsa-pays-de-la-loire.ars.sante.fr/Les-regles-a-respecter-dans-l.132693.0.html

○顧客への情報提供

当該技術（タトゥー及び身体ピアスを指す。）を用いる者は，顧客に対し，以下に関する情報を提供しなければならない。

―― 施術前において，当該顧客が己の身をさらすこととなるリスクについて

―― 施術後において，必要な遵守事項
かかる情報提供は，当該技術が実施される場所において目立つように掲示され，かつ，顧客に対して文書で提示されなければならない。

○未成年者に対する責務
未成年者に対しては，親権者又は後見人の文書による同意がある場合でなければ，かかる技術を用いてはならない。
未成年者に対して施術を行う者は，3年間，監督当局に対し当該同意の証拠物を提示できるようにしなければならない。

○衛生基準の遵守
かかる技術は，公衆衛生の一般的な規則を遵守して実施される。とりわけ，以下の諸規則である。
―― 顧客の皮下に侵入するか，又は皮膚ないし粘膜と接触する顔料と，かかる顔料に直接触れる器材は，殺菌された使い捨てのものとするか，又は使用する前に毎回必ず殺菌すること
―― 施術する場所には，当該技術を実施するための専用の部屋が含まれるのでなければならない

○廃棄物の処理
用いられた器材の廃棄物は，医療における感染性廃棄物と同視される。

○使用される製品
タトゥー製品及びピアス用棒は，公衆保健法典に定める規範に適合していなければならない。

○さらに詳細な情報について
―― 顧客に対する情報提供（Information clients）の内容等について，2008年12月3日アレテ（l'arrêté du 3 décembre 2008 relatif à l'information préalable à la mise en œuvre des techniques de tatouage par effraction cutanée, de maquillage permanent et de perçage corporel）を参照のこと
―― 衛生基準について，詳細は，タトゥー等のグッドプラクティスを定めた，2009年3月11日アレテ付属文書（les annexes de l'arrêté du 11 mars 2009 relatif aux bonnes pratiques d'hygiène et de salubrité pour la mise en œuvre des techniques de tatouage par effraction cutanée, y compris de maquillage per-

manent et de perçage corporel, à l'exception de la technique du pistolet perce-oreille）を参照のこと

以上の記載から，フランスにおけるタトゥー規制の一端は垣間見えよう。すなわち，《公衆衛生保護》の観点から，まずもって，タトゥー施術者にはその資格として一定の知識や技能が求められる（上述の研修受講義務）と同時に，タトゥー施術所（実施場所）の開業に際しての届出制を採用し，担当当局による把握を可能とする一方，《顧客保護》の観点から，個々の顧客に対しては施術に先立つ情報提供が義務付けられ，未成年者の保護及び書類管理等，一定の行為規制が設けられている。また，衛生基準や情報提供に係る事項等に関して，それぞれ詳細な基準等が行政の策定するアレテによって定められていることもうかがい知れる。

その他，廃棄物や製品に関する規制が別個存在し，もって公衆衛生の維持を図り，健康被害を防止しようとしているのである（タトゥー製品に対する規制も重要な問題であるが，ここでは省略する）。

以下，項を改めて，法令等の定める規制の概要を示しておこう。

2　国の法令等によるタトゥー規制関連規定

(1)　公衆保健法典における位置付け

公衆保健法典において，医業規制とタトゥー規制は全く別の章立てになっている。

公衆保健法典R. 1311-1条以下に，「皮下侵入を伴うタトゥー及びピアス」と題する章がある。具体的には，公衆保健法典はその第1部（部〔partie〕）が「一般的な健康保護」と題しており，その第3編（編〔livre〕）「健康及び環境の保護」第1章（章〔titre〕）「総則」第1節（節〔chapitre〕）「通則」以下に関係規定が置かれている。なお，同編第2章以下は，水及び食品の衛生安全（第2章），環境衛生又は労働衛生上のリスクに対する予防（第3章），毒物監視（第4章）にそれぞれ割かれている。

念のため付言すれば，非医師による医療への従事の禁止を定めていたのは，公衆保健法典L. 4161-1条であった。医師の身分や業務について定めているのは，第4部「健康に関するプロフェッション」第1編「医療プロフェッション」であ

るが，そのうち，第6章「罰則」第1節「違法行為」中の規定である。

以上から，およそタトゥーに関する規制については，医療にまつわる規律と別立てのことがらであることが容易に諒解できよう。

(2) タトゥー施術者の資格及びタトゥー施術に関する諸規制

皮下侵入を伴うタトゥー（以下，単に「タトゥー」という。），恒久的メーキャップ及び身体ピアスの各術（techniqueの語を用いる）について定めるのがR. 1311-1条以下の諸規定であるが，以下ではタトゥーのみを扱う。

(a) 届出義務

タトゥー術を使う者は，当該業務（活動〔activité〕の語を用いる）について，それを行う場所を管轄する地方衛生局長に届け出なければならない。業務を停止した場合についても同様である。届出の方法については厚生担当大臣のアレテによって定める（以上，R. 1311-2条）。かかる届出を怠った場合には，違警罪（重罪，軽罪よりも軽いもの）第5級（第1級から第5級まである）として，罰金刑が科される（以上，R. 1312-9条）。なお，衛生基準不遵守，研修不受講，情報提供・掲示の懈怠及び基準不適合なタトゥー製品ないし器具を用いた場合についても，同様の罰則規定となっている（同）。

(b) 衛生基準遵守義務

タトゥー術は，必要な衛生基準を遵守して実施されねばならないが（衛生基準不遵守について罰則があることは前述のとおり），とりわけ，皮下に侵入する器具等について，殺菌された使い捨てのものとするか，又は使用する前に毎回必ず殺菌すること，施術する場所には，当該技術を実施するための専用の部屋が含まれるのでなければならないこと，が明示的に規定されている（同条を実施するに必要な詳細な定めは，これも厚生担当大臣の定めるアレテによることとされている。以上，R. 1311-4条）。

(c) 研修受講義務

衛生基準の順守を図るため，タトゥー術を業とする者は，R. 1311-4に定める衛生基準に関して，研修を受けるのでなければならないこととされている（R. 1311-3）。厚生担当大臣の定めるアレテにおいて，かかる研修を実施するものとして地方衛生局長が認定する施設又は機構の類型，研修の内容及び同等なものとして認定し得る免状等を定めることとされている（同）。

タトゥー製品・廃棄物に関するR. 1311-5条を除けば，タトゥー術に関する公衆保健法典の定めは以上である。

上記の研修受講義務に関連するアレテとしては，2008年12月12日のものがある[6)]。

タトゥー施術者の研修受講義務を定めるR. 1311-3の適用に関する2008年アレテでは，研修期間は最低，連続した3日間に分配して計21時間とし（1条），研修を実施する機関（必要な人員基準，設備基準等もある）は，全課程を修了した者に対して研修証明書を交付するものとされている。同証明書には，当該修了者の氏名，研修日時，研修機関の名称・住所・登録番号と承認日を明記する。各研修機関は，毎年1月末日までに，所在地を管轄する州知事に対して，前年に証明書を交付した者の名簿を提出する（以上2条）。医学博士の免状を保有する者その他病院衛生に関する学位を保有する者については，かかる研修は免除される（8条）。

受講を義務付けられている研修（formation）の内容について，以下敷衍しておこう。

2008年アレテにおいては，上記第1条において，「R. 1311-3条に規定された研修は，最低，連続した3日間に分配して計21時間とする。研修は2つのモジュールを含むものとし，その内容は附則に定める。」とあり，以下の附則（Annexe）がある。2つのモジュール（系）は，“理論”と“実技”から成り立っている（以下，科目名は一部意訳をしている）。

附則

◆理論系は，次の7つのユニット（単位）からなる。

第1ユニット：関係法規（タトゥー・ピアス行為及びタトゥー顔料・ピアス具に関する諸規定）

第2ユニット：解剖学と皮膚生理学概論，特に癒着について

第3ユニット：衛生規定（公衆保健法典R. 1311-4条に定めるアレテの内容に関連して）

——細菌叢

——衛生諸規範に共通する予防措置について

——防腐剤と消毒薬：作用の範囲及び利用方法

第4ユニット：アレルギーリスクと感染リスク概論，特に以下：

——感染要因，とりわけタトゥー・ピアス行為に起因する感染合併症の原因と

なるもの
——感染のメカニズム
——リスクファクター
——伝染の形態
——行為の実践に関係する予防措置及び禁忌
第5ユニット：消毒と殺菌
——再利用する熱感受性器具の消毒
——器具の殺菌，用いる医療機器の調整とメンテナンス
——諸手順・配備の履歴追跡可能性（トレーサビリティ）
第6ユニット：労働者保護に関する諸規範，特に血液媒介の感染事故及びワクチン接種の義務ないし勧奨
第7ユニット：廃棄物の処理

◆実技系においては，実際に用いる技術に応じて人をグループ分けするなど適切に区分して教えることが推奨される。そして少なくとも，良き実践を獲得できるよう，研修参加者が現実そっくりに設定された状況を用いられるのでなければならない。このモジュールは次の2つの単位を含むものとする：
第8ユニット：様々な仕事場所を知る（清掃，殺菌）
第9ユニット：タトゥー・ピアス行為のための無菌法の諸手順を利用できるようにする：
——手の清潔のための手順
——手袋の利用法，とりわけ消毒済み手袋
——仕事場の準備
——器具，とりわけ消毒済み器具の準備及び整理
——消毒済み部分の準備及び用い方
——消毒の諸手順の実践，消毒の検査確認を含む

試みに，リヨン市で受講できる，あるコースの時間割を見てみると，3日間連続，1時間のお昼休みを挟んで9:00から17:00の研修プログラムとなっており（費用は600€前後），上記の各ユニットがバランス良く配置されている印象であった。

(d) 情報提供義務

顧客に対して，施術に先立って一定の情報提供（Information）が必要である。提供されるべき情報の内容等については，2008年12月3日アレテ[7]が詳細を定

めている。R. 1311-12等を受けて定められた格好になっている。その主なものは以下である。

①タトゥー術の利用に先立って，顧客は，当該術が含むリスク及びその実施後に遵守すべき注意事項について，施術者から情報提供を与えられなければならない（1条）。

②伝えられるべき情報の内容は，用いられる術に応じて，以下の通りである（2条）。さらに各項目について，本アレテの別添文書（annexe）に具体的な項目が記載されている（例えば感染のリスクという場合，バクテリアによるものが多いが，B型・C型肝炎やAIDSウイルスなどがあり得ることなど）。

――身体の終局的な改変を含む，タトゥーの不可逆的性格

――場合によって当該行為は苦痛を伴うこと

――感染のリスク

――アレルギーのリスク。特にタトゥーの顔料に起因するもの

――術野又は施術行為に関連する禁忌の有無の探究

――施術後の傷跡の癒着までの期間及び瘢痕のリスク

――施術後に遵守すべき注意事項。特に迅速な癒着を可能にするための事項

③かかる情報提供は，当該技術が実施される場所において目立つように掲示され，かつ，顧客に対して文書で提示されなければならない（3条）。施術者は，顧客に対してこの情報を繰り返したり，施術後の処置に関する指示などで補ったりするのでなければならない。これらの情報提供は，インターネットのサイトでダウンロードできるとの記載もある[8)]（同）。

④未成年者に対しては，親権者又は後見人の文書による同意がある場合でなければ，かかる技術を用いてはならないとされているが（公衆保健法典R. 1311-11条），未成年者に施術する際には，1条に定める情報提供を，上記同意を得るのに先立ち，未成年者本人だけでなくその親権者又は後見人に対しても実施しなければならない（4条）。なお，未成年者に対するこれらの規制は，教育現場での周知徹底などとともに，国立医学アカデミー報告書[9)]において具体的に必要性が指摘されていた事項である。

Ⅲ　結びに代えて――自主規制の営みの重要性

フランスには，上記のような法令による規律と並列する形で，タトゥー施術者団体による自律的な営みも散見されている。

例えば，タトゥー施術者（アーティスト）の全国組合として2003年に設立されたSNAT（Syndicat National des Artistes Tatoueurs）は，立法を促しタトゥーア

ティストを法的に承認させるためのロビー活動を展開しただけでなく，その後も，施術の質保障のためのマニュアルを作成し，医師らと協働で衛生憲章を定めるなどの活動を行っている。今や自らをプロフェッショナルの1つと位置付け，2010年には倫理憲章であるSNAT憲章を定めてもいる。

タトゥー術を業とする者のその業務は専門職（profession）のそれと言えるか，強制加入の仕組みではない一タトゥー組合は究極的には自分たちの権利の拡大を図る団体にとどまるのではないか等，当該特定団体の性格や活動についてここで具体的に検討することは避けるが，ごく抽象的に言えば，ある一定の知識や技術を要する術について，社会や時代の要請を背景に，例えば施術にあたっての実務上の困難を軽減するため，あるいは顧客に生じかねない事故等の被害を予防し，顧客の満足や福利の最大化を図ろうとするためには，施術者自らが絶えずその職業行使のあり方を見直し，必要に応じてファインチューニングを繰り返し，あるいは同業者にもそうした自律の徹底を求めるなどを通じて，施術に対する社会の信頼を獲得しようとする営みが必要であることは否定しようがないように思われる。関連する法令の仕組みが背景にある場合には，そうした規律の実効性確保に資するという面もあるであろう[10)]。わが国でもそうした自律の仕組みを制度的基盤として活用できそうな動きが生じるであろうか。今後，注視していきたいと考えている。

1）Code de la Santé Publiqueのことであり，公衆衛生法典又は保健医療法典などとも訳出される。

2）Arrêté du 6 janvier 1962 fixant liste des actes médicaux ne pouvant être pratiqués que par des médecins ou pouvant être pratiqués également par des auxiliaires médicaux ou par des directeurs de laboratoires d'analyses médicales non médecins.

フランスの法源には，制定法（droit établit）だけでなく，その他にも，慣習法（coutume），判例法（jurisprudence），法の一般原理（principes généraux du droit）等がある。制定法としては言うまでもなく憲法（Constitution），各種国際規範（条約・国際協定，EC規範），法律（loi），命令（règlement）として，大統領や首相が制定するデクレ（décret）などがあるが，アレテ（arrêté）は，各省大臣及び行政機関による命令，処分，規則の総称である。大臣（ministre），知事（préfet．政府の任命する官選知事。内務省の出先機関としての地位の他，国の県における代表者としての地位を有する），市町村長その他の行政機関が制定権者となるが，一般的な規律を設定する法規的行為のみならず個別行為（上級公務員の任命等）があり，多様な内容を含んでいる。参照，山口俊夫『フランス法辞典』（東京大学出版会，2002年）。本稿で言及しているアレテはすべて，医師に留保される医療行為のリストを定めるものであれ，衛生基準，研修内容や情報提供・掲示内容を定めるアレテであれ，いずれもそれらを適切に遵守しない場合には罰則等もあり得る仕組みであるので，単なる内部規則にとどまらない，命令ないし規則の性格を有するものと解してよいであろう。

3）V. Avocat Meaux Melun Paris webサイト; http://www.scp-touraut.com/article/l-exercice-illegal-de-la-medecine (consulté le 27 janvier 2018)

4）フランスの医師会の仕組み及び医師職業倫理法典の命令としての性格その他，詳細については，磯部哲「フランス医師懲戒裁判制度についての一考察」原田尚彦先生古稀記念『法治国家と行政訴訟』（有斐閣，2004年）425－454頁，磯部哲「フランス医師会の命令制定権に関する一考察」佐藤雄一郎＝小西知世編『医と法の邂逅　第1集』（尚学社，2014年）69－102頁を参照。

5）これらのURLは2018年1月27日時点で参照したもの。2020年9月現在はリニューアルされている。https://www.nouvelle-aquitaine.ars.sante.fr/professionnels-du-tatouage-du-maquillage-permanent-et-du-percage-corporel

6）Arrêté du 12 décembre 2008 pris pour l'application de l'article R. 1311-3 du code de la santé publique et relatif à la formation des personnes qui mettent en œuvre les techniques de tatouage par effraction cutanée et de perçage corporel. その後，2010年1月20日アレテによって一部改正されている。ただし，同改正は，イベント等で一時的なスタジオ等を設置して施術する場合の例外規定を置くのが主眼であったので，実質的な研修内容等について変更はない。

7）Arrêté du 3 décembre 2008 relatif à l'information préalable à la mise en œuvre des techniques de tatouage par effraction cutanée, de maquillage permanent et de perçage corporel.

8）アレテの中に，www.sante-jeunesse-sports.gouv.fr が示されている。

9）ACADÉMIE NATIONALE DE MÉDECINE, RAPPORT 07-20 au nom d'un Groupe de travail «Piercings» et tatouages: la fréquence des complications justifie une réglementation, Séance du 11 décembre 2007, http://www.academie-medecine.fr/07-20-piercings-et-tatouages-la-frequence-des-complications-justifie-une-reglementation/ (consulté le 27 janvier 2018)

10）例えばちなみに，COVID-19の状況下，2020年7月10日デクレ2020-860号27条は，いかなる職種であれ施術者と顧客間のソーシャルディスタンスを保ちにくい職業活動に対して，ウイルス伝播のリスクを防ぐ衛生的措置を講じる旨を定めているが，これを受けてSNATは，手洗い励行，マスク着用，入店人数の制限や消毒用アルコールの設置，3時間ごとに最低15分の換気等，必要な情報を整理した施術者向けのガイドライン（プロトコル）を策定，発出している（Protocole sanitaire Covid-19 pour les pratiques de tatouage，2020年7月11日付け）。この制定にあたっては，SNATから素案をフランス厚生省担当部局へ送付，上記15分換気の件など2点ほど同省から修正指示があり，その他の対策については同省の勧告に合致する適切なものだとのコメントが返されている（そうしたやり取りがウェブサイト上で確認できる）。施術の安全と顧客の安心を確保しようとするための，迅速かつ具体的な取り組みの展開が興味深かった。https://syndicat-national-des-artistes-tatoueurs.assoconnect.com/articles/53098-protocole-sanitaire-covid-19-proposition-pour-les-pratiques-de-tatouage (consulté le 27 septembre 2020)

ドイツ——職業の自由の憲法的保障の観点から

栗島智明

Ⅰ　はじめに

こんにちドイツでは，若者を中心に，人口の10%～20%がタトゥーを入れているとされ[1)]，その数は近年，ますます増える傾向にあるという[2)]。わが国よりもはるかにタトゥー文化が広まっていることがわかるが，その一方で，施術に関する規制はわが国と比べてかなり緩やかである。タトゥーおよびピアス施術についての詳細な法的規制が存在する隣国オーストリア[3)]（**補論**参照）とは対照的に，ドイツでは，タトゥー施術のために特定の講習を受けたり，何らかの資格を取得することも要求されていないし，また，未成年者がタトゥーを入れることすら法律上は禁じられていない[4)]。たしかに，タトゥー施術を行う事業所（いわゆる「タトゥー・スタジオ（Tattoo-Studio）」）は，営業法（GewO: Gewerbeordnung）14条1項により届出が必要とされ，感染症予防法（IfSG: Infektionsschutzgesetz）36条2項[5)]はタトゥー施術の事業所について保健所（Gesundheitsamt）の監督が可能である旨を規定する。そして，同法17条4項に基づいて各ラント（州）

はそれぞれ衛生命令（Hygiene-Verordnung）を制定し，そのなかで（タトゥー施術者を含む）美容業等を営む事業者が遵守すべき義務を規定している。もっとも，その規定はあくまで感染症の予防の観点から定められるものであり，炎症やアレルギー反応等の健康被害一般を視野に入れたものではない。また，衛生命令はタトゥー施術に特化した規制ではないため，施術に関する具体的な規制は含まれていない。さらに，実際には届出をせずにタトゥー施術をする者も少なくないようであるが，それが判明した場合でも，多くの事例で制裁は科されないという[6]。なお，感染症予防以外では，EU立法と関連してタトゥー施術に用いる色材の規制が存在するのみである[7]。もっとも後述する通り，タトゥーに関連する消費者問題・健康被害は実際上少なくないため，公的機関や業界団体が，啓発活動やガイドライン策定をはじめとした様々な取り組みを行っている（Ⅴ）。

本稿では，憲法学の限られた視野からではあるが，ドイツにおけるタトゥー施術と資格制の関係について考察を加える。具体的には，はじめに職業の自由（Berufsfreiheit）の制約[8]に関する連邦憲法裁判所の判例法理を概観したのち（Ⅱ），医業に関する資格制と職業の自由に関する議論を紹介・検討する（Ⅲ）。続いて，アートメイクの施術に国家資格を要求することが部分的に違法とされたミュンヘン行政裁判所の判決を紹介したのち（Ⅳ），現在の議論状況と今後の展望について考察する（Ⅴ）。

Ⅱ　資格制と職業選択の自由に関する連邦憲法裁判所の基本的立場

医業を含む職業について国家的な資格を要求することは，職業選択の自由に対する典型的な制約の1つといえるが，憲法上，いかなる場合にそれは正当化されるだろうか。これを明らかにするため，まずは職業の自由に関するドイツ連邦憲法裁判所の判例法理を概観しよう。

まず，憲法に相当する基本法12条1項は，すべてのドイツ人が「職業，職場および養成所を自由に選択する権利を有する」としたうえで，「職業の遂行（Berufsausübung）については，法律によって，または法律の根拠に基づいて，これを規律する（regeln）ことができる」と規定している。これを文字通り読めば，国が法律で規律（制約）することができるのは職業の「遂行」のみであり，職業の「選択」についてはこれを規律できないかのようにも読めるが，この理解は正しくない。むしろ，規律の対象は（職業選択や養成所選択も含む）職業の自由全体に及んでいると解されている[9]（統一的な基本権としての「職業の自由（Berufsfreiheit）」）。

もっとも，職業の自由について基本法上明文で国家による制約が認められているとはいえ，それが無制限に認められるとは考えがたい。それでは，職業の自由に関するいかなる制約が，どのような条件のもと認められるのであろうか。そもそも，職業に関連する規制には様々なものが存在するため，これを一概に論じることは適切とは考えられない。そこで連邦憲法裁判所は1958年，薬局判決（BVerfGE 7, 377 [405 ff.]）において，かの有名な「三段階理論（Drei-Stufen-Lehre）」を展開した。

それによれば，職業の規制は3つの段階に分けられ，それぞれ正当化のために必要とされる利益の重要性が異なってくるとされる。第1の規制段階は，単に職業の遂行にのみ関わる――すなわち，職業選択には関わらない――規制である。そのような規制は，職業の自由にかかわる規制としては最も弱いものであり，公共の福祉の合理的考慮を根拠として正当化されうる。第2の規制段階は，主観的条件（個人の能力・特性など）による職業選択の自由の制約であり，職業に関する資格制もここに該当する。これは中間の制約強度を持つものとされ，その正当化には原則として，重要な公共の利益の保護が要求される。第3の，最も強力な規制段階は，個人とは関係のない客観的条件による職業選択の自由の制約であって，需給調整などがここに該当する。このような制約は，とりわけ重要な公共の利益に対する，立証可能ないし極めて蓋然性の高い重大な危険の予防という目的によってのみ正当化されうる。以上をまとめると，次のようになる。

表1　職業の自由に関する三段階理論

規制類型	規制としての強度	正当化事由
職業遂行のみに関わる規制	弱い	公共の福祉の合理的考慮
職業選択に関わる主観的規制	中間	重要な公共の利益の保護
職業選択に関わる客観的規制	強い	とりわけ重要な公共の利益に対する，立証可能ないし極めて蓋然性の高い重大な危険の予防

（筆者作成）

以上は三段階理論を理念化したものであり，これは大枠においては判例で常に維持されてきたが，細かく見ると逸脱事例も多く見られ，さらに学説を見れば，三段階理論に対する批判は枚挙にいとまがない[10]。とりわけ頻繁に指摘される問題点として，職業遂行に関する規制が事実上，職業選択の自由そのものの侵害にあたるような場合があるという点が挙げられる。例えば，ある医師が保険医としての登録を取り消されたため，保険診療に従事できなくなった，という事案を考えてみよう（参照，健康保険法64条，81条）。たしかに，ここでは医師免許それ自体は取り消されていないため，形式的にみれば，職業遂行の規制が行われたに過ぎない。しかし，実際には保険医としての登録を取り消されたうえでなお医師として診療を続けることは困難であるため，ここでの制約は職業選択の自由の制約に匹敵するものと解するのが妥当である。実際，ドイツ連邦憲法裁判所は同様の事案において，三段階理論を次のように修正した。すなわち，第1段階の規制のなかには，職業選択の自由の制約に近接したものも含まれ，そのような規制についてはより厳格な審査が求められる，と（BVerfGE 11, 30 [44 f.] – Kassenarzt [1960]）。このように，ドイツでも実務上，三段階理論を貫徹することの困難さが認識され，こんにちでは様々な修正が図られていることには注意が必要である[11]。

Ⅲ　医業に関する資格制と職業の自由

日本と異なり，ドイツでは医業（Heilkunde）が医師（Arzt）に独占されていない。その代わりに，医師としての認定（Bestallung）を受けずに医業を行おうとする者は，ハイルプラクティカー（Heilpraktiker;「治療師」とも訳される）として特別の許可を必要とする（ハイルプラクティカー法〔以下，「HP法」とする〕1条1項）。同法の定義によれば「医業の遂行（Ausübung）」とは，「人の病気，苦しみまたは身体の損傷を認定し，治癒し，または，やわらげること」を指す（同2項）。

1939年にナチス政権のもと制定されたHP法は，本来，それまで自由に行われていた民間療法を原則的に禁止し，資格を持った医師だけに治療行為を認める制度を確立することを目的としていた。ただし，同法は，すでに活動しているハイルプラクティカーについては，優秀な者のみに国家の許可を与えて引き続きその職を営むことを認め，他方，新たな許可は，特別な理由のある例外的な場合にしか与えないこととした。このようにして，ハイルプラクティカーは当初，漸次的に消滅することが予定されていたのであるが，第2次世界大戦後，事情が大きく変化することとなった。すなわち，職業の自由を規定した基本法のもと，国民の健康に危険を及ぼす恐れのない者に対してまでハイルプラクティカー業を禁止することは違憲と考えられるようになったのである。そこで，1957年1月24日の連邦行政裁判所判決（BVerwGE 4, 250）は，HP法および同法施行令について，施行令の定める基準を満たしている者は誰でも営業許可を受ける権利を有するという憲法適合的解釈を行うことでその有効性を支持した。この判決よって，引き続きハイルプラクティカーの国家資格——法律上は「許可（Erlaubnis）」の語が用いられているが，以下では「資格」と表現する——は存続することとなった。現在では，筆記および口頭の試験を経て資格が与えられることとなっており，2015年の時点でドイツ全土で約4万7千人[12]のハイルプラクティカーが，主に補完・代替医療の領域で活動しているとされる。ドイツ全土の医師の数が40万人弱であることと比較しても，自然療法が盛んな同国において，ハイルプラクティカーのプレゼンスが決して小さくないことがわかる。

さて，職業の自由との関係で議論すべきは，このようなハイルプラクティカーの資格がいかなる場合に要求されるかであり，別の言い方をすれば，いかなる業務であれば当該資格を持たずしてなしうるのかが問題となる。

2000年7月17日の連邦憲法裁判所の部会決定（NJW 2000, 2736）では，無接触で行われる眼圧検査およびコンピュータを用いた視野測定を眼鏡商（Optiker）に行わせることを全面的に禁止し，さらにその広告を禁止することの合憲性が争われたが，そこでは，眼圧検査および視野測定がHP法1条2項にいう「医業の遂行」にあたるかが主たる問題となった。裁判所はまず次のように述べる。

「職業遂行の自由に対する制約が……基本法12条1項に違反しないのは，以下の場合に限られる。それはすなわち，当該制約が公共の福祉の十分な根拠に基づいて正当化され，目的達成のために選択された手段が適合的かつ必要的であり，かつ，制約の強度と正当化事由の重要性を総合考慮してそれが受忍可能（Zumutbarkeit）な限度を超えていない場合である。……本事案についてみると，［医師としての］認定を受けていない医療従事者の資格制を採ることで国民の健康を守るというHP法の目的は，基本法12条1項の範囲内である。住民の健康は特に重要な公共の利益と認められ，それを保護するために，このような主観的要件による職業の入口制限を採用することも過剰

［な制約］とはいえない。」

さらに裁判所は，HP法1条2項の「医業」の定義（上述）を問題視する異議申立人の主張を次のように退け，その定義について次のように説明する。

「HP法1条は十分に明確な法律上の禁止規定である。当裁判所は，『医業の遂行』の概念が明示的に定義されているという，連邦行政裁判所の見解と同様の前提に依拠する。HP法1条2項の定義規定が，基本権12条1項に鑑み，判例上，憲法適合的かつ限定的に解釈されることは通常の法解釈の枠を超えるものではなく，また，規定の明確性の観点からも非難されえない。同様に，それ自体としてみれば医者の専門知識を前提としない行為についても，深刻な疾病の早期発見を遅らせるなど健康に間接的な危険を及ぼす場合にそれを医業として位置づけることが，HP法1条の文言および意義に合致する。」

HP法に憲法適合的解釈を要求した連邦行政裁判所の判決についてはすでに述べたが，同裁判所はその後の判決において，「一般的にみて医師のまたは医業上の専門知識を必要とする行為」が「医業の遂行」にあたると判断していた（BVerwGE 66, 367 [374]）。この解釈は，必ずしも文言に忠実とはいえないが，連邦憲法裁判所も当該解釈をここでは基本的に踏襲している。引き続いて，同裁判所は次のように指摘する。

「憲法上の観点からは，眼鏡商について眼圧検査および視野測定を全面的に禁止すること，および，そのための広告を禁止することが異議申立人の職業遂行の自由に違反しているかという点のみが問題となる。そして，この事案では違反が認められる。特定の行為の禁止というかたちで職業遂行の自由に制約が加えられており，かつ，これが国民の健康に対する単に間接的な危険によって根拠づけされている場合には，禁止と保護法益とのあいだの関連性が相当程度に離れているため，衡量にあたっては特別な慎重さが求められる。そこでの危険は十分な蓋然性を有する（hinlänglich wahrscheinlich）ものでなければならず，かつ，選択された手段が［目的達成のために］効果をもたらすことが明白でなければならない。［異議申立人により］攻撃されている［連邦通常裁判所の］判決は，この要請を満たしていない。

本事案についてみるに，眼圧検査および視野測定を行い，また，それを行う旨の告知をすることを一般的に禁止することによって，公共の福祉に関する合理的な考慮がされているとはほとんど認められない。また同様に，信頼できるかたちで病気を治癒できるのは眼科医のみであるとして，［眼科医の診療を推奨する，眼鏡商による］啓発アドバイスに意義を認めていない点でも，公共の福祉の合理的考慮がほとんど認められない。

本来必要なはずの医者の診察を受けなくなる可能性があるというだけでは，健康に対する間接的危険を理由づけるのに十分とはいえない。このような［診察を受けないという］危険は，患者が体の不調で苦しんでいないときには常に存在しているといえる。むしろ，連邦行政裁判所が次のように述べたところが説得的と思われる。すなわち同裁判所によれば，眼鏡商によって眼圧検査および視野測定が行われることで，すでに存する，または，まさに生じようとしている目の病気を見つけられる可能性があり，この利益は，実際には病気に罹患している顧客が眼鏡商の検査によって病気と判明せずに終わったあとに本来予定されていた眼科医の診療をやめるという危険と比して，より大きいものである。たしかに，医師の診療をやめるというリスクは存在するが，これはまさに，上級ラント裁判所によって命じられた［眼科医による診療を推奨する］啓発アドバイスによって対応されうる。」

以上より，連邦憲法裁判所は職業の自由の価値を高く認めており，ある行為が国民の健康に対する単に間接的な危険を有するというだけでは資格制の採用を認めていないことがわかる。むしろ，職業の自由への制約を正当化するには，危険についての十分な蓋然性がなければならないとされており，本事案でも危険の存否については具体的で踏み込んだ審査が行われている。

なお，手で触れることで自然治癒力を高めて霊的な治療を行う，いわゆる「心霊治療師（Geistheiler）」にハイルプラクティカーの資格が要求されるかが争われた事案において，連邦憲法裁判所は2004年の部会決定で資格を不要と判断した（NJW-RR 2004, 705）。同決定では，心霊治療師に資格を課すことがそもそも市民の健康の保護という目的達成のために適合性を欠くとされ，また，心霊治療が医師の治療を代替するものではない旨が患者に告知される限りで，必要性も認められないとされた。上述の事案と同様，この事案でも，本来必要な医師の診察を受けないことによる健康への間接的危険が問題とされたが，結果的に連邦憲法裁判所はその危険防止のためにハイルプラクティカーの資格を課すことを認めず，心霊治療師たる異議申立人に対し当該資格を要求したラント上級裁判所の決定等について基本権違反を認定した。

Ⅳ　タトゥー/アートメイク施術と資格制

以上を踏まえつつ，タトゥーの施術にハイルプラクティカーの資格が要求されうるかを検討したい。しかし，ドイツにおいてこの問題を正面から論じた裁判例や文献は見当たらない。これは，同国においてタトゥー施術が取り締まられた事案が存在せず，また，それに資格を要求するという発想がそもそも存在しないためであろう。

このことは，アートメイク（Permanent Make-up）の施術にハイルプラクティカーの資格が必要かが争われた事案におけるミュンヘン行政裁判所の決定（VG München, Beschluss vom 19. 4. 2002, Az: M 16 S 02.306）を読むことで，より明らかとなる。同決定で裁判所は，アートメイク施術が唇と眉について行われる限りで資格不要と判断したのだが，その理由づけにおいて次のように述べている（以下，Rn. はjurisのもの）。

「唇を小さくまたは大きくする施術，永続的アイラインを入れる施術，および，眉を描くことで大きくする施術は，申立人におけるように，それらが単に美容目的でのみ行われる限りで，HP法1条2項について文言重視の解釈をする場合，そこで定義された『医業の遂行』にあたらない。たしかに判例では古くから，美容目的のための身体への侵襲についても，それが手法において医師による病気の治療と同等と認められ，医師の専門知識を必要とし，かつ，健康上の問題を誘発しうるときには，HP法1条が適用されることが認められている（BVerwG vom 14. 10. 1958 NJW 1959, 833/834）。もっとも，ここでいう3番目の要件［健康上の問題の誘発］について，連邦行政裁判所はその後の判例の進展のなかで次のように精緻化している。すなわち，比例原則に鑑みて，HP法1条による資格義務を課すには，わずかな危険の契機が存するだけでは十分ではない，と（BVerwG vom 25. 6. 1970 BVerwGE 35, 308/311）。さらに，連邦憲法裁判所もまた，職業の自由の基本権に対する制約を正当化するためには，予防されるべき健康に対する危険が十分な蓋然性を有する（hinreichend wahrscheinlich）ものでなければならないと述べている（BVerfG vom 17. 7. 2000 NJW 2000, 2736）。」（Rn. 28）

ここでミュンヘン行政裁判所は，過去の連邦行政裁判所の判決および前述の連邦憲法裁判所の2000年の決定を引用して，健康に対する危険について一定程度の重大性および十分な蓋然性を要求している。この判示ののち，裁判所はアートメイク施術の手法および影響に関して書面の内容から事実認定を行い，さらに次のように述べる。

「これらの［アートメイクの施術に関する］主張を総合的に評価すると，顧客がアートメイクの施術によって単なる『わずかな危険の契機』（BVerwG vom 25. 6. 1970, a.a.O.）を超える状況にさらされる『十分な蓋然性』（vgl. BVerfG vom 17. 7. 2000, a.a.O.）は，現在のところ，上まぶたおよび下まぶたにおける施術を行う場合にのみ認められる。……［以下，まぶたにおける施術の危険性に関する記述］……

これに対して，唇および眉におけるアートメイクに関して，現在のところ，その侵襲が単にわずかとはいえない危険を引き起こす十分な蓋然性があるということは，仮の権利保護の手続きに必要な程度の確かさをもって確認することすらできない。」（Rn. 44-45）

裁判所は，たしかに唇の皮膚の表面が病変したり，唇付近の皮膚が小さな炎症を起こすことは時としてありうると認めつつ，「しかし，このような症状は経験上，短期間のうちに自然治癒するか，あるいは，［薬局で］自由に購入可能な化粧品ないし医薬品を用いることで容易に治すことが可能である」とする（Rn. 46）。また，唇の周りにヘルペスが発生する可能性も存在するが，これも結局は単に一時的な状態に過ぎず，重大な健康被害をもたらすものではないとされる。さらに続いて，裁判所はピアス施術とアートメイク施術の差異について説明する。

「眉についても，現在のところ，アートメイク施術によって単にわずかな危険性の契機よりも大きな害がもたらされる十分な蓋然性があるとはいえない。たしかに，ギーセン行政裁判所は1999年2月9日の決定（GewArch 1999, 164）で，眉について行われるピアス施術が非常に敏感な神経束に触れる可能性があるとしていた。同裁判所によれば，それと関連する身体のインテグリティへの侵襲は，適当でない施術が行われる場合には，持続的な（nachhaltig）身体障害を引き起こす可能性があるとされる。もっとも，そこでありうる帰結の一例として挙げられているのは，まぶたの部分での神経の病変である。被申立人の主張するところによれば，アートメイクでは針は0.6mmの深さまで刺されるにすぎず，ゆえに侵襲の程度という点で，この手法はピアス施術と比較しうるものではない。……」（Rn. 52）

次に裁判所は，興味深いことに，アートメイクに資格が不要と解すべきことの論拠として，当該施術がタトゥー施術と類似していることを挙げる。

「カールスルーエ上級裁判所が述べた通り（a.a.O.［OLG Karlsruhe vom 14. 11. 2001, Az. 6 U 33/01を指す］），アートメイク施術を注入（Implantation）という意味での手術的な侵襲（operativer Eingriff）あるいはその他の外科的－侵襲的（chirurgisch-invasiv）措置と同等のものとみることはできない。むしろ，それが最も類似しているのはタトゥーの施術である（OLG Karlsruhe, a.a.O.）。当裁判所の知りうる限り，行政実務

上，少なくとも通常の事例では，タトゥー施術がHP法1条の資格義務に服するとされたことはない。」(Rn. 53)

裁判所はさらに，アートメイク施術者に一定レベルの医療知識が必要とされることを認めつつ，比例原則を理由として，それだけを理由としてハイルプラクティカーの資格を要求することは憲法上認められないことを示唆する。

「申立人の反対者は，アートメイク施術においては無菌状態での作業が必要であり，ゆえに，滅菌器，滅菌材および消毒剤を適切に用いる能力が要求されるという。その限りで反対者のいうことは基本的に正しい。しかし，その目的のために手術補助看護師（OP-Schwester）のレベルの医療知識が本当に必要不可欠だといえるか，また，仮にそれが必要だとしても，このことだけを理由としてアートメイクの施術にHP法1条の資格義務を及ばせしめうるかについては疑念が残る。というのも，もしそうだとすれば，あらゆるタトゥー施術者および多くの女性ビューティシャン（Kosmetikerinnen）――しかも，ここにはアートメイクを行っていない者も含まれる――もハイルプラクティカーの資格を要するという結論がもたらされるからである。しかし，HP法1条2項の文言通りの意味における『医業の遂行』にすら該当しない業務についても，それを適切に行うためには衛生上の関連規定の知識およびその実務遂行上の知識が必要であるという理由から同法1条1項の資格が要求されるという見解は，管見の限りで，判例，法学文献あるいは行政実務において，いまだかつて採られたことがない。仮にそのような扱いをする場合，とりわけ，HP法1条による資格義務の範囲を決定する際には比例原則を考慮しなければならないため（BVerfG vom 17. 7. 2000, a.a.O.），疑念が生じるだろう。」(Rn. 55)

V　まとめにかえて
――現在の議論状況とわが国への示唆

以上の検討から，ドイツにおいて医師やハイルプラクティカー，看護師といった現存の医療関連の資格取得をタトゥー施術者に義務づけることは，基本法が保障する職業の自由に違反する可能性が高いことがわかった。また，本稿冒頭で述べた通り，ドイツにおけるタトゥー施術に関する規制としては，連邦の感染症予防法およびラントの衛生命令に基づく保健所の監督，ならびに，使用する色材に関する規制[13]を除いて，公法上の規律がほとんど存在していない。

もっとも，タトゥーの施術およびその除去のための施術は当然，一定程度で健康被害のリスクを伴っており，消費者問題に発展することも少なくない。そのためドイツでも，タトゥー施術の職業団体および一部政治家のなかでは，隣国オーストリアと同様，一定の技能習得を証明した者のみにタトゥー施術の許可を与える制度の導入が提案・検討されているが，いまだ実現に至っていない[14)]。

このような状況のもと，ドイツではタトゥー施術のリスクを軽減するために対処するためどのようなことが試みられているのであろうか。最後に，わが国にとっても示唆的な取り組みを2点紹介しよう。

第1に，ドイツでは公的機関によってタトゥー施術のリスク等に関する調査研究・啓発活動が活発に行われている。ここでは代表的なものとして，連邦食糧農業省（BMEL: Bundesministerium für Ernährung und Landwirtschaft）のウェブサイト「タトゥーを入れる，それも安全に（Tätowieren, aber sicher）」（https://www.safer-tattoo.de/）を紹介しよう。このサイトでは，主に若者をターゲットとして，タトゥー施術に関わる基本的知識がわかりやすく紹介されている。特に「リスク」と題された項目では，タトゥーの健康リスクや医療上の禁忌，いかなる場合に医者の診察を受けるべきかについて丁寧な説明がなされているほか，顧客との接触を伴う職業において目に見えるタトゥーが就業上の問題となりう

図1　連邦食糧農業省（BMEL）の啓発サイト（https://www.safer-tattoo.de/）

ることや，一度入れたタトゥーの除去は容易ではなくリスクを伴うことなどが紹介されており，大いに参考になる。また，このサイトではクイズを使って自己の知識を確認することも可能である。

なお，これ以外の公的機関による啓発資料としては，消費者保護センター本部（Verbraucherzentrale）のウェブサイト「タトゥーおよびアートメイクの健康上のリスク」[15]や，消費者保護・食品安全庁（BVL: Bundesamt für Verbraucherschutz und Lebensmittelsicherheit）のウェブサイト「タトゥーに使用する機材・色材」[16]，さらに，連邦リスク評価研究所（BfR）[17]の刊行物「BfR消費者モニター2018特別号・タトゥー」[18]が挙げられる。

第2に，ドイツではかねてより，タトゥー施術の事業者がみずから職業団体を組織し，自主的な質保証を行っている点が注目される。1995年に設立され，ドイツで最も伝統のあるタトゥー施術師の団体としては「ドイツタトゥー施術師連合（DOT: Deutsche Organisierte Tätowierer e.V.）」が存在し，それ以外にも現在，「連邦タトゥー連盟（BVT: Bundesverband Tattoo e.V.）」，「プロタトゥー（Pro-Tattoo e.V.）」，「統合欧州タトゥーアーティスト（UETA: United European Tattoo Artists e.V.）」といった団体が存在し，上述の連邦食糧農業省（BMEL）の啓発サイトにおいても，タトゥー・スタジオを選ぶにあたって，これらの団体への所属の有無が1つの参考になることが示されている。これらの団体はタトゥー施術師のための種々のセミナーを開催し情報共有を行っているほか，安全な施術のためのガイドラインの作成およびその遵守の確保に取り組んでいる。

補論――オーストリアにおけるタトゥー規制

ドイツとは異なり，その隣国オーストリアでは上述の通りタトゥーに対する公法的規制が幅広く及んでいる。以下では，入り口の規制（資格制度）（1）と方法の規制（2）に分けてそれぞれ簡単に概観する。

1　タトゥー施術の資格について

まず，オーストリアでタトゥー施術をするためには国家資格が必要である。オーストリアでは「コスメティック業（美容業）（Kosmetik〔Schönheitspflege〕）」が，1994年営業法（Gewerbeordnung – BGBl. Nr. 194/1994）上の規制された営業（reglementierte Gewerbe）にあたる（同法94条42号）ところ，タトゥー施術（およびピアス施術）はこのコスメティック業（美容業）を営む者にのみ認められている（同法109条3項）。

そして，同法22条および352a条2項の規定を受けて，コスメティック業（美容業）および特にタトゥー施術に限定した営業について，それぞれオーストリア経済（商工）会議所（Wirtschaftskammer Österreich〔WKO〕）が資格試験命令（Befähigungsprüfungsordnung）を定めている[19]。

それによれば，タトゥー施術のための試験は次の4つのモジュールからなる：(1)専門実技試験，(2)専門口頭試験，(3)専門筆記試験，(4)企業者試験（Unternehmerprüfung）である（ただし，(4)の企業者試験は，経営など企業を運営するために必要な知識を問うもので，営業のために一般的に必要とされる試験であるから，実質的には(1)～(3)の3つのモジュールからなっていると考えてよい）。各モジュールの内容についても資格試験命令内で具体的に規定されている。

この資格試験は満18歳以上であれば誰でも受けられるが，試験に合格するためには事実上，専門学校に通うことが必須となっているようである。当然ながら各専門学校の授業内容はこの試験内容に沿ったかたちで構成されている。

2　タトゥー施術の方法の規制について

オーストリアでは，タトゥー施術の方法についても規制がなされている。以下，その中心をなしている「コスメティック（美容）事業経営者によるピアス施術およびタトゥー施術の実施方法に関する連邦経済労働大臣命令」（BGBl. II Nr. 141/2003. 以下，「命令」とする）の内容を中心に説明する。

まず命令は1条の1項でピアス施術，2項でタトゥー施術をそれぞれ定義している。そこではとりわけ，アートメイク施術も同命令にいうタトゥー施術に含まれるとされている点が注目される（2項2文）。

次に命令2条は，まず1項でピアス・タトゥーのいずれの場合も被施術者の書面による有効な同意が必要であること，未成年者についてはさらに養育者の同意が原則として必要であることを規定し，また，タトゥーについては被施術者が16歳未満であってはならず，ピアスについては精神的未成熟者（unmündig）であってはならない旨が定めている。次に2項では，書面による同意を得るまえにピアスないしタトゥー施術と結びついたリスクについて説明する義務が定められ，加えて，その説明が行われた旨の確認を書面でとることが要求されている。また，施術後に合併症が生じた場合には医師の診察を受けるよう助言すべきことも定められている。最後に3項では，2項の定める説明がいかなる事項にわたるべきかが具体的に列挙されている。

続いて命令3条は，ピアス施術およびタトゥー施術に対する禁忌の徴候がみられない場合に限って施術が認められる旨を規定する。また，血友病，糖尿病等の禁忌の可能性がある場合には被施術者ないしその養育者に対してそれを説明しなければならず，書面で確認をとらなければならない旨が定められている。

最後に，命令4条は，2条の文書による同意や確認等が10年以上保存されねばならないと規定し，命令5条は，命令3条への重大な違反があった場合，それが単に1回であったとしても，事業遂行のために必要な信頼性をもはや保持していないものとみなされうる旨を規定する。

1) タトゥーに関する正確な統計は存在せず，資料によって差が大きい。連邦食糧農業省のウェブサイトには「ドイツ人の約10人に1人がタトゥーを入れており，さらに18～29歳では4人に1人にまで増えている」との記述がある。https://www.safer-tattoo.de/fuer-einsteiger.html［2019年1月7日閲覧。以下，ウェブサイトの閲覧日はすべて同じ］。また，2018年に公表された次の資料は，ドイツ人の12%が過去にタトゥーの施術を受けたことがあるとするアンケート結果を紹介する。Bundesinstitut für Risikobewertung (BfR), BfR-Verbrauchermonitor 2018 Spezial Tattoos, 2018, S. 5. 他方，2019年に雑誌に掲載されたあるデータによれば，ドイツ人の21%がタトゥーを入れたことがあるという（さらに，その割合は20～29歳では47.1%にのぼるという）。https://www.sueddeutsche.de/gesundheit/gesundheit-jeder-fuenfte-in-deutschland-ist-taetowiert-dpa.urn-newsml-dpa-com-20090101-190923-99-994055 また，これとほぼ同様に，ドイツにおけるタトゥーの被施術者が1,600万人――つまり，人口の約5分の1――にのぼるとする2019年の記事もある。Westdeutscher Rundfunk (WDR), „Gefährliche Tinte: Tattoos und ihre Risiken“ vom 01.05.2019, abrufbar unter: https://www1.wdr.de/verbraucher/gesundheit/rewind-tattoo-112.html。

2) 2019年のある記事（WDR (Anm. 1)）は，過去の4年間でタトゥーを入れた人の割合が倍に増えたと指摘する。

3) オーストリア1994年営業法69条1項に基づく「コスメティック（美容）事業経営者によるピアス施術およびタトゥー施術の実施方法に関する連邦経済労働大臣命令」(BGBl. II Nr. 141/2003) を参照。

4) ただし，未成年者のタトゥーについては2点の留保が必要である。第1に，タトゥー施術は傷害罪の構成要件を満たすが，有効な同意が存する限りで罰せられないとされているところ（参照，ドイツ刑法228条），年少者については同意能力が問題となりうる。第2に，未成年者が結ぶタトゥー施術の契約は，原則として親の同意がなければ無効となる（参照，ドイツ民法104条以下）。それゆえ，実際には未成年者への施術を行っていないタトゥー・スタジオが多いようである。参照，https://safer-tattoo.de/fuer-einsteiger/ („Ab welchem Alter darf ich mich tätowieren lassen?“)。

5) 感染症予防法は，2000年制定の連邦法（BGBl. I S. 1045）である。同法36条2項は次のように定める。「人間に対する業務を行うことで，血液を介して病原体が移る可能性のある施設および事業体について，保健所は，感染症衛生の観点から監督をすることができる」。

6) *Urban Slamal*, „Ein längst überfälliges Vorhaben" vom 01. 07. 2016, abrufbar unter: https://www.lto.de/recht/hintergruende/h/berufszugang-regelungen-taetowierer-befaehigung-hygiene-ausbildung/

7) 食品安全に関するEU立法を踏まえて2005年に制定されたドイツ食品・飼料法典（LFBG）に基づき制定された2008年の命令（BGBl. I S. 2215. いわゆる「タトゥー色材命令（Tätowiermittel-Verordnung）」）は，使用する色材の公開義務やアゾ染料等の一定の色材の使用禁止等を定めている。

8) 後述する通り，ドイツにおいては職業選択の自由に職業遂行の自由や養成所選択の自由を加えた「職業の自由」が，統一的な基本権として理解されている。

9) *Hans D. Jarass*, in: Jarass/Pieroth (Hrsg.), GG-Kommentar, 15. Aufl. 2018, Art. 12 Rn. 27.

10) ルッフェルトは「段階理論に対する批判［の歴史］は，理論そのものと同じだけ古い」と述べる（*M. Ruffert*, in: Epping/Hillgruber (Hrsg.), BeckOK GG, 41. Ed. 15. 05. 2019, Art. 12 Rn. 102）。段階理論に対する批判の概観として参照，*T. Mann*, in: Sachs (Hrsg.), GG-Kommentar, 8. Aufl. 2018, Art. 12 I Rn. 152 ff.

11) 実際の連邦憲法裁判所の判例においては，三段階理論は，個別事案における結論の妥当性を担保するために様々な細工を施して用いられていることから，一部では，予見可能性の利益が著しく失われているとか（*Mann* [Anm. 10], Rn. 151），三段階理論はこんにち実務上の意義を失っているといった指摘までされている（*F. Hufen*, Staatsrecht II – Grundrechte, 7. Aufl. 2018, § 35 Rn. 29）。

12) https://www.bdh-online.de/repraesentative-umfrage-jeden-tag-gehen-in-deutschland-128-000-patienten-zum-heilpraktiker/

13) 色材の規制につき参照，前掲注7）。

14) *Slamal* (Anm. 6). この記事によれば，「連邦タトゥー連盟（Bundesverband Tattoo e.V. (BVT); http://www.bundesverband-tattoo.de/）」がこの方向性を支持しているとされる。タトゥー規制を求める政治的動きにつきさらに参照，*Felix Hackenbruch*, „CDU will mehr Kontrollen bei Tattoos" vom 29. 11. 2018, abrufbar unter: https://www.tagesspiegel.de/gesellschaft/panorama/sicherheit-und-hygiene-cdu-will-mehr-kontrollen-bei-tattoos/23698942.html

15) https://www.verbraucherzentrale.de/wissen/gesundheit-pflege/aerzte-und-kliniken/gesundheitliche-risiken-von-tattoos-und-permanent-makeup-11745

16) https://www.bvl.bund.de/DE/03_Verbraucherprodukte/02_Verbraucher/04_Taetowiermittel/bgs_Taetowiermittel_node.html

17) 連邦リスク評価研究所（BfR）は，連邦食糧農業省（BMEL）の所轄領域で活動する，独立した学術研究所であり，連邦政府および州政府に対して，食品，化学製品および製造物の安全性についての助言を行っている。

18) https://www.bfr.bund.de/de/presseinformation/2018/42/tattoos_im_trend___die_haelfte_der_deutschen_haelt_taetowiermittel_fuer_sicher-207846.html

19) 前者につき https://www.wko.at/service/bildung-lehre/dok_detail_file_9.pdf，後者につき https://www.wko.at/branchen/gewerbe-handwerk/Taetowieren.pdf

弁護団寄稿

タトゥー彫り師医師法違反事件の弁護活動

亀石倫子＝川上博之

Ⅰ　受任に至る経緯

1　捜査の端緒

医師法違反の疑いで在宅捜査を受けているというタトゥーの彫り師・TAIKI氏から相談を受けたのは，2015年9月7日のことだった。

大阪府警は，その年の夏ころからタトゥーの彫り師を対象に医師法違反での捜査を始め，同年8月には大阪・心斎橋の有名なタトゥースタジオ「Chop Stick Tattoo」の経営者や彫り師を医師法違反で逮捕・勾留，同年11月には名古屋市の有名なタトゥースタジオ「8BALL TATTOO STUDIO」の彫り師らを同法違反で逮捕・勾留したほか，在宅捜査を経て略式起訴された彫り師も複数いた。おそらくすべての彫り師らが30～50万円の罰金を支払って釈放されたとみられる。

TAIKI氏も同年6月から在宅捜査を受けていた。捜査の端緒は，TAIKI氏がタトゥーを施術する際に使用する消毒薬，グルトハイドを名古屋市の薬局からインターネットで購入したところ，グルトハイドは「医薬品，医療機器等の品質，有効性及び安全性の確保等に関する法律（以下，「薬機法」という。）」上，対面販売しか許されない薬品に指定されていたことから，当該薬局が2015年春ころに薬機法違反の疑いで大阪府警の捜査対象となり，その際に押収された顧客名簿にTAIKI氏を含む多くの彫り師の個人情報が掲載されていたことだった。TAIKI氏は大阪府警から連絡を受けた当初，当該薬局の薬機法違反事件の参考人として事情を聞かれるものと思っていたが，実際には医師法違反の被疑者としての取調べだった。

TAIKI氏への取調べは7月に終了したが，今後略式命令を受けた場合はどうしたらよいのか，罰金を支払ってしまえば自分の職業は違法であると認めることになるのではないか，すでに大勢の彫り師が罰金を支払っているが，タトゥーを施術するには医師免許が必要だということが既成事実化してしまうのではないか――。TAIKI氏はきわめて正しい問題意識を持っていた。

2　略式命令

TAIKI氏が略式起訴されたのは，相談を受けた翌日の8日のことだった。起訴状には公訴事実として，「被告人は，医師でないのに，業として別表記載のとおり，平成26年7月から平成27年3月までの間，大阪府内のタトゥーショップ『CUSTOM TATTOO TAIKI』において4回にわたり，3名に対し，針を取り付けた施術用具を用いて，前記3名らの左上腕部等の皮膚に色素を注入する医行為を行い，もって医業をなしたものである」と記載されており，吹田簡易裁判所はTAIKI氏に罰金30万円の略式命令を発した。

3　問題意識

(1)　厚労省平成13年通知

私はTAIKI氏から相談を受けた時点で，厚生労働省が平成13年11月8日に発出した通知（以下，「平成13年通知」という。）の存在を知っていた。「医師免許を有しない者による脱毛行為等の取扱いについて（医政医発第105号）」と題するその通知は，レーザー脱毛（レーザー光線又はその他の強力なエネルギーを有する光線を毛根部分に照射し，毛乳頭，皮脂腺開口部等を破壊する行為）やケミカルピーリング（酸等の化学薬品を皮膚に塗布して，しわ，しみ等に対して表皮剥離を行う行為）と並んで，「針先に色素を付けながら，皮膚の表面に墨等の色素を入れる行為」は，「医師が行うのでなければ保健衛生上危害の生ずるおそれのある行為であり，医師免許を有しない者が業として行えば医師法第17条に違反する」としている。平成13年通知が発出された後，アートメイク（電動式のアートマシンに縫い針を取りつけたアートメイク器具を使用して，針先に色素をつけながら，主に眉やアイライン等，顔の皮膚の表面に墨等の色素を入れる行為）の施術をする業者が医師法違反で検挙されるケースが急増し，2014年には医師法検挙事件数全体に占めるアートメイク検挙事件数が8割に達していた[1)]。同年5月には京都でアートメイク業者の一斉摘発があり[2)]，私も複数のアートメイク施術者から相談を受けていた。

他方，平成13年通知を契機としてタトゥーの彫り師が医師法違反で検挙されたケースはどれくらいあるのか。過去の新聞報道を調査したところ，2010（平成22）年に兵庫県で初めて彫り師が医師法違反で検挙され，同年，広島県で2例目の検挙，2015（平成27）年2月に熊本県で3例目の検挙があったことがわかった。いずれのケースも彫り師自身が暴力団組員ないし幹部，あるいは，主に暴力団組員を顧客とする彫り師であると報じられており，3件とも不起訴処分になっていた。

2015年夏ころから大阪で始まった彫り師の一斉摘発は，それらとは明らかに様相が異なる。つまり，それまでの3件はいずれも暴力団対策の一環として見せしめ的に摘発が行われたものと考えられるが，大阪府警の「生活安全部」が摘発の対象としたのは，若者向けのファッションタトゥーを施術するタトゥースタジオや彫り師であり，反社会的勢力との関わりは重視されておらず，検察官は彼らのほとんどを略式起訴し，彫り師についてはおおむね罰金30万円，経営者についてはおおむね50万円の略式命令が発せられているのである。

平成13年通知が発出された背景には，全国の消費生活センター等にアートメイクによる危害（皮膚障害その他の傷病及び諸症状等）の相談が急増していたという事情があった。2006（平成18）年からの5年間にも121件の相談が寄せられている[3)]。こうした背景や，通知以後の医師法違反による検挙の対象がもっぱらアートメイク業者であることを踏まえると，平成13年通知はアートメイク業者を念頭に置いたものであり，タトゥーの彫り師に適用することを想定したものではないと思われた。

しかし形式的にはタトゥーの施術もアートメイクと同様，「針先に色素を付けながら，皮膚の表面に墨等の色素を入れる行為」である。アートメイクとタトゥーは何が違うのか。それが最大の難問だと感じた。

⑵　関係法令

タトゥーを施術する行為を規制する法令を探してみると，明治時代の警察犯処罰令（明治41年9月29日内務省令第16号）が，「自己又ハ他人ノ身体ニ刺文シタル者」（2条24号）に拘留又は科料を科していた。警察犯処罰令は，「日本国憲法施行の際現に効力を有する命令の規定の効力等に関する法律」1条の4により法律に改められた後，軽犯罪法（昭和23年5月1日法律第39号）附則2項により廃止されたが，その際，2条24号は軽犯罪法に引き継がれず削除されている。その理由につき当時の東京高等検察庁検事・植松正氏は第2回国会参議院司法委員会で，「制裁規定によって維持しないでも，自然従来の経過に鑑みまして，文化の進展と共にその道徳……或いは良き風俗が維持されるということになる。こう考えられるものが省かれたと思う」と述べている。

この発言からわかるのは，警察犯処罰令におけるタトゥー規制の目的は道徳や善良な風俗の維持にあり，保健衛生上の危険を回避するためではないということである。そして，軽犯罪法成立時に当該規定が削除された後は，各都道府県の青少年保護育成条例を除き，タトゥーの施術行為を直接禁止する法令は存在しない。医師法を適用するのはあまりに唐突に思えた。

⑶　「医行為」に関する学説・判例

「医行為」の意義について厚労省は，「医師が行うのでなければ保健衛生上危害の生ずるおそれのある行為」（平成13年通知等）をいうと解しており，この立場は学説においても通説的な地位を占めていた。最高裁は，検眼及びテスト用コンタクトレンズの着脱行為が「医行為」に当たるか否かが争われた事件において，「医業」や医行為の意義について何ら言及していない[4)]が，タトゥーを施術する行為に皮膚疾患や血液・体液を介した感染症のおそれがあることは否定できず，通説的立場からするとタトゥーを施術する行為が「医行為」に該当すること自体は争う余地がないように思えた。

そうすると，違法性阻却事由を検討することになるだろうか――。

⑷　憲法上の主張

医行為の解釈をひとまず措くとして，彫り師に医師免許を要求するのは直感的におかしいと思った。彫り師と医師に求められる知識や技能は全く異なり，別の職業である。いくらタトゥーの施術に保健衛生上の危険が伴うとしても，彫り師に医師免許を要求すれば，彼らの職業選択の自由を侵害することになる。

タトゥーの文化，そして彫り師という職業には長い歴史がある。古くは縄文時代の土偶にイレズミを施した跡のようなものが見られ，3世紀の文献「魏志倭人伝」にはイレズミの習慣についての記載がある。沖縄や北海道のアイヌ民族には，古くから女性の通過儀礼としてイレズミを施す慣習があった。そしてその長い歴史において，彫り師に医師免許が要求されたことはない。

また，もし彫り師に医師免許が必要だということになれば，適法に彫り師を続けられる者はいなくなるだろう。医師がタトゥーの施術をするようになるとも，できるとも思えないから，タトゥーを施すことにより自己を表現しようとする者は表現の自由や自己決定の機会を奪われることになるし，彫り師にとっても人の皮膚に描くことが唯一の表現方法であるから，皮膚に描けないとすれば表現の自由が奪われることになる。

アートメイクとタトゥーの違いはここにあるのではないか。つまり，職業としての歴史や，施術目的，文化や慣習としての社会的な位置づけが異なる。この裁判において，憲法上の価値を主張することは不可欠だと思った。

4　正式裁判請求へ

再びTAIKI氏と話し合い，略式命令を不服とするならば正式裁判を請求し，無罪を主張するしかないと説明した。医師法17条の解釈に加え，タトゥーの歴史や文化，憲法論など，主張は多岐にわたることが予想され，公判前整理手続に付して主張と証拠の整理をしたうえで公判を迎えることになるだろう。そこまで短くても1年。1審の結論がどうであれ，控訴審，最高裁と続くことも十分あり得る。正式裁判で争うと決めた以上，少なくとも4年か5年は被告人という地位に置かれ続けることを覚悟しなくてはならない。そして，訴訟を支援する人々の存在も重要だ。この訴訟を担当する裁判官に，真摯にこの問題を考えてもらうためには，彫り師やタトゥーを愛する人々だけでなく，広く社会に対して，このように不合理に職業を奪われてよいのかという問題提起をする必要があるが，TAIKI氏と弁護団だけではそうした活動まではできないだろう。

TAIKI氏と一緒に相談に来た彫り師が，「裁判で勝てますか」と聞いた。私は少し考え,「わからない」と答えた。法律論としてもきわめて難しい。そのうえタトゥーに対する社会の根強い偏見と嫌悪がある。裁判官を説得することができるかどうか。その時点ではまるで自信がなかった。しかし，このままではこの国から彫り師という職業はなくなる。地下に潜り摘発に怯えながら仕事を続けるか，適法に施術ができる海外へ行くしかなくなるだろう。多くの人にとっては，彫り師がそうなっても構わないのだ。タトゥーにネガティブな感情を抱く人は少なくない。体にタトゥーがあると，温泉やプールに入ることができないなど社会的な不利益を受けるのがこの国の現実だ。しかし，だからといって彫り師という職業が突然犯罪とされ，葬り去られてよいはずがない。私は「勝てるかどうかわからないけど，やるしかない」と言った。

TAIKI氏と仲間の彫り師は決断した。2015年9月17日，吹田簡易裁判所に正式裁判を請求し，同年10月19日，本件は大阪地方裁判所へ移送された。

Ⅱ　公判前整理手続

本件では，医師法の解釈に加え，タトゥーの歴史や文化，憲法論を主張・立証することが重要になる。多くの専門家の協力，効果的な立証が必要になるだろう。そして，最高裁まで争うことになるかもしれない。私たちは7名の弁護団体制となり，2015年10月29日に大阪地方裁判所第5刑事部に本件を公判前整理手続に付する決定をするよう求め，同年12月25日から公判前整理手続が始まった。

弁護団は,『イレズミの世界』(河出書房新社，2005年) 等の著書のあるイレズミ研究の第一人者である文化人類学者の山本芳美教授（都留文科大学)，医事法を研究分野とする刑法学者の髙山佳奈子教授（京都大学）と辰井聡子教授（立教大学・当時)，憲法学者の曽我部真裕教授 (京都大学)，皮膚科医であり『いれずみの文化誌』(河出書房新社，2010年) 等の著書のある小野友道教授 (熊本大学) らに本件の争点に関する意見を求め，議論を重ねた。

とりわけ，辰井教授との議論を通じて,「医行為」とは「『医療に関連する行為(以下,「医療関連性」という。) の中で』医師でなければ保健衛生上の危害を生ずるおそれのある行為」をいうと解釈するべきであり，タトゥーを施術する行為には医療関連性がないから「医行為」に該当しないと主張する方針を固めることができたのは，訴訟戦略上大きな意義があった。事件を受任した当初は，「医行為」の意義に関する通説的立場を踏まえると構成要件該当性を争うのは困難とも思えたが，辰井教授は従来の通説に果敢に挑み，あるべき正しい解釈を示してくださったのだった。

2016年5月に弁護人が提出した予定主張記載書面には，タトゥーの歴史や慣習，文化，規制の歴史，諸外国におけるタトゥー規制等に関する「総論」に続き，タトゥーを施術する行為が「医行為」に該当しないことについて詳細な主張をした。

同年6月には，裁判所が本件を合議体で審理する旨の決定をし，この裁判の重要性を理解させることができたという手応えを感じた。

同年8月に提出した予定主張記載書面では，憲法論について詳細に記載した。罪刑法定主義違反に加え，医師法17条を彫り師に適用する限りにおいて憲法22条1項，21条，13条に反すると主張した。

公判前整理手続は11回行われ，2017年3月に終了した（このあと，裁判長が小倉哲浩裁判官から長瀬敬昭裁判官に交代した）。

Ⅲ　1審・大阪地方裁判所

1　意見陳述・冒頭陳述

2017年4月26日，大阪地裁大法廷で第1回公判が開かれた。傍聴は抽選となり，彫り師や支援者，メディアで満席になった。

TAIKI氏は被告人意見陳述で次のように述べた。

私がお客さんにタトゥーをいれたことは間違いありません。しかし，それが犯罪だとされることには納得できません。

私の他にも，彫り師が次々と摘発されました。

これはただ事ではないと思いました。

いま戦わなくては，私たちの仕事がなくなってしまう。

そう思ったので，この裁判を戦うことを決意しました。

［中略］

彫り師は，自己表現を形にするアーティストです。

私以外の彫り師も同じ思いのはずです。
この裁判は私だけのものではありません。
私は，タトゥーがアートであること，彫り師が職業として認められることを信じています。

私は，弁護人冒頭陳述で，谷崎潤一郎の『刺青』を引用した。

其れはまだ人々が「愚」と云ふ貴い徳を持つて居て，世の中が今のやうに激しく軋み合はない時分であつた。

この物語に登場する腕利きの彫り師は，かつては浮世絵を描いていた。皮膚を美しく彩る刺青に人々が魅了されていた江戸時代の社会の様子が描かれている。それから数百年経ち，刺青がタトゥーと呼ばれる時代になると，社会の評価は大きく変わり，タトゥーは悪者のレッテルになった。人々はタトゥーに眉をひそめ，タトゥーをしている人はそれを隠すようになった。そしてついに，彫り師が社会から排除されようとしている。良い彫り師になるために医学部を目指す者はいない。医者にタトゥーを彫ってもらおうと思う者もいない。タトゥーに眉をひそめる者でさえ，医者が彫ったタトゥーなら良いとは思わないはずだ。捜査機関は，社会から好ましくないと思われているから排除しても構わないと考えているのかもしれない。彼らの声は小さく，どこにも届かないと思っているのかもしれない。この裁判にはTAIKI氏の未来，彫り師たちの未来，日本のタトゥーの未来がかかっている。
タトゥーに対する社会の偏見は根強い。裁判官にも偏見があるかもしれない。この裁判は，タトゥーに対する偏見との戦いでもあると思った。

2　弁護側の立証

⑴　書証

弁護側の請求証拠として，現代社会におけるタトゥーと彫り師のあり方について立証するため，山本教授の意見書のうち検察官が同意した部分，また，医師法17条の「医業」の解釈に関する辰井教授と髙山教授の各意見書の同意部分が採用された。

また，かつてタトゥーを施術する行為を禁じていた警察犯処罰令2条24号の目的は道徳や善良な風俗の維持にあり，それが軽犯罪法から除外されたことや，アートメイクの危害や摘発件数が急増している一方で，タトゥーの施術に関してはそのような社会的事実がないこと，医師国家試験においてはタトゥーの施術に全く関係のない知識が幅広く詳細に問われていること，ネイルサロンにおけるつけ爪の施術についても「保健衛生上の危害を生ずるおそれ」があり実際に健康被害が多数報告されているが国家資格は不要とされていること，理容師の施術中にも出血を生じることがありうるが医師免許は必要とされず，理容師国家試験において出血時の応急処置や器具等の衛生管理に関する知識が問われていること，日本の彫り師のあいだで流通している施術時の衛生管理マニュアルの存在とその内容，TAIKI氏がタトゥーを施術する際に使用していたインクの成分（おもに重金属類の有無や量）等を書証により立証した。

(2) 人証

第2回公判からは，弁護側証人の尋問が行われた。

山本教授の証言では明治時代以降のイレズミに対する法的規制の成立と解除の過程，現代社会におけるタトゥー文化，彫り師に対する規制のあり方等について立証した。山本教授は，「イレズミは現代日本における施術の理由は，大半がファッション目的である。世界的なイレズミの流行だけでなく，タトゥーをモチーフにしたファッションが世界的に流行していること，イレズミの復興が先住民族の文化復興の主軸であることなどを踏まえると，イレズミを『悪』や『イレズミは悪い人がするもの』とのみとらえるのは，成熟した市民社会を目指すあり方として疑問を抱かざるを得ない」，「彫師が日本社会のなかで職業として認めて欲しいなら，この国の『社会的ルール』や『公序良俗』，歴史を踏まえ，ルールに沿っていく必要があるだろう。彫師が隠れるように仕事をしていた過去のあり方を『伝統』ととらえる必要はない。彫師の仕事が社会的に位置づけられないままであるならば，『法的禁止』という過去の亡霊にいつまでもおびやかされながら仕事をすることになる。業界で自主的に衛生基準のガイドラインを設けていくことや，いわゆる消防庁が宿泊施設の防火安全性を示すために設けていた『防火基準適合証』（マル適マーク）のような仕組みづくりを考えるべきではないか」，「規制を強めたところで，イレズミを世の中から消すことは不可能である。現在，イレズミやタトゥーをめぐって日本社会で生じているさまざまな問題を解決していくことは，価値観や異文化を背景とする人々との共生社会の実現につながるはずである」と提言した。

髙山教授の証言では罪刑法定主義との関連でタトゥーを施術する行為が「医行為」に該当しないことについて，また，仮に「医行為」に該当するとしても，思想・良心の自由及び信教の自由，表現の自由，職業の自由等の憲法上の価値を踏まえれば実質的違法性がないこと等について立証した。

辰井教授の証言では，本件が「『医療関連性』の認められない行為の医行為性が争点となる初めての事例」であることを前提に，医師法17条の趣旨，従来の判例の立場を改めて精査し，「医行為」とは「医療関連性のある行為の中で，医師でなければ保健衛生上の危害を生ずるおそれのある行為」をいうと解釈すべきであることを立証した。

小野医師の証言ではタトゥーを施術する行為に伴う保健衛生上の危険性について，タトゥー施術に使用されているインクの成分や，皮膚に色素を注入することによって肉芽腫が形成される可能性，血液や体液等を介して感染症に罹患する経路や感染可能性等を踏まえ，タトゥーを施術する行為に伴う保健衛生上の危険性は医師が行ったとしても大きく異ならないこと等を立証した。小野医師は，「タトゥーを施術する行為は診断，治療，予防になじまず，医師が行うべき行為ではない」と証言し，長年にわたりいれずみ研究を行ってきた立場から「タトゥーというのは長い歴史を持っていて，そこには宗教的な，あるいは民族的な，いろいろなものがあり，それより先に，身体的装飾をするということは，一方で人間の本能に近い欲求だとも思われる」とも証言した。

また，TAIKI氏がタトゥーを施術し，公訴事実に記載された客の女性2名の証言では，TAIKI氏から施術を受けた経緯，施術方法，施術場所の衛生状態等を立証した。

TAIKI氏への被告人質問では，彫り師を志したきっかけや，客にタトゥーを施術するようになるまでの技術向上のための訓練（TAIKI氏が絵の練習をするのに使用した膨大なスケッチブックの一部等を示しながら質問を行った），衛生管理の習得方法や施術のプロセス（TAIKI氏が実際に使用していた施術器具や施術場所の写真，過去に施術した作品の写真等を示しながら質問を行った）等を立証した。

3　検察官論告

検察官は第7回公判において論告を行い，タトゥーを施術する行為には「保健衛生上の危害が生ずるおそれ」があることを強調したうえで，平成13年通知がアートメイクの施術とタトゥーの施術を区別しているとは解されず，辰井教授の証言内容は独自の見解に過ぎず学界においても是認された見解とは到底言えない等と述べ，罰金30万円を求刑した。

4　判決

大阪地方裁判所第5刑事部は2017（平成29）年9月27日，TAIKI氏に罰金15万円の有罪判決を言い渡した。「医行為」とは医師が行うのでなければ保健衛生上の危害を生ずるおそれのある行為をいうと解すべきであり，弁護人が主張する「医療関連性」を不要であると解しても最高裁判例に違反しないと述べ，もし「医療関連性」を要求すると美容整形外科手術なども医行為でなくなってしまい妥当でないとした。そして，タトゥーを施術する行為には皮膚障害や感染症など保健衛生上の危害を生ずるおそれがあるから「医行為」に当たり，そのように解釈することの憲法適合性については，職業選択の自由といえども公共の福祉のための必要かつ合理的な制限に服するのであり，保健衛生上の危害を防止するという重要な目的は，医師免許の取得を求めること以外のより緩やかな手段によっては十分に達成できない，として憲法違反にならないとした。さらに，彫り師がタトゥーを施術することも表現の自由として保障されるとの弁護人の主張について，「入れ墨の危険性に鑑みれば，これが当然に憲法21条1項で保障された権利であるとは認められない」とも述べた。

ただし，罰金については被告人が衛生管理に努めていたことや実際に健康被害が生じた者がいないことなどを考慮して求刑より減額したというのである。

Ⅳ　日本初のクラウドファンディング

TAIKI氏と弁護団は，1審判決に即日控訴した。医行為の解釈に関する判断は到底納得できるものではないうえ，タトゥーの施術行為に「保健衛生上の危害を生ずるおそれ」があることのみを理由に憲法上の主張をあっさりと排斥し，日本におけるタトゥーの歴史や文化を一顧だにしなかった。さらに，彫り師に表現の自由は認められないとまで述べたのだ。日本におけるタトゥーの歴史や文化，彫り師という職業に対する配慮が微塵も感じられない1審判決を，私ははらわたが煮え繰り返るような思いで聞いた。

それと同時に，控訴審では憲法論の主張・立証にさらに力をいれなければならないと思った。1審でそれが十分にできなかったのは，費用が足りなかったからだ。

私たち弁護団は私選であり，TAIKI氏から着手金や報酬を受け取っていなかった。しかし，訴訟記録の謄写費用や専門家との打ち合わせのための交通費，意見書作成費用，その他調査費用等，実費だけでも相当な費用を要する。幸い，TAIKI氏が中心となって訴訟を支援するための団体（一般社団法人SAVE TATTOOING）を立ち上げ，彫り師やタトゥーの愛好家らから募った支援金を弁護団に寄付してくれた。公判前整理手続から1審までの弁護活動の費用は，この支援金で賄うことができた。

とはいえ，計画した立証活動のすべてをできたわけではない。タトゥーに関する総論や医師法の解釈に関する立証は一応できたものの，憲法学者の意見書までは準備できず，諸外国における法規制のあり方についても（翻訳費用が高額になることもあり）十分に調査することができなかった。

控訴審でさらに充実した主張，立証をするためにはもっと費用が必要だ。どのように集めればよいのだろうか。しばらくそのことばかり考えていたところ，ロンドンに拠点を置く「CrowdJustice」という訴訟のために寄付金を募るクラウドファンディングのプラットフォームが，200万ドルの資金を調達し米国市場に進出するという報道に接した。1審判決の3か月前の記事だった。CrowdJusticeは，弁護士費用の面で個人を支援することにより社会正義の民主化を目指しているという。

日本にも複数のクラウドファンディングのプラットフォームが存在するが，裁判費用を募る試みは過去に例がなかった。しかし，控訴審を戦うにはこの方法しかない。むしろ，不合理な理由で誇りある職業を奪われる社会であってよいのかをあらためて社会に問うためにも，これほど良い方法はないと思った。

2018年3月1日，CAMPFIRE（現・GoodMorning）というクラウドファンディングのプラットフォームで，TAIKI氏と共に「タトゥー裁判をあきらめない！日本初，裁判費用をクラウドファンディングで集めたい」というプロジェクトを立ち上げた[5)]。当時，1審の有罪判決を受けてメディアや世間の目は厳しくなっていた。それまで熱心に取材していたメディアは潮が引くようにいなくなり，法律家の間からも1審判決を支持する声が聞こえてきた。それでも私たち弁護団には，自分たちの主張は間違っていないという確信があった。悔しさと同時に，必ず1審の判断を覆すという闘志を燃やしていた。クラウドファンディングには，タトゥーの好き嫌いにかかわらず，弁護団の思いに共感し，捜査機関のやり方や地裁の判断に疑問を感じる多くの人が支援をしてくれた。51日間で目標金額を上回る338万5500円が集まった。

V　控訴審・大阪高等裁判所

1　弁護側の立証

辰井教授は，医行為の解釈に「医療関連性」を必要とするべきであるという見解について急いで論文を書き，従来の通説を支持していた権威のある医事法学者らに協力を仰いでくださった。控訴審では，辰井教授のさらに充実した意見書に加え，東海大学名誉教授の宇都木伸教授，國學院大學名誉教授の平林勝政教授の意見書を証拠請求した。

宇都木教授の意見書には，このような一節がある。「司法は一行政庁の在り方から離れて，一行政庁にとっては成し得ない種類の価値判断をすることを本来の使命とするものであろう。ますます多様化しつつある社会構造価値観と関係者の価値観とに目を注ぎつつ，その規定の本来の機能を見つめ直して，司法の本来の機能を果たすべきである。ここに至って，なお行政庁の類推的解釈を司法が採用するとなれば，司法が任務とする価値の調整の立場を放棄することである，と考える。そればかりではない。立法遅延の中での行政庁の窮余の一策的『解釈』を，裁判所が肯定してしまうとなると，行政庁が本来なすべき立法のための努力を不要なものとしてしまう。上記には，立法の遅れのゆえに行政庁の『窮余の一策』をやむなしと論じてきたところではあるが，実のところは，立法の遅れについて行政庁は大きな責任を負っているのである。立法の不備を誰よりもよく認識し，その改善に努める責任を負うのは，当該行政庁に他ならないからである。司法の在り方によって，この行政庁の努力と責任を大きく弛緩させ，国全体の無責任体制を推進することがないように，と願うものである」。

平林教授は意見書で，これまで「医行為性」が問題になった事例はいずれも「『医療として提供される』サービスとして行われると評価できる行為」であったこと，したがって医行為とは，医療として提供されるサービスであることがまず第一の前提要件であるとすべきであると述べ，「従来，この点はいわば当然の前提とされており，だからこそ，この点に深く思いをいたすことなく，意識から抜け落ちたまま議論がされてきたのではないかと思われる」と述べている。

また控訴審では憲法論について，弁護団が公判前整理手続の段階から意見を伺っていた曽我部教授の意見書を証拠請求した。曽我部教授は意見書で，「タトゥー施術業は社会通念上正当な職業活動であって，職業選択の自由の完全な保障を受けるべきもの」であり，「保健衛生上の危険性を理由とする本件ではとりわけ，意識的にでも無意識的にでも，タトゥー施術業に対する価値的な評価を判断に混入させることのないよう留意しなければならない」と述べ，彫り師の表現の自由についても，「人の肌の上に施術されるという特徴があるが，憲法は『一切の表現の自由』を保障しているのであり，この特徴は，タトゥー施術を表現の自由の保護範囲外に置く理由とはならない。アメリカにおいては，タトゥーの施術行為とタトゥーそのものとをあわせて表現の自由の保障を受けるものとされているが，以上のところからすれば，日本でも同様に考えるべきである」と述べて，「医師法17条を適用するとすれば，職業選択の自由および表現の自由を不当に侵害するものとして適用違憲となると考えざるを得ない」と結論づけている。

さらに弁護団は，アメリカ（ニューヨーク州及びカリフォルニア州），フランス，イギリス，ドイツにおける彫り師に対する法規制の具体的内容を，各国の法制度に精通している研究者や実務家の協力を得て調査し，立証した。いずれの国，地域においても彫り師に医師免許を要求しておらず，ニューヨーク州においては州保険局の許可を得ること，カリフォルニア州においては特定の講習を受け登録の手続きをすること，フランスにおいては管轄する地方衛生局長に届出をすることや計21時間の研修を受講すること等，イギリスにおいては地方自治体へ登録すること，ドイツにおいては彫り師に特化した規制はないが，他の業種の営業者と同様に管轄官庁への届出をすることを，それぞれ義務づけている。

大阪地裁判決は，国民の保健衛生上の危害を防止するという重要な目的を達成するためには「営業の内容及び態様に関する規制では十分でなく，医師免許の取得を求めること以外のより緩やかな手段によっては，上記目的を十分に達成できない」と判断したのであるが，それがいかに不合理で常識からかけ離れたものであるか，そして，司法の役割を放棄するしたものであるかを，控訴審において十分に主張・立証することできるという手応えがあった。

2018年9月21日の第1回公判において，検察官は弁護側の上記書証の証拠調べ請求に対し「不必要」との意見を述べたが，大阪高裁第5刑事部（西田眞基裁判長）は職権ですべての証拠を採用した。クラウドファンディングで集まった支援によって実現した立証活動であっただけに，すべての証拠が採用されたことに安堵すると共に，1審有罪判決以降の厳しい時期を乗り越えることができたのは，こうした立証活動に協力してくださった多くの研究者，実務家のおかげであり，あらためて感謝の気持ちでいっぱいになった。

2 判決

2018年11月14日，大阪高等裁判所の大法廷で判決が言い渡された。辰井教授，小野医師，曽我部教授らが傍聴に駆けつけ，満席の傍聴人らが固唾を飲んで見守る中，西田眞基裁判長が主文を読み上げた。

「原判決を破棄する。被告人は無罪。」

法廷には一瞬の沈黙があり，その後，歓喜の声，拍手が湧き起こった。傍聴席の彫り師たちの中には涙を流し抱き合う者の姿もあった。辰井教授の目にも涙が浮かんでいた。彫り師という職業を守ることができた，と思った。

大阪高裁判決[6]は，医行為の解釈として，保健衛生上の危険性のみを要件とすれば社会通念に照らして医師が行うとは想定し難い行為まで包摂されかねず妥当でないし，現実的な観点からもそうした行為をすべて医師に担わせることは不可能であるとして，医療関連性を要件とすべきであると判断し，タトゥーを施術する行為は医療関連性の要件を欠いているとした。その際，「入れ墨（タトゥー）は，地域の風習や歴史的ないし風俗的な土壌の下で，古来行われてきており，……1840年代頃には彫り師という職業が社会的に確立したといわれている。我が国では，ある時期以降，反社会的勢力の構成員が入れ墨を入れるというイメージが社会に定着したことなどに由来すると思われるが，世間一般に入れ墨に対する否定的な見方が少なからず存在することは否定できない。他方で，外国での流行等の影響もあって，昨今では，若者を中心にファッション感覚から，あるいは，個々人の様々な心情の象徴として，タトゥーの名の下に入れ墨の施術を受ける者が以前より増加している状況もうかがわれる」,「その歴史や現代社会における位置づけに照らすと，装飾的ないし象徴的な要素や美術的な意義があり，また，社会的な風俗という実態があって，それが医療を目的とする行為ではないこと，そして，医療と何らかの関連を有する行為であるとはおよそ考えられてこなかったことは，いずれも明らかというべきである。彫り師やタトゥー施術業は，医師とは全く独立して存在してきたし，現在においても存在しており，また，社会通念に照らし，入れ墨（タトゥー）の施術が医師によって行われるものというのは，常識的にも考え難いことであるといわざるを得ない」と述べている。この説示には，原審大阪地裁が一顧だにしなかったタトゥーの文化や歴史，彫り師という職業に対する敬意を感じ，深い感銘を受けた。

さらに大阪高裁判決は「付言すると」として，タトゥー施術業に医師法17条を適用すると憲法が保障する職業選択の自由との関係で疑義が生じると述べた。「タトゥー施術業は，反社会的職業ではなく，正当な職業活動であって，憲法上，職業選択の自由の保障を受ける」という言葉を，摘発が始まってからの約3年間，TAIKI氏や日本中の彫り師たちがどれほど待ち望んでいたことだろう。彫り師という職業への誇りを取り戻すことができた瞬間だった。

【亀石倫子】

Ⅵ　上告審における活動

1　検察官上告

最も望ましいのは，高裁判決が検察官の上告なく確定することだったが，楽観視するものは誰もいなかった。

2018年11月27日，検察官が上告したとの一報を受けると，その日のうちに弁護団で意見交換がなされ，以下のコメントを発表した。

「高裁判決が『憲法上の疑義が生じると言わざるを得ない』とまで述べた解釈に固執し，彫り師を被告人の地位に縛り続ける検察庁に憤りを禁じ得ない。この上告により，全国の彫り師の方々が職業活動を続けるうえで不安を感じる状態がさらに続くことは看過し難い。弁護団は，大阪高裁の正当な判断を確定させるべく，引き続き最高裁で闘う所存である。」

そして，すぐに上告審に向けた弁護団会議が開かれた。上告審からは，主任弁護人を私，川上が務めることとなった。

上告趣意書の提出時期は翌年3月末であったが，予め準備を進めるため，控訴審判決や控訴審段階での検察官答弁書などを対象に，研究者等との意見交換会を開始することとした。

また，彫り師やサプライヤーが設立の準備を進めていた協会の状況についても，上告審で立証を行うことを目標にした。

2　上告趣意書

(1)　不当なレッテル

検察の上告趣意書は2019年3月27日に提出された。

大部分は予想通りの内容だったが，控訴審までの主張よりも，強い違和感と怒りを覚えた。その原因は，1審，控訴審でも根底にあったであろう，タトゥーと彫り師に向けられた潜在意識がいよいよはっきりと現れたことにある。これまでは保健衛生という大義名分を隠れみのにしていたが，上告趣意書では，彫り師という職業への差別意識がまざまざと見えたのである。

争点における重要性はさておき，看過できなかったのは，彫り師に対する不当なレッテル貼りである。上告趣意書では次のような主張があった。

「かつて，入れ墨師は，暴力団と密接な関係にあることが多く，行政機関においても，入れ墨師の総数や実態の把握，これに対する行政指導等が困難であり，これまで業界における自主規制もなされていなかった（……）。原判決は……医師法17条の適用による全面禁止ではない，より緩やかな手段で，入れ墨（タトゥー）施術に対する指導，規制が可能であるとしているが，現実的には，前記のとおり，行政機関による入れ墨師の総数や実態の把握すら困難である上，これに対する教育や研修，あるいは行政指導が極めて困難であり，このような手段を講じて，入れ墨（タトゥー）施術の保健衛生上の危険を除去するのは不可能である。」

行政による監督機能が及ばないなどという団体・属性を一方的に観念し，そのレッテルを貼ったものには特別に重い規制を科すというがごときである。

例え一部の彫り師が反社会的勢力とのつながりを有しているとしても，業界全体への規制が困難だとするのはあまりに暴論である。反社会的勢力とのつながりを有する者が存在する可能性は，あらゆる業界にあり，こうした者に対する規制は別途行われているのであるから，特別に彫り師業界にだけ二重の規制をかけることも許されない。

そして，少なくとも行政によって把握・統制できる範囲（反社会勢力と無関係な彫り師）に向けた資格を作ることは可能なはずであり，それで足りる。彫り師全体を医師法により規制すべきという極論には至らない。検察の主張は，彫り師の権利制限を最小限にするという発想が垣間見えすらしないものであった。

⑵　行政との同調圧力

このほか，検察の上告趣意書で特徴的といえるのは，厚労省の意見が提出されたことである。具体的には厚生労働省医政局医事課長及び医薬・生活衛生局総務課長の連名の意見書である。同意見書では，厚労省自身の運用を根拠として，医療関連性を要求しない解釈の妥当性が述べられていた。

検察は，この意見書を踏まえ，行政の法解釈との統一性を裁判所に求めた。

先に紹介した部分では，彫り師に対しては「行政によるコントロールが困難」とまで述べつつ，その行政に合わせろというのである。

なお，本裁判で弁護人は，彫り師に適した規制法が無い現状を立法の不備だと繰り返し主張してきていたが，この点については最後まで何ら具体的な反論は述べられなかった。

いずれにせよ，検察は，行政や立法府が本来果たすべき義務を果たせない現状を無視するどころか，むしろ開き直って，特別に司法による規制をかけようとしているのである。これは相互監視の下で権力の抑制と均衡を図るという，三権分立に真っ向から反する思想である。一連の検察の主張からは，このように，なりふり構わず押しつぶそうとする思惑がはっきりと見えた。

戦い抜き，勝ち切らねばならない，弁護団がその思いを強くした瞬間でもあった。

3　上告趣意に対する反論

⑴　小山教授意見書

上告審で新たに準備したのは，小山剛教授の意見書である。実は控訴審の段階から，小山教授の1審判決に対する評釈[7]は大いに参考にさせて頂いていた。

弁護団との意見交換も踏まえ，書き上げて頂いた意見書は，憲法論だけでなく，弁護団の主張全体の骨格を強固にするものだった。

この裁判では，1審が有罪判決の根拠として美容整形外科手術という概念を持ち出し，控訴審でもアートメイクに触れているように，作用が類似する領域との比較が常に意識されていた。こうした比較は，危険性が共通するという，「単純なわかりやすさ」によって，本来重視されるべき程度を越えて，判断に影響を及ぼしていたのであった。

小山意見書では，この部分が最初に毅然と整理されている。

「彫師が……独立の職業であるかどうかは，『針先に色素を付けながら，皮膚の表面に墨等の色素を入れる行為』という規制の便宜から判断されてはならない。規準となるのは，禁止の歴史を含む彫師の歴史や社会通念，彫師（タトゥーイスト）として活動する者たちの自己理解等である。……『職業』のレベルで彫師とアートメイク従事者の区別を相対化するならば，すでにそのことによって憲法22条1項に反することになる。」との部分である。

上告棄却決定における「方法や作用が同じ行為でも，その目的，行為者と相手方との関係，当該行為が行われる際の具体的な状況等によって，医療及び保健指導に属する行為か否かや，保健衛生上危害を生ずるおそれがあるか否かが異なり得る。」との認定部分は，この意見を参考にしているのではないかと思う。職業とは何なのか，というのはこの裁判の大きなテーマであった。弁護団は小山意見書に知恵と勇気をもらい，そのメッセージを隅々までいきわたらせるべく，答弁書を書き上げていった。

(2) 辰井教授意見書

上告審では，これまで1審，控訴審でも意見を頂いていた辰井聡子教授にも改めて意見書を作成して頂いた。

高裁判決が展開した医師法17条の解釈は，実質はほぼ辰井意見書に拠ったものであった。

判例も通説も，当初は多くの研究者も，当たり前のように「医行為とは医師が行わなければ保健衛生上の危害が生じるおそれのある行為」としか述べない中で，弁護団と何度も意見交換を行いながら，「医療関連性」要件を整理して蘇らせたのは辰井教授に他ならない。

辰井教授の意見は，控訴審段階ですでに完成されていたので，上告審では，検察官の上告趣意書で主張された判例の解釈の誤りや，厚労省の見解が行政視点に立って作られたものであって，罪刑法定主義の観点からは受け入れようがないことを明言して頂いた。

裁判には直接現れていない部分でも，辰井教授の援護射撃は大きかった。辰井教授は，上記のように高裁判決の理論を導いており，誰よりも高裁判決を正しく評価することが出来る立場にあったが，検察の上告を受け，より多くの学者・研究者の意見が高裁判決を支えることを願って，敢えて評釈を書く機会を多数辞退されたのである。

実際に，上告審では，意見書の作成を依頼したお2人以外の研究者の評釈[8]も証拠として提出している。

(3) タトゥーイスト協会

このほか，弁護人の答弁書では，高裁判決を受けて彫り師たちが設立した，一般社団法人日本タトゥーイスト協会の設立の経緯と進歩状況も紹介した。同団体は，弁護団の吉田泉弁護士らが発起人・理事となり，他国のライセンス制を参考にしながら，医師の協力も得て作られたものである。十分な衛生基準を設け，講習を主催し，これを受講して能力を身につけた彫り師にライセンスを付与することで，安全面を確保しようとするものである。

答弁書の最後の部分は，以下のように結ばれている。

> 昨年11月14日，無罪を言い渡した大阪高裁の法廷には，駆け付けた満員の彫り師たちの歓喜の声と嗚咽が響いた。
>
> 感情の爆発のあと，判決を一言一句聞き漏らさないよう努めていた彫り師たちは，裁判所が，保健衛生上の危害のおそれという問題に対して「業界による自主規制による対処」という可能性を示したことを，使命感とともに，重く，大切に受け止めた。
>
> そして，自主規制を実現するための協会が設立された。安全・衛生管理を徹底し，社会的信頼を確保し，タトゥーを健全に発展させるために，現在も多くの彫り師や支援者の汗が流されている。
>
> 控訴趣意書において弁護人は，裁判所に対して，タトゥー規制の問題を，刑事裁判ではなく，民主主義の過程に戻すよう求めた。いま，裁判所が投げ返したボールは，彫り師や支援者達によって，あるべき場所に運ばれようとしている。

この歩みを如何に正しいものとするか，それこそが現在求められている議論である。

有罪判決を言い渡し，彫り師という職業を根絶することは，この問題に対する正しい解決ではない。

(4) 残された懸念

答弁書を提出した段階で，弁護団には，判例・法解釈など，理論面での不安要素はもはや皆無となっていた。

残された懸念は，裁判所がタトゥーに関して存在する，社会のネガティブな空気に巻かれはしないだろうか，立法府や行政庁に気を使って，中途半端な判断をしないだろうか，という点だけであった。

今振り返って言葉にしてみるとバカバカしいが，1審判決を受けたときの落胆もあり，どれだけ正しいと確信していても，一抹の不安は残っていたように思う。

Ⅶ 上告棄却決定を受けて

それは，大阪高裁の大法廷で，駆け付けた満員の彫り師らとともに，西田裁判長が読み上げる判決に耳を傾けた，あの時の感動とはまた違った，静かな時間だった。

決定書が届いたことが，上告棄却を意味することは直ちにわかった。その結論に対する安堵のあとは，決定書がたった数行で終わらなかったことに期待と緊張感を覚えた。

入り混じっていたのは，この問題に対する答えを最高裁に明言して欲しいという気持ちと，高裁判決を後退させるような内容でないか，という不安であった。決定書を読み進めるにつれて，やがてその気持ちは，まだ文章が終わらないで欲しい，という風に変わっていった。

決定の理由には，弁護団が，協力してくれた専門家が，彫り師たちが，なんども繰り返し訴え，叫んできた言葉が，ようやく，揺るぎないものとして刻まれていた。

「医行為とは，医療及び保健指導に属する行為のうち，医師が行うのでなければば保健衛生上危害を生ずるおそれのある行為をいうと解するのが相当である。」

これまでの活動が頭の中を駆け巡った。この裁判が始まるまで，医師法の教科書にも，「医療関連性」という言葉は無かったのだ。

草野裁判官の補足意見は，まるで私たちの労をねぎらうようでもあったし，漠然と抱いていた裁判所に対する不安は，今回は杞憂であったことを確認させてくれた。

改めて感じたのは，タトゥーとは何か，なぜ人はタトゥーを求めるのか，という立証の重要性である。これは1審で非常に丁寧に行った部分である。あのとき1審判決は目もくれなかったが，上告棄却決定では，タトゥーは，「装飾的ないし象徴的な要素や美術的な意義がある社会的な風俗として受け止められてきたもの」だと認定された。そして，それを嫌う人がいるとしても，タトゥーの施術に対する需要は尊重されるべきだとした。

今回の決定で，最も感情を動かされた部分をあげろと言われれば，おそらく弁護団全員が一致するだろう。それは補足意見の以下の部分である。

「医療関連性を要件としない解釈はタトゥー施術行為に対する需要が満たされることのない社会を強制的に作出しもって国民が享受し得る福利の最大化を妨げるものであるといわざるを得ない。」

1審の最終弁論で私は，法は何のためにあるのか，そう問いかけた。

> 法は何のためにあるのか。この質問は陳腐なものではありません。
>
> 法は，我々の自由を守り，生きやすくするためにその存在意義があるはずです。
>
> そのために，話し合いを経て法は定められます。時には必要な調整を行います。やむを得ない場合には最小限の規制をしてきました。
>
> 法の為に，いたずらに我々の営みが窮屈になり，自由が奪われては本末転倒です。

ようやく，上告審において，その答えをもらえた気がする。

タトゥーの歴史，文化，芸術性，自由，彫り師とその家族の生活……この裁判で守りたいものはたくさんあった。

この並びにおいては，小さなものかもしれないが，私たちの職業でもある司法，その役割と誇りも，守りたいものの1つだったように思う。

【川上博之】

以上

（弁護団：亀石倫子〔1審・控訴審主任〕，川上博之〔上告審主任〕，三上岳〔弁護団長〕，吉田泉，久保田共偉，白井淳平，城水信成）

1）平成27年2月警察庁生活安全局「平成26年中における生活経済事犯における検挙状況等について」。

2）https://www.artmake-japan.jp/news/1405.html

3）平成23年10月27日国民生活センター「アートメイクの危害」http://www.kokusen.go.jp/pdf/n-20111027_1.pdf

4）最決平成9・9・30刑集51巻8号671頁。

5）https://camp-fire.jp/projects/view/66613

6）大阪高判平成30・11・14判時2399号88頁。

7）小山剛「職業と資格――彫師に医師免許は必要か」判例時報2360号（2018年）141頁。

8）佐藤雄一郎「タトゥー事件大阪高裁判決に対する医事法学からの検討」季刊刑事弁護99号（2019年）93頁。

著者紹介

編者

小山　剛（こやま・ごう）

慶應義塾大学法学部法律学科　教授

『基本権保護の法理』（成文堂，1998年），『「憲法上の権利」の作法〔第3版〕』（尚学社，2016年），日本弁護士連合会人権擁護委員会編『人権擁護の最前線』（監修，日本評論社，2015年）

新井　誠（あらい・まこと）

広島大学大学院人間社会科学研究科実務法学専攻　教授

『議員特権と議会制――フランス議員免責特権の展開』（成文堂，2008年），『日常のなかの〈自由と安全〉――生活安全をめぐる法・政策・実務』（小山剛＝横大道聡と共編，弘文堂，2020年），『地域に学ぶ憲法演習』（小谷順子＝横大道聡と共編著，日本評論社，2011年）

山本芳美（やまもと・よしみ）

都留文科大学文学部比較文化学科　教授

『イレズミの世界』（河出書房新社，2005年），『イレズミと日本人』（平凡社，2016年），『靴づくりの文化史』（稲川實との共著，現代書館，2011年）

宮川　基（みやがわ・もとい）

東北学院大学法学部法律学科　教授

「財産犯と立法」川端博＝浅田和茂＝山口厚＝井田良編『理論刑法学の探究 8』（成文堂，2015年），「買春不処罰の立法史」陶久利彦編『性風俗と法秩序』（尚学社，2017年），「JKビジネス規制条例の紹介」小山剛＝新井誠＝横大道聡編『日常のなかの〈自由と安全〉――生活安全をめぐる法・政策・実務』（弘文堂，2020年）

曽我部真裕（そがべ・まさひろ）

京都大学大学院法学研究科　教授

『憲法論点教室〔第2版〕』（尾形健＝新井誠＝赤坂幸一との共編，日本評論社，2020年），『情報法概説〔第2版〕』（林秀弥＝栗田昌裕との共著，弘文堂，2019年），『古典で読む憲法』（見平典との共編，有斐閣，2016年）

小谷昌子（こたに・まさこ）

神奈川大学法学部法律学科　准教授

「悪性腫瘍の療法決定における患者の希望と医師の裁量」神奈川法学52巻3号（2020年），「メディカルプロフェッショナル・ネグリジェンスと診療ガイドライン」帝京法学32巻1号（2018年），「診療ガイドラインと医療の内容に対するコントロール」佐藤雄一郎＝小西知世編『医と法の邂逅 第1集』（尚学社，2014年）

閔　炳老（みん・びょんろ）

全南大学校法学専門大学院　教授

『「憲法上の権利」の作法〔改訂版〕』（小山剛著第3版の韓国語訳，全南大学校出版文化院，2019年），「憲法前文と民主主義」法学論叢〔全南大学校法学研究所〕38巻1号（2018年），「司法権の概念と憲法訴訟」公法研究〔韓國公法学會〕32輯1号（2003年）

小谷順子（こたに・じゅんこ）

静岡大学人文社会科学部法学科　教授

『現代アメリカの司法と憲法――理論的対話の試み』（新井誠＝山本龍彦＝葛西まゆこ＝大林啓吾と共編，尚学社，2013年），「アメリカにおけるヘイトスピーチ規制」駒村圭吾＝鈴木秀美編著『表現の自由Ⅰ――状況へ』（尚学社，2011年），「人種差別主義に基づく憎悪表現（ヘイトスピーチ）の規制と憲法学説」法学セミナー757号（2018年）

磯部　哲（いそべ・てつ）

慶應義塾大学大学院法務研究科　教授

高橋滋編著『行政法Visual Materials』（野口貴公美＝薄井一成＝大橋真由美＝織朱實＝岡森識晃＝小舟賢＝服部麻理子＝寺田麻佑＝周蒨との共著，有斐閣，2014年），『事例から行政法を考える』（北村和生＝深澤龍一郎＝飯島淳子との共著，有斐閣，2016年），「フランスにおける医学研究規制の動向」日仏法学30号（2019年）

栗島智明（くりしま・ともあき）

埼玉大学大学院人文社会科学研究科　准教授

「『価値決定』としての学問の自由」憲法理論研究会編『憲法の可能性』（敬文堂，2019年），「ドイツ憲法学の新潮流――《理論》としての憲法学の復権？」法学政治学論究〔慶應義塾大学〕117号（2018年），Die Januskӧpfigkeit des OGH als Revisions- und Verfassungsgericht. Gegenwartsprobleme und Zukunftsperspektiven, ZJapanR/J.Japan.L., No. 44 (2017)

亀石倫子（かめいし・みちこ）

弁護士（法律事務所エクラうめだ）

『刑事弁護人』（新田匡央との共著，講談社，2019年），「GPS捜査大法廷判決に至るまでの弁護活動」自由と正義 Vol. 68, No. 10（2017年），「恣意的な運用は日常茶飯事」朝日新聞東京社会部編『もの言えぬ時代――戦争・アメリカ・共謀罪』（朝日新書，2017年）

川上博之（かわかみ・ひろゆき）

弁護士（ゼラス法律事務所）

「乳幼児揺さぶられ症候群（SBS）事件を争う弁護活動」季刊刑事弁護94号（共著・編集委員，2018年），『情状弁護アドバンス』（共著，現代人文社，2019年），大阪弁護士会高齢者・障害者総合支援センター運営委員会障害者刑事弁護マニュアル作成プロジェクトチーム編著『障害者刑事弁護マニュアル』（共著，現代人文社，2020年）

イレズミと法――大阪タトゥー裁判から考える

2020年11月30日　初版第１刷発行

編集© 小山　剛
新井　誠

発行者　苧野圭太
発行所　尚　学　社
〒113-0033 東京都文京区本郷１-25-７ 電話(03)3818-8784
http://www.shogaku.com/

ISBN 978-4-86031-164-3 C1032

組版／ACT･AIN　印刷／TOP印刷　製本／松島製本